22 -
CW01659348

José Manuel Sánchez Ron

La Nueva Ilustración:

ciencia, tecnología y humanidades en un mundo interdisciplinar

EDICIONES NOBEL

Colección Jovellanos
de Ensayo

José Manuel Sánchez Ron

La Nueva Ilustración:

ciencia, tecnología y humanidades en un mundo interdisciplinar

© José Manuel Sánchez Ron

© EDICIONES NOBEL, S. A.
Ventura Rodríguez, 4
33004 OVIEDO (ESPAÑA)
www.edicionesnobel.com

ISBN: 978-84-8459-655-4

Fotografía de cubierta: Getty Images - Todd Davidson
Título: Man With Mirror And Computer Chip Head

Impresión: Gráficas Summa S. A., Llanera (Asturias)
Depósito legal: AS-1.912/2011
Prohibida la reproducción total o parcial,
incluso citando la procedencia

Cualquier forma de reproducción, distribución, comunicación pública o transformación de esta obra solo puede ser realizada con la autorización de sus titulares, salvo excepción prevista por la ley. Diríjase a CEDRO (Centro Español de Derechos Reprográficos, www.cedro.org <http://www.cedro.org>) si necesita fotocopiar o escanear algún fragmento de esta obra

Hecho en España

"Los especialistas, y el Alzheimer tiene muchos, ponen fronteras en su estudio. La especialización es un sistema de progreso con muchas limitaciones, porque las cosas ocurren a la vez. Yo intento que la especialización no mate el problema. A mí me gustaría que al lado de los físicos hubiera químicos, porque yo tengo, por ejemplo, sensaciones físicas de inmaterialidad, pero si le pregunto a mi médico, no sabe nada de eso, ni le interesa. Con la especialización se avanza, pero se produce una pérdida".[1]

Pasqual Maragall

---

[1] "Vidas al límite", Juan José Millás (entrevista a Pasqual Maragall, enfermo de Alzheimer), *El País Semanal*, n.° 1.726 (25 de octubre de 2009), pp. 52-64.

Introducción

Cuando repasamos el pasado, eso que llamamos historia, y en concreto la historia de la ciencia, nos encontramos con un amplio abanico de disciplinas, como la matemática, la física, la química, la biología o la geología. Disciplinas éstas que, a su vez, incluyen un amplísimo conjunto de subdivisiones, de especialidades o materias, del tipo de, por poner algunos ejemplos, teoría de conjuntos, cálculo diferencial e integral, geometría, teoría de números, ecuaciones diferenciales, mecánica, física cuántica, relatividad, física nuclear, física de la materia condensada, física de altas energías, astrofísica, relatividad, cosmología, química inorgánica y orgánica, química-física, cristalografía, bioquímica, biología molecular, genética, botánica, zoología, geomagnetismo o tectónica de placas.

Las materias anteriores suelen ser definidas como pertenecientes a un grupo selecto, de gran pedigrí: las ciencias *puras* o básicas. Más adelante, cuestionaré semejante división, al menos cuando se pretende dotarla de una gran generalidad, pero aceptémosla por el momento para así dar cabida, como un conjunto de conocimientos, habilidades y prácticas, a las ciencias *aplicadas*, o tecnología. Pues bien, cuando se entra en este dominio, el número de vías posibles, de especialidades, es aún mayor. Así, si deseamos recurrir al lenguaje académico-disciplinar, se puede hablar de diferentes tipos de ingeniería, como industriales, telecomunicaciones, caminos, arquitectura, aeronáuticos, informática, montes, agrónomos o minas.

Y si tenemos en cuenta —como deberíamos— que el ámbito de nuestras experiencias y sensaciones no se limita a lo que estudian las ciencias (puras o aplicadas) *de la naturaleza*, que existen otros dominios que nos afectan y que también deseamos entender de forma ordenada y sistemática, tendríamos que pensar en otras disciplinas, ciencias *sociales* como la economía, la historia, la sociología y el derecho, al igual que la psicología o la antropología, especialidades éstas con fronteras no siempre bien definidas con respecto a las ciencias de la naturaleza. De hecho, la lista podría continuar: ¿por qué no hablar de la música y de la pintura? ¿O de la lingüística? ¿Y qué decir de la filosofía, que tantos puntos de encuentro ha tenido a lo largo de la historia con la ciencia? Nótese, además, que no he mencionado directamente la medicina, un cuerpo disciplinar que se mueve con sutileza entre la ciencia, la técnica y la "psicología", entre el conocimiento desapegado y la práctica compartida y compasiva (la relación médico-enfermo); un cuerpo disciplinar que incluye una elevadísima variedad de especialidades: fisiología, patología, cirugía, medicina general, cardiología, inmunología, oftalmología, endocrinología, neurología, física médica, psiquiatría, etcétera, etcétera.

Viene esto a cuento para resaltar cuán grande es el número de las disciplinas, de las *especialidades* que hemos inventado para: (1) intentar explicar qué es el mundo, lo que éste contiene y cómo nos afectan las "fuerzas" que alberga; (2) explotar en nuestro beneficio esas propiedades y poderes naturales; (3) entendernos a nosotros mismos, como seres emocionales pensantes; y (4) agrupar las actividades que desarrollamos en sociedad.

Ahora bien, cuando miramos ese mismo mundo, el "objeto" que subyace detrás de esos esfuerzos disciplinares nuestros por entenderlo, relacionarnos y beneficiarnos de él, surge a veces la pregunta, la duda, de si no estaremos perdiendo algo —acaso mucho— cuando establecemos tantas separaciones en lo que en el fondo es una unidad: la naturaleza y la realidad, incluyendo la social que nosotros mismos creamos. Y es que la naturaleza es una, no conoce de fronteras, aunque nosotros nos hayamos esforzado en establecerlas, delimitando territorios que hemos bautizado con nombres diversos. Me gusta, en este sentido, recordar unas frases que el físico y premio Nobel, Murray Gell-Mann (n. 1929) escribió en un libro, *El quark y el jaguar* (1994), que se ajusta muy bien al espíritu que quiero transmitir aquí:[2]

> "Todo lo que nos rodea son, a fin de cuentas, hechos relacionados entre sí. Naturalmente, pueden considerarse como entidades separadas y estudiarse de esta forma; no obstante, ¡qué diferentes resultan cuando los contemplamos como parte de un todo! Muchos elementos dejan de ser sólo detalles para memorizar: sus relaciones permiten elaborar una descripción comprimida, una forma de teoría, un esquema que los comprenda y resuma y en cuyo marco comiencen a tener sentido. El mundo se hace más comprensible".

Antes (1967) el distinguido sociólogo, historiador y urbanista estadounidense Lewis Mumford (1895-1990) se había manifestado de manera parecida, aunque desde el punto de vista del generalista y refiriéndose a la prehistoria, y lo que en este libro se defiende —quiero insistir en este punto— es sobre todo en los niveles más exigentes, en la reunión de especialistas de materias diferentes, y no generalistas, con el fin de comprender mejor los fenómenos que se dan en la

[2] Murray Gell-Mann, *El quark y el jaguar* (Tusquets, Barcelona 1995), p. 106.

naturaleza y en la sociedad. No obstante esto, merece la pena citar lo que dijo entonces Mumford:[3]

> "En los dominios de la prehistoria, el generalista tiene una misión especial: reunir en una amplísima área común, visible sólo desde muy arriba, campos bastante separados entre sí y escrupulosamente vallados por los especialistas. Sólo prescindiendo momentáneamente de los detalles, puede divisarse tal área panorámica, tal superestructura… aunque, en cuanto haya sido reconocida, se apreciarán en ella nuevos detalles que se les habían escapado hasta a los investigadores más cabales y competentes de entre todos los que excavan afanosamente los estratos soterrados".

Es obligado, sin embargo, señalar que aunque hayamos parcelado el inmenso territorio de la naturaleza y podamos argumentar que se trata de una división en última instancia artificial, no hay duda de que esas separaciones que hemos impuesto en nuestros estudios del mundo responden a razones justificables y que nos han dado frutos extraordinarios. Pensemos, sin ir más lejos, en tantos y tantos instrumentos de los que estamos rodeados, hijos de la ciencia y de la técnica cuya precisión y cuyo poder desafían el entendimiento de los no especialistas, si no fuese porque todos vemos que funcionan. O en lo que sabemos de las profundidades del universo, ya no sólo de las gigantescas galaxias, sino también de lo que desde nuestro pequeño planeta parecen ultraminúsculas motas de polvo que otrora nadie soñó con poder identificar: planetas que orbitan en torno a estrellas de alejadísimos sistemas solares y en los que acaso algún día encontremos evidencias de vida inteligente.

---

[3] Lewis Mumford, *El mito de la máquina. Técnica y evolución humana* (Pepitas de calabaza, ed., Logroño 2010; edición original en inglés de 1967), p. 31.

Y si nos miramos a nosotros mismos, y la vida terrestre de la que formamos parte, ¿qué decir de estructuras moleculares de las que tenemos sobradas evidencias, como puede ser la doble hélice del ácido dexosirribonucleico, el ADN, uno de los iconos culturales, además de científicos de nuestra era?

Aunque incluimos avances tan sensacionales como estos en los territorios de ciencias específicas, sostengo que ya hemos atravesado un punto en el que es de los estudios interdisciplinares —aquellos que se esfuerzan por reunir especialidades, por reunir lo que en realidad no está separado— de los que obtendremos más beneficios en nuestras aspiraciones de conocer, comprender y servirnos de la naturaleza. De hecho, en realidad hace ya bastante que se hizo evidente que se había abierto un mundo nuevo. Prueba de que es así es lo que el biólogo Ludwig von Bertalanffy (1901-1972) escribió en un libro que tituló *General System Theory: Foundations, Development, Applications* (1968):[4]

> "Están ingresando en la esfera del pensamiento científico entidades de naturaleza esencialmente nueva. En sus diversas disciplinas —ya fueran la química, la biología, la psicología o las ciencias sociales—, la ciencia clásica procuraba aislar los elementos del universo observado —compuestos químicos, enzimas, células, sensaciones elementales, individuos en libre competencia y tantas cosas más—, con la esperanza de que volviéndolos a juntar, conceptual o experimentalmente, resultaría el sistema o totalidad —célula, mente, sociedad— y sería inteligible. Ahora hemos aprendido que para comprender no se requieren sólo los elementos sino las relaciones entre ellos —digamos la interacción enzimática en una célula, el juego de muchos pro-

[4] Ludwig von Bertalanffy, "Prefacio a la edición revisada", *Teoría general de los sistemas* (Fondo de Cultura Económica, México 2006), pp. 15-17.

> cesos mentales conscientes e inconscientes, la estructura y dinámica de los sistemas sociales, etc.—. Esto requiere la exploración de los numerosos sistemas de nuestro universo observado, por derecho propio y con sus especificidades. Por añadidura, aparecen aspectos, correspondencias e isomorfismos generales comunes a los 'sistemas' [...].
>
> La tecnología y la sociedad modernas se han vuelto tan complejas que los caminos y medios tradicionales no son ya suficientes, y se imponen actitudes de naturaleza holística, o de sistemas, y generalista, o interdisciplinaria. Esto es cierto en muchos sentidos. Sistemas de múltiples niveles piden control científico: ecosistemas, cuya perturbación lleva a problemas apremiantes como el de la contaminación; organizaciones formales, como la burocracia, las instituciones educativas o el ejército; los graves problemas que se presentan en sistemas socioeconómicos, en relaciones internacionales, política y represalias".

Para estudiar con más fidelidad la realidad, Von Bertalanffy diseñó un enfoque, una *teoría general de los sistemas* —con la que volveremos a encontrarnos más adelante—, un conjunto de ideas y técnicas matemáticas que definía de manera muy general como "la exploración científica de 'todos' y 'totalidades' que no hace tanto se consideraban nociones metafísicas que salían de los lindes de la ciencia".[5]

El presente libro está dedicado a tratar cuestiones de este tipo, a elogiar —especialmente en el ámbito de la ciencia y la tecnología, aunque también se incluye un capítulo dedicado a las humanidades, y en otros se trata de ciencias sociales como la economía— la interdisciplinariedad, mostrando que tiene un prometedor futuro ante sí, y que de hecho está firmemente entroncada en nuestra actual civilización, que en el fondo es inseparable de la globalización producida por la Era de la Información. El instrumento preferente

[5] Ibídem, p. 16.

que utilizaré para defender tal fin es la historia de la ciencia; indagar tanto en el pasado, porque la interdisciplinariedad tiene su propia historia, habiendo dado ya muestras de su poder en épocas anteriores, como en su presente y en su futuro. En las páginas que siguen nos encontraremos, en efecto, con numerosas muestras, pertenecientes a épocas muy diferentes, de que las disciplinas establecidas no han sido tan estáticas ni estado tan aisladas como se suele argumentar.

Que la interdisciplinariedad está, o se está, afincando firmemente en nuestra civilización es algo de lo que existen bastantes evidencias. En 2006, por ejemplo, la National Science Foundation (Fundación Nacional para la Ciencia) estadounidense dedicó una parte de su presupuesto para establecer un programa de enseñanza interdisciplinar para graduados, bautizado con el nombre de "Integrative Graduate Education and Research Traineeship"; en 2007, los National Health Institutes (Institutos Nacionales de la Salud) de ese mismo país fundaron nueve consorcios para la investigación interdisciplinar "como medio de integrar aspectos de diferentes disciplinas para estudiar retos relacionados con la salud que se han resistido a los estilos de investigación tradicionales".[6] Asimismo, el interés académico por la interdisciplinariedad, entendida como un tipo de "especialidad" sobre la que se puede y debe investigar, no hace sino crecer.[7]

Quiero señalar que no debemos confundir la *unificación* con la *interdisciplinariedad*, ni tampoco con la *transdisciplinariedad*. La unificación constituye un proceso, y una tendencia, que tiene lugar

---

[6] National Institutes of Health, "NIH launches interdisciplinary research consortia" (2007), http://www.nih.gov/newspr/sep2007/od-06.htm.

[7] Véase, por ejemplo, Jerry A. Jacobs y Scott Frickel, "Interdisciplinarity: a critical assessment", *Annual Review of Sociology*, vol. 35, pp. 43-65 (2009), y Robert Frodeman, ed., *The Oxford Handbook of Interdisciplinarity* (Oxford University Press, Oxford 2010).

habitualmente dentro de una ciencia especifica y que intenta reunir sus diferentes ramas. El ejemplo canónico es el de la física. En ella, unificación es sobre todo el esfuerzo por entender las diferentes fuerzas que hemos identificado en la naturaleza (gravitacional, electromagnética, débil y fuerte) como manifestaciones de una misma fuerza, que se explica con una única teoría. Este ideal, que persiguió con tesón Albert Einstein con su teoría del campo unificado (aunque él únicamente consideraba dos fuerzas, la electromagnética y la gravitacional, las únicas que se conocían entonces), se ha conseguido parcialmente con la teoría cuántica que unifica las interacciones electromagnética, débil y fuerte. Gracias a esta teoría, pensamos que al crearse el universo sólo existía una fuerza, que englobaba las tres (y seguramente también la gravitacional, pero aunque existen candidatos de esta Gran Teoría Unificada, aún quedan puntos oscuros y demostraciones por realizar). Según fue enfriándose el universo, esta única fuerza fue "abriéndose", diversificándose como si fueran las ramas de un árbol que surgen de un tronco común. Evidentemente, unificaciones como ésta constituyen un gran avance, pero no es de ellas de las que quiero tratar aquí. No sirven, o no sirven apenas, para reunir disciplinas diferentes, para transitar por el alambicado territorio de especialidades académicas o profesionales diferentes.

Con respecto a la transdisciplinariedad, ciertamente relacionada con la interdisciplinariedad, se trata de un enfoque que se ocupa más de buscar elementos —por ejemplo, leyes o estructuras matemáticas— comunes en diferentes disciplinas, que de reunir éstas, independientemente de que existan o encontremos patrones comunes en ellas. Interesante como es, no constituye mi objetivo aquí, aunque nos aparecerá ocasionalmente, especialmente con relación a la ya citada Teoría General de Sistemas.

En cuanto al título, *La Nueva Ilustración*, obedece a mi creencia de que la reunión de especialidades, la colaboración entre especialistas de diferentes ciencias, técnicas y "humanidades" tiene mucho del espíritu que animó a los ilustrados del siglo XVIII. ¿Qué fue la maravillosa *Enciclopedia* coordinada por el filósofo Denis Diderot (1713-1784) y el físico y matemático Jean Le Rond d'Alembert (1717-1783), la *Encyclopédie, ou Dictionnaire raisonné des sciences, des arts et des métiers*, sino un, tan descomunal como ejemplar, esfuerzo interdisciplinar por reunir todos los saberes? "La *Enciclopedia* que presentamos al público", escribió D'Alembert en el "Discurso preliminar" que abría el primer volumen (1751), "es, como su título indica, la obra de una sociedad de hombres de letras", entendiendo, como se entendía entonces, por "hombres de letras" todos los que se dedicaban a cualquiera de los saberes, técnicas y artes.[8] Y continuaba:

> "La obra que comenzamos —y que deseamos terminar— tiene dos objetivos: como *enciclopedia* debe exponer, en lo posible, el orden y el encadenamiento de los conocimientos humanos; como *diccionario razonado de las ciencias, de las artes y de los oficios*, contendrá sobre cada ciencia y sobre cada arte, sea liberal o mecánica, los principios generales que constituyen su base y los detalles más esenciales que forman su cuerpo y su sustancia [...]. Por poco que se haya reflexionado sobre el enlace que los descubrimientos tienen entre sí, es fácil reparar en que las ciencias y las artes se prestan ayuda mutuamente, y que existe, por consiguiente, una cadena que las une".

Este es el espíritu que me ha animado a escribir el presente libro, en el que, como veremos, y siguiendo también en este punto

[8] "Discours préliminaire des éditeurs", *Encyclopédie, ou Dictionnaire raisonné des sciences, des arts et des métiers par une Societé de gens des lettres; mis en ordre & publié par M. Diderot & quant à la Partie Mathématique, par M. D'Alembert* , tomo 1 (Chez Briasson, París 1751), p. i.

el ejemplo de los directores de la *Encyclopédie*, he procurado no olvidarme de "las artes", de lo que generalmente se denomina "humanidades", a las que he dedicado el último capítulo.

El mundo globalizado actual es tal que la interdisciplinariedad aparece por todas partes. Es desde esta perspectiva que se pueden entender, por ejemplo, unas declaraciones que Felipe González realizó durante una entrevista que le hizo Juan José Millás:[9]

> "Es verdad que me importa el mundo, y cada vez me importa más, le veo más interdependencia, una interdependencia que es muy interesante y que también existía cuando Europa estaba llena de potencias imperiales. Pero aquella interdependencia se arreglaba porque cuando existía una infección en una parte del cuerpo interdependiente se arreglaba cortando, amputando el miembro enfermo y salvando el resto. Ahora las epidemias se convierten rápidamente en pandemias, la de la gripe A y la de la crisis financiera. Es la característica más importante de la globalización, la tendencia de que toda epidemia se convierta en pandemia. Pero ya no puedes amputar un miembro. No puedes decir: me va mal la India, me la amputo y el resto lo mantenemos. Eso ya no es verdad. Se acabó el dominio imperial y la hegemonía de Occidente".

Cuando se contempla la interdisciplinariedad desde esta perspectiva, se comprende lo importante que es. No se trata ya sólo, ni siquiera sobre todo, de entender mejor el mundo por el deseo puramente intelectual de comprender mejor la realidad, la naturaleza y el mundo que hemos construido, sino de entenderlo para poder actuar sobre él. La capacidad de actuar sobre el mundo es hoy una necesidad: todos somos testigos —y la mayoría víctimas— de que el

[9] *El País*, 7 de noviembre de 2007, suplemento "Domingo", p. 7.

mundo, la realidad social, la política y, sobre todo, la económica y la medioambiental, se nos escapan de las manos, como si fuésemos un minúsculo hilo de una gigantesca malla y no fuésemos capaces de retener el agua que cae sobre una enorme cesta. No digo —tampoco lo creo— que, como rezaba aquella célebre, y no demasiado exacta, frase, "el conocimiento nos hará libres", pero sí que pone a nuestra disposición —especialmente el conocimiento basado en la interdisciplinariedad —elementos imprescindibles para actuar, algo que es particularmente evidente en el caso de los problemas que sufre en la actualidad nuestro planeta, como son la contaminación, la extinción de especies y el denominado "calentamiento global".

Por todo esto, adentrarse en el territorio de la interdisciplinariedad no es un ejercicio académico, es un deber moral, si no para nosotros, para los que vendrán después.

Agradecimientos

Mi interés en el tema central de este libro, la interdisciplinariedad, se nutre de varias fuentes. Por una parte, de mi actividad como historiador deseoso de producir reconstrucciones que diesen cabida a cuantos más elementos mejor; elementos pertenecientes a mundos intelectuales, socioeconómicos y políticos diferentes. Mirando hacia atrás, puedo decir que una de las dificultades con las que me encontré, de la que no fui demasiado consciente durante algún tiempo, fue la de superar una tendencia enquistada en la inmensa mayoría de los que se han formado en una disciplina científica o técnica (la física en mi caso): la de mirar el mundo a través de los "ojos" de ésta, sea la que sea. No es que se niegue la evidencia de que ese mundo es poliédrico y pluridimensional en lo disciplinar, pero la especialización puede actuar como esas lentes que sólo dejan pasar ciertas longitudes de onda. Afortunadamente, la perspectiva histórica que yo deseaba actuó como purgante de semejante limitación (que, no obstante —hay que insistir en este punto— tanto nos ha dado).

A lo anterior se fueron sumando las características del tiempo que me ha tocado en suerte vivir; un tiempo en el que, como ya he indicado en las líneas precedentes, los mundos científicos se acercan constantemente, buscando sinergias y ayudas que amplíen sus posibilidades. En este sentido, no soy sino un hijo de mi tiempo, o, si se prefiere, un observador de él que saca sus conclusiones.

Otro hecho, éste inesperado, que ha reforzado mi interés en la interdisciplinariedad, tiene que ver con haber sido elegido, en 2003, miembro de la Real Academia Española, un lugar de encuentro privilegiado de personas procedentes de campos diversos. Tal vez por ello, aunque no fuese totalmente consciente de sus implicaciones futuras para mis intereses profesionales, elegí como tema de mi discurso de recepción el de *Elogio del mestizaje: Historia, lenguaje y ciencia*. "Mestizaje", como dije entonces, entendido según una de las acepciones del Diccionario de la Real Academia Española: "Mezcla de culturas distintas, que da origen a una nueva".[10] "Mestizaje", por consiguiente, casi como sinónimo de "interdisciplinariedad". En la medida en que Antonio Colino López, Emilio Lledó y Juan Luis Cebrián fueron quienes propusieron mi candidatura a la Real Academia Española, algo tienen que ver, por tanto. con los contenidos de este libro, puesto que me permitieron acceder a un mundo gozosa y sabiamente interdisciplinar.

Otra solemne ocasión me animó en la idea de escribir con más detalle acerca de la interdisciplinariedad: la invitación que recibí de la Universidad de Cantabria para pronunciar la lección de apertura del curso académico 2009-2010.[11] A pesar de que el número de materias que consideré en aquella lección era mucho menor que las que incluyo en las páginas que siguen, con justicia puede considerarse como el germen del presente libro. Vaya por ello mi agradecimiento a la comunidad universitaria cántabra y, en particular, a su

[10] José Manuel Sánchez Ron, *Elogio del mestizaje: Historia, lenguaje y ciencia* (Real Academia Española, Madrid 2003), p. 22.

[11] José Manuel Sánchez Ron, *Un mundo interdisciplinar* (PUbliCAN, Ediciones de la Universidad de Cantabria, Santander 2009).

rector, Federico Gutiérrez-Solana, y a su vicerrector para la Coordinación del Campus de Excelencia Universitaria, Gonzalo Capellán.

En un libro en el que tienen cabida tantas disciplinas diferentes, me han sido especialmente útiles algunas ayudas concretas. Quiero recordar aquí las que he recibido de Guillermo de la Dehesa, de Paul Forman, de Santiago Muñoz Machado y de mi hija Mireya Sánchez Gómez. Los cuatro respondieron a mis preguntas acerca de, respectivamente, la economía, la interdisciplinariedad como tema académico, el derecho y la arquitectura, no sólo mostrando una gran generosidad ofreciéndome algo de uno de sus bienes más escasos, el tiempo, sino que fueron también lo suficientemente indulgentes como para intentar hacerme creer que mis peticiones podían ser incluso interesantes.

Por último, quiero agradecer la ayuda de mi querida esposa, Ana, cuya atenta lectura de mi manuscrito no hizo sino enriquecerlo y mejorarlo.

Capítulo I

Un pasado interdisciplinar: Arquímedes y Galileo

"Los raros investigadores que son nómadas por elección resultan esenciales para el bienestar intelectual de las disciplinas establecidas".[12]

Benoît Mandelbrot

La historia trata de reconstruir el pasado, de identificar las claves que nos permitan entender por qué sucedió lo que sucedió, y también de encontrar las razones que nos ayuden a comprender hechos o decisiones absurdas, carentes de cualquier compromiso o conexión de índole lógica. Pero aunque la historia es indudablemente esto, no es menos evidente que también implica seleccionar un número inmenso de elementos (personajes, instituciones, hechos...). Y es muy difícil que tal selección no se vea influida por fac-

[12] Notas autobiográficas para *Who is Who*; citado en Gerald A. Edgar, ed., *Classics on Fractals* (Westview Press, Boulder, Colorado 2004), p. 350.

tores que podríamos denominar idiosincrásicos, ideológicos o culturales. En otras palabras, al historiar el pasado, al construir la historia, seleccionamos con criterios que pueden ser más o menos intensos, más o menos ocultos, pero que influyen en las historias que producimos, y por consiguiente también en las conclusiones que extraemos de ellas, al menos en algunas.

Si hago estos comentarios es para matizar la manera en que tradicionalmente se ha construido la historia de la ciencia. Ésta, en efecto, se ha edificado habitualmente en base disciplinar —dando preferencia a la división en las diferentes ciencias; por un lado, la historia de la matemática; por otro, la historia de la física, o de la astronomía, o de la química, la biología, la medicina o la geología—, como un conjunto de saberes que independientemente de que puedan mantener entre ellos algunas relaciones, poseen autonomía, entendida ésta tanto en el plano metodológico y profesional como en el de los contenidos. No niego las muchas ventajas que posee este tipo de reconstrucción histórica aplicada a las ciencias de la naturaleza, pero al mismo tiempo considero que al dar todo el protagonismo a las diferentes ciencias se oscurece algo que ha sido importante en algunos momentos, momentos, además, de relevancia: nichos comunes a más de una de esas ciencias, lugares de encuentro, aportaciones que una disciplina ha hecho a otra, así como la presencia de factores procedentes de la tecnología, de los que han brotado frutos que no debemos olvidar.

No pretendo defender que la coherencia que encontramos al reconstruir el pasado científico en función de historias parceladas según diferentes ciencias, sea artificial, que no se apoye en una comunidad de objetos y objetivos, pero sí que creo que esa coherencia se ve reforzada por aquello a lo que me refería antes: la selección que el historiador —las más de las veces formado él mismo en una materia concreta— hace de los elementos que pretende integrar en su narración, en sus reconstrucciones históricas. Esa selección favorece lo disciplinar frente a lo interdisciplinar. Para tratar de aliviar semejante limitación, una limitación no exenta pedagógicamente de consecuencias, en el presente capítulo comenzaré a recordar algunos episodios de la historia de la ciencia en los que la interdisciplinariedad se hizo presente, aunque no fuese aún el tipo de interdisciplinariedad con la que nos encontramos en la actualidad.

Científicos de intereses diversos: Arquímedes y Galileo

Galileo Galilei (1564-1642), nació en Pisa, uno de los siete hijos (tres varones y cuatro mujeres) de Giulia di Cosme Ammannati y de Vincenzo Galilei, que gozaba de buena reputación como músico y que hoy recordamos especialmente por sus trabajos sobre teoría musical (como el *Dialogo della musica antica et della moderna* [1581], en el que experimentaba con los tonos de las notas producidas por cuerdas de diferentes longitudes). En 1581 ingresó en la Universidad de su ciudad natal, matriculándose en la Facultad de Humanidades (la dejó en 1585 sin haber llegado a graduarse). Fue por entonces cuando descubrió varios teoremas sobre el centro de gravedad de los sólidos y cuando comenzó a estudiar el movimiento de un péndulo, que le conduciría años más tarde al descubrimiento del isocronismo de las oscilaciones pendulares, esto es que el tiempo de batida de un péndulo únicamente depende de su longitud, no de la amplitud de la oscilación.

La capacidad que mostró como investigador sirvió para que fuese designado, cuando sólo tenía 25 años, catedrático de Matemáticas en 1589 en su alma máter, donde entre sus obligaciones figuró la de enseñar la astronomía ptolemaica; la teoría —cuya máxima expresión se halla en el gran libro de Claudio Ptolomeo (c 100-175), conocido por el título de la traducción árabe, *Almagesto, El más grande*— según la cual el Sol y los planetas se mueven en torno a la Tierra.

El primero de sus trabajos publicados que se conserva, escrito en italiano, *La bilancetta (La pequeña balanza)*, data de 1586. En él se inspiraba en Arquímedes (c 287-212 a. C.); en concreto en el método (el denominado Principio de Arquímedes) que éste inventó, parece, para resolver el problema de si la corona que encargó el rey Herón contenía realmente la misma cantidad de oro puro que el monarca había proporcionado al artesano. Galileo pensaba, y se enorgullecía de ello, que la balanza hidrostática que él inventó era la misma que había desarrollado Arquímedes.[13] "Quienes leen sus trabajos", escribió en su tratado, "comprenden bien cuán inferiores son todas las mentes comparadas con la de Arquímedes, y qué pequeña esperanza queda de descubrir alguna vez cosas similares a las que él descubrió".

Fue una buena elección. No sólo por la grandeza de Arquímedes, sino también —y esto es algo que me interesa destacar aquí— porque éste fue un buen ejemplo para Galileo en lo que se refiere a respetar la interdisciplinariedad. Arquímedes, en efecto, se movió con acierto en varios campos: en el de la ciencia pura y en el de la aplicada, en la teoría al igual que la experimentación, y, por supuesto, también en disciplinas diversas, como la mecánica, la hidrodinámica y las matemáticas. En su tiempo, nadie como él supo vislumbrar lo que constituye la base más firme de la ciencia: relacionar, en un proceso dialéctico, teoría y observación con el fin de encontrar alguna estructura matemática que permita codificar las regularidades que identificamos en la naturaleza para así establecer "leyes", que nos permitan también predecir acontecimientos futuros. Su célebre Principio constituye un ejemplo extraordinario de cómo Arquí-

[13] El Principio de Arquímedes dice que un cuerpo sumergido en un fluido (un líquido o un gas) experimenta un empuje ascendente igual al peso del volumen del fluido que desaloja.

medes fue capaz de superar el ensimismamiento teórico y filosófico de la mayoría de sus predecesores. Cuando escribo estas líneas, tengo delante de mí la edición de los trabajos de Arquímedes que publicó en 1897 T. L. Heath; contiene escritos sobre, entre otros, la esfera y el cilindro, las espirales, la medida del círculo, el equilibrio de planos, los cuerpos flotantes, el *Stomachion* (una especie de juego de niños: tiene que ver con las maneras de formar un cuadrado a partir de catorce piezas), un método, *El arenario,* para escribir números muy grandes.[14] No hay que olvidar tampoco el Principio de la palanca, el de Potencia por su brazo igual a resistencia por el suyo, que permite entender por qué un peso ligero que hace fuerza a gran distancia del punto de apoyo de una palanca, puede levantar un peso mucho mayor situado cerca de dicho apoyo.

Y en cuanto a la tecnología, son bien conocidos los "espejos ardientes"; espejos que concentraban los rayos solares de tal manera que al dirigirse hacia objetivos adecuados podían provocar un incendio (la leyenda dice que Arquímedes los empleó en el año 214 a. C., durante la Segunda Guerra Púnica, para incendiar algunas de las galeras romanas que sitiaban Siracusa), y también el "tornillo" que ideó para extraer agua de minas, o incluso algunos sólidos.

Pero regresemos a Galileo.

En 1592, Galileo dejó su cátedra de Pisa por una equivalente (de nuevo de Matemáticas) en Padua, en la República de Venecia. Permaneció allí 18 años. Aun sin que nos detengamos apenas en lo que hizo allí, es oportuno mencionar que en Padua enseñó materias como Geometría y Astronomía, dando, además, clases particulares de Cosmografía, Óptica, Aritmética y también sobre problemas prácticos de la guerra; acerca, por ejemplo, de campamentos,

---

[14] T. L. Heath, *The Works of Archimedes* (Cambridge University Press, Cambridge 1897).

fortificaciones y sitios. Muestra de que "lo práctico" no le era ajeno es un "compás geométrico" que resultó muy útil para ingenieros mecánicos y militares y que comenzó a fabricar y vender, a buen precio por cierto, en 1597. Se trataba de un instrumento para efectuar cálculos y, añadiéndole un cuadrante, realizar observaciones (se basaba en uno que había desarrollado antes de 1568 el matemático Federico Commandino, quien a su vez había mejorado otro inventado, parece, por Fabrizio Mordente). El compás de Galileo tuvo tanto éxito —algunos opinan que no tuvo rival para realizar cálculos hasta la introducción de la regla de cálculo a mediados del siglo XIX— que a pesar de las precauciones que tomó (no incluyó ninguna ilustración de él en el libro en el que le dio a conocer: *Le operazioni del compasso geometrico et militare*, publicado en Padua en 1606),[15] hubo quien lo intentó copiar, como Balthasar Capra, que en 1607 publicó un trabajo titulado *Usus et fabrica circini cuiusdam proportionis*, en el que sostenía que él era el inventor del compás y que Galileo se lo había plagiado. Éste emprendió acciones legales en contra de Capra, ganando el juicio; todos los ejemplares del libro de Capra fueron retirados y Galileo publicó una *Difesa di Galileo Galilei contro alle calunnie & imposture di Baldessar Capra* (Venecia 1607).

Ahora bien, si Galileo es recordado por la posteridad no es por estos trabajos, sino por otros que forman parte de lo mejor de la historia de la astronomía y de la mecánica; por obras como *Sidereus nuncius* (1610), *Dialogo sopra i due massimi sistemi del mondo Tolemaico, e Copernicano* (1632) o *Discorsi e dimostrazioni matematiche,*

[15] Galileo Galilei, *Le operazioni del compasso geometrico et militare* (Pietro Marinelli, Padua 1606), reproducido en *Le Opere di Galileo Galilei*, Edizione nazionale, Antonio Favaro, ed. (G. Barbèra editore, Florencia 1968; primera edición de 1899-1909, 20 vols.), vol. II, pp. 365-424. Existen pocos ejemplares de *Le operazioni*, cuya primera edición constó de 60 copias, destinadas a protectores de Galileo y a quienes comprasen el compás.

intorno à due nuove scienze attenenti alla mecanica & i movimienti locali (1638). La cuestión que quiero abordar ahora es la de si es posible relacionar estas obras inmortales con algún interés o elemento interdisciplinar. Y la respuesta es que sí, que es posible identificar algunos de tales factores en estas obras que catalogamos habitualmente en el apartado de física y astronomía "puras".

Comencemos con *Sidereus nuncius* (*Noticiero sideral*), el breve texto que apuntaló como ninguno antes que él la tesis heliocéntrica que Nicolás Copérnico había establecido en su gran tratado de 1543, *De revolutionibus orbium coelestium* (*Las revoluciones de los orbes celestes*). En aquel libro, Galileo presentó los resultados de las observaciones que realizó con un telescopio a partir de 1609. En ellas había observado la Luna, encontrando en su superficie la misma desigual geografía que existía en la Tierra. Vio manchas, que interpretó, correctamente, como producidas por las sombras de "las crestas de las montañas y los abismos de los valles". El mundo supralunar no se distinguía del terrestre, al contrario de lo que se sostenía en el sistema aristotélico-ptolemaico, una conclusión ésta que sus posteriores observaciones, en enero de 1610, de Júpiter confirmaron: en las proximidades de este planeta detectó cuatro satélites —"planetas medíceos", los bautizó, buscando favores de los Medici—, que ofrecían una versión en miniatura del universo copernicano. Los satélites orbitaban en torno a Júpiter, mientras que el sistema aristótelico-ptolemaico sólo admitía revoluciones alrededor de una estática Tierra. También vio que la Vía Láctea no era "otra cosa que un conglomerado de innumerables estrellas reunidas en montón". El universo, en definitiva, adquiría una nueva dimensión: era mucho más variado y poblado, también más complicado, menos ordenado, de lo que hasta entonces se había supuesto.

Todos estos resultados, que socavaron una visión del mundo que se remontaba a dos milenios atrás, fueron posibles gracias a que Galileo dispuso de un telescopio, de un instrumento cuyo funcionamiento únicamente podemos entender en función de conocimientos de óptica. Pero, ¿qué sabía Galileo de óptica? No demasiado, ciertamente mucho menos que Johannes Kepler (1571-1630) o que René Descartes (1596-1650), aunque en el caso de éste haya que recordar que su *Dioptrique*, que apareció junto al *Discours de la Méthode*, los *Météores* y la *Géométrie*, se publicó en 1637, veintisiete años después de que *Sidereus nuncius* viese la luz. Diferente es el caso de Kepler, cuyo *Ad Vitellionen paralipomena, quibus Astronomiae pars Optica Traditur (Comentarios a Vitello, en los que se trata de la parte óptica de la astronomía)* fue publicado en 1604.

¿Por qué, podemos preguntarnos, fue Galileo quien explotó las posibilidades del telescopio y no Kepler? Aunque no es seguro, una posible explicación de este punto, de cierta importancia para la historiografía de la ciencia, es por los intereses "mestizos", pluridisciplinares, de Galileo. Algo de esto se detecta en una carta que envió desde Padua el 24 de agosto a Leonardo Donato, Dux de Venecia, en la que escribió:[16]

> "Serenísimo Príncipe,
>
> Galileo Galilei, humildísimo siervo de V. S., velando asiduamente y de todo corazón para poder no solamente satisfacer el cargo que tiene de la enseñanza de Matemáticas en la Universidad de Padua, sino también aportar un extraordinario beneficio a V. S. con algún invento útil y señalado, comparece en este momento ante vos con un nuevo artificio consistente en un anteojo extraído de las más recónditas especulaciones de perspectiva, el cual pone los objetos visibles tan próximos al ojo, presentándolos tan grandes y claros, que lo que se

[16] *Le Opere di Galileo Galilei, óp. cit.*, vol. 10, pp. 250-251. Reproducida en Galileo, *El mensajero y la gaceta sideral*, edición de Carlos Solís (Alianza Editorial, Madrid 2007), pp. 257-258, y en Víctor Navarro, ed., *Galileo* (Península, Barcelona 1991), pp. 309-310.

encuentra a una distancia de, por ejemplo, nueve millas, se nos muestra como si distase tan sólo una milla, lo que puede resultar de inestimable provecho para todo negocio y empresa marítima, al poder descubrir en el mar embarcaciones y velas del enemigo a mayor distancia de la usual, de modo que podremos descubrirlo a él dos horas o más antes de que él nos descubra a nosotros, y distinguiendo además el número y características de sus bajeles podremos estimar sus fuerzas aprestándonos a su persecución, al combate o a la huida. De igual manera se puede descubrir en tierra, desde alguna elevación, aunque sea distante, los alojamientos y refugios del enemigo en el interior de las plazas, o incluso se puede a campo abierto ver y distinguir en sus detalles todos sus movimientos y preparativos con grandísima ventaja nuestra. Posee además muchas otras utilidades claramente obvias para cualquier persona juiciosa. Y por tanto, juzgándolo digno de ser aceptado por V. S. y estimándolo utilísimo, ha determinado presentároslo, dejando a vuestro arbitrio juzgar acerca de este invento, para que ordenéis y dispongáis, según parezca oportuno a vuestra prudencia, que sean o no fabricados".

Está claro: Galilei no era ajeno a las posibilidades prácticas del nuevo instrumento, en el que, además, vio la oportunidad de ganar más dinero, atrayendo la atención de aquellos de los que en última instancia dependía, los gobernantes venecianos.

En cuanto a la cuestión, relevante para los fines de este libro, de cómo llegó al telescopio, veamos lo que escribió en *Sidereus nuncius*:

"Hace ya alrededor de diez meses me llegó un rumor de que un cierto neerlandés había fabricado un anteojo, merced al cual los objetos visibles, aunque muy alejados del ojo del espectador, se veían nítidamente como si estuviesen cerca. Además, algunas experiencias de este efecto, ciertamente admirable, andaban de boca en boca, y mientras unos las creían, otros las negaban. Pocos días después, esa misma noticia la confirmó, por medio de una carta desde París, el noble galo Jacques Badovere [un antiguo discípulo de Galileo, que después obtuvo un puesto de diplomático en Francia], lo que fue, al fin, la causa de que me implicase por entero en la busca de las razones, y también de idear los medios, por los cuales se llega a inventar un instrumento semejante, lo que conseguí poco después sustentándome en la teoría de las refracciones. En primer lugar, procuré un tubo de plomo y en sus extremidades adapté dos lentes, ambas con una parte plana, pero, por la otra una era esférica convexa y la otra, a su vez, cóncava. Luego, acercando el ojo a la parte cóncava vi los objetos bastante grandes y cercanos, pues aparecían tres veces más próximos y nueve veces más grandes que cuando se miran únicamente de forma natural. Enseguida, me esforcé en hacer otro más exacto, que representaba los objetos más de sesenta veces más grandes. Al fin, sin ahorrar ningún esfuerzo ni coste, sucedió que fui capaz de construirme un instrumento tan excelente, que las cosas vistas por medio de él aparecen casi mil veces mayores, y más de treinta veces más próximas que si se mirasen sólo con las facultades naturales. Estaría de más exponer en qué medida y qué grande sería la utilidad de este instrumento, tanto en las necesidades terrestres como en las marítimas. Pero decidí olvidar las cosas terrenales y me dediqué a la observación de las celestes".

Vemos que Galileo no inventó el telescopio, sino que supo de su existencia. Y ¿quién, o quiénes, fueron los que lo inventaron? Pues, varios. Como el neerlandés Hans Lippershey (1570-1619), de Middelburg, al que probablemente se refería Galileo en la cita precedente, que llegó a solicitar una patente, acción que provocó que otros dos holandeses, fabricantes de lentes, Jacob Metius (c 1571-1630), de Alkmaar, y Zacharias Janssen (1588-1638), de Middelburg, reclamaran la paternidad de la invención (el 2 de octubre de 1608, la cuestión de patentar el telescopio fue debatida en el Parlamento, que finalmente decidió no adjudicar la patente a nadie, entre otras razones porque creían que semejante arte no podía permanecer en secreto). Aunque parece que el polígrafo napolitano Giovambattista della Porta (1535-1615) también pensó en la posibilidad de catalejos (véase el capítulo XVII de su *Magia naturalis*, publicada en Nápoles en 1589), es interesante señalar otra de las conexiones que se han descubierto: la de una familia de artesanos en Barcelona. En su *Historia de la ciencia española*, el eminente arabista e historiador de la ciencia Juan Vernet ha explicado la conexión española de la invención del telescopio en los siguientes términos:[17]

> "El instrumento que había de revolucionar la astronomía, el anteojo, apareció a principios del siglo XVII. El descubrimiento del mismo fue realizado de modo independiente en diversos lugares: Holanda, Italia y España, pero sólo adquirió su trascendencia científica en manos de Galileo. Ahora bien: las citas más antiguas al mismo son, indudablemente, españolas, y ya no por las afirmaciones de Sisturo, traducidas y dadas a conocer ha ya muchos años por [Felipe] Picatoste, que atribuyen la invención al gerundense Juan Roget (m. c 1618), sino por el hallazgo de documentos en el Archivo de Protocolos de Barcelona, en los que aparece la mención de los mismos con anterioridad a las hasta ahora pretendidas fechas de invención. Así, en el testamento de Pedro de Cardona, el 10 de abril de 1593, éste lega una 'ullera larga guarnida de lauto'; el 5 de septiembre de 1608, muerto el mercader Jaime Galvany, se vende en pública subasta, y al precio de cinco sueldos, una 'ollera de llarga vista', hecho que acontecía un mes antes de que los ópticos holandeses Hans Lippershey, de Middelburg, y Jacob Metius, de Alkmaar, solicitaran patente de invención al Consejo de Estado de los Países Bajos".

---

[17] Juan Vernet Ginés (Instituto de España, Madrid 1975), p. 117.

Si me he detenido en esta posible genealogía, es porque en ella se ve que abundaron sobre todo los artesanos, los ópticos prácticos sin demasiados conocimientos científicos. La presencia de, y el contacto con, este tipo de profesionales por parte de un científico, de un filósofo de la naturaleza como aún se llamaban —en este caso Galileo— constituye un tipo de interdisciplinariedad. En otras palabras, el que la ciencia y los científicos mantengan relaciones estrechas con la técnica (o tecnología) y los técnicos, es algo que redunda en beneficio de ambos. Y esto, en el pasado como en el presente.

Aunque volveré a este punto en el capítulo siguiente, existe otra faceta de la relación de Galileo con el telescopio que revela la importancia de los saberes y habilidades prácticas. Se trata de que a pesar de que Galileo no poseía demasiados conocimientos de óptica, compensó esta limitación con sus habilidades más prácticas, que le permitieron fabricar mejores telescopios que sus predecesores. Así, se dio cuenta de la importancia de la calidad de las lentes y de cómo éstas se pulían, esforzándose, no siempre con éxito, en obtener buenas lentes para sus catalejos.

Por último, hay que referirse a las habilidades pictóricas de Galileo.

Entre los atractivos de *Sidereus nuncius* se encuentran los magníficos dibujos lunares que incluye. Ahora bien, lejos de ser meros adornos nos muestran lo que Galileo *vio* en su mente (recordemos la vieja máxima filosófica: "hay más de lo que el ojo ve"; que quiere decir que es preciso *interpretar* las observaciones, insertarlas en un edificio teórico). Y es que los procesos deductivos requeridos para la ciencia —al menos los implicados para deducir que las "manchas" que Galileo vio en la Luna correspondían a sombras producidas por irregularidades de su superficie— también se pueden ver auxiliados por las técnicas que se requieren para el dibujo. Galileo era diestro en algunas de estas técnicas. En 1588, por ejemplo, solicitó el puesto de "geómetra" para enseñar perspectiva y claroscuro en la Accademia del Disegno que había fundado en Florencia, en 1563, Giorgio Vasari. No parece que obtuviera el puesto, pero lo que este episodio revela es que con sólo 24 años de edad Galileo se consideraba apto para él. Sí se sabe que probablemente por entonces el joven pisano comenzó su larga amistad con el pintor y arquitecto Ludovico Cardi, conocido como El Cigoli, que a menudo alabó los conocimientos de Galileo sobre geometría, llegando a manifestar que en el arte de la perspectiva éste era su maestro. Por cierto, que el último trabajo de Cigoli fue una pintura al fresco, en la cúpula de la basílica de Santa María la Mayor de Roma, donde se presenta a la Virgen de pie sobre una Luna creciente, pero en la que figuran claramente los cráteres que tres años antes había visto —y dibujado a la acuarela— por primera vez Galileo. Finalmente, en 1613 fue elegido miembro de la prestigiosa Accademia de Vasari (de la que también formaba parte Cardi). Que un filósofo natural, que un científico, poseyera semejantes saberes no era entonces algo raro.

Con bases como las que he reseñado, Galileo, que también era un científico de pura cepa, pronto hizo lo que a nosotros, cuatro siglos después, nos parece obvio, pero que no lo era tanto entonces: dirigir su telescopio, perfeccionado ya hasta llegar a los 30 aumentos, hacia el cielo. Y lo que vio allí cambió para siempre nuestra manera de contemplar y entender el universo.

Fruto del camino que con la ayuda del telescopio comenzó a tomar en 1609, entroncado, por consiguiente, con los mundos interdisciplinares que he mencionado, fue el ya citado *(Dialogo sopra i due massimi sistemi del mondo Tolemaico, e Copernicano Diálogo sobre los dos máximos sistemas del mundo, ptolemaico y copernicano).* Publicado en Florencia en 1632, este *Diálogo*, en el que se defendía a Copérnico y se atacaba el sistema geocéntrico, es una obra maestra de la literatura científica, escrita en lengua vernácula, el italiano, en una época en la que el latín todavía era el idioma generalmente utilizado en este tipo de textos (*Sidereus nuncius* está todavía en latín). Pocos libros científicos pueden compararse con él, o competir a la hora de encontrar un hueco en la historia del pensamiento y de la cultura. Los tres personajes creados por Galileo para protagonizar ese diálogo, Salviati, Sagredo y Simplicio, copernicano el primero, neutral el segundo y aristotélico el último, han pasado a formar parte de la cultura universal, de la misma manera que lo han hecho otros inolvidables personajes de ficción, como pueden ser, por ejemplo, don Quijote y Sancho Panza. Dialogan sobre la ciencia del movimiento y de los cielos, pero lo hacen utilizando un recurso precioso: una argumentación lógica fina y precisa y una sana retórica. El que Galileo fuese capaz de expresarse como lo hizo en el *Diálogo* es también una muestra de interdisciplinariedad, de que un científico no desdeñe, poseyéndolas —lo que significa haberlas estudiado y entrenado en ellas— las artes del escritor y narrador. Como es bien sabido, por hacer uso de semejantes útiles en defensa de su ciencia, de su visión de cómo es el universo, Galileo fue condenado por la Iglesia católica en 1633, convirtiéndose así en un héroe e icono de la cultura universal, la que defiende la libertad de expresión.

El *Dialogo sopra i due massimi sistemi del mondo Tolemaico, e Copernicano* brilla tanto, posee una luz propia tan intensa, su relevancia histórica más allá de la ciencia es tanta, que ha oscurecido el otro *Diálogo* de Galileo, el *Discorsi e dimostrazioni matematiche, intorno à due nuove scienze attenenti alla mecanica & i movimienti locali (Discursos y demostraciones matemáticas sobre dos nuevas ciencias relativas a la mecánica y movimientos locales).* Sin embargo, este libro, publicado en 1638 en Ámsterdam en la histórica editorial Elzevier, es la gran obra científica de Galilei. Mientras que el *Diálogo sobre los dos máximos sistemas del mundo, ptolemaico y copernicano* es, en cierto sentido, el producto explosivo de una circunstancia inesperada, una serie de observaciones propiciadas por la invención del telescopio, el nuevo *Diálogo* de 1638 es el fruto maduro de toda una vida de estudios sobre el movimiento. En unos pocos meses de observaciones astronómicas Galileo comprobó que las tesis ptolemaicas no se sostenían. Para determinar, por ejemplo, cuánto tarda en caer un cuerpo bajo la influencia de la gravedad necesitó de mucho más tiempo. Y también mirar no hacía los cielos, sino hacia la tierra; dedicarse a actividades más, podríamos decir, materiales y necesarias.

La "Jornada primera" de los *Discursos* es ilustrativa en este sentido. Comienza con la siguiente manifestación de uno de los interlocutores (los mismos que en el *Diálogo*), Salviati:[18] "Pienso que la frecuente actividad en vuestro famoso arsenal, Señores venecianos, ofrece un gran campo para filosofar a los intelectos que especulan, especialmente, en aquella parte que se denomina mecánica, en donde se construyen continuamente todo tipo de instrumentos y de máquinas por medio de un gran número de artesanos, algunos de los cuales han de ser muy entendidos y con un talento muy agudizado debido tanto a las observaciones que sus predecesores hayan hecho como a lo que van a descubrir ellos mismos sin interrupción". A lo cual Sagredo añadía: "V. S. no se engaña en absoluto: y por lo que a mí se refiere, siendo como soy curioso por naturaleza, visito frecuentemente, para recreación mía, este lugar, fijándome en lo que hacen aquellos que nosotros, a causa de cierta preeminencia que ostentan sobre el resto de los artesanos, llamamos principales. Hablar con ellos me ha ayudado muchas veces a investigar la causa de efectos no solamente maravillosos, sino ocultos también y apenas creíbles".

Coherente con tales declaraciones, a lo largo de las páginas de los *Discursos y demostraciones matemáticas sobre dos nuevas ciencias* aparecen todo tipo de artilugios y fenómenos mecánicos: pesos que

---

[18] Galileo Galilei, *Discursos y demostraciones matemáticas sobre dos nuevas ciencias* (1638). He utilizado la traducción al español incluida en *A hombros de gigantes*, Stephen Hawking, ed. (Crítica, Barcelona 2003), p. 357.

cuelgan de otros, cuerdas enrolladas sobre cilindros, palancas, vigas, resistencias, torsiones, movimientos de caída a lo largo de planos inclinados y también proyectiles. De hecho, Galileo dedicó la "Jornada cuarta" a "El movimiento de los proyectiles". "En las páginas anteriores", comenzaba explicando, "hemos estudiado tanto las propiedades que se dan en el movimiento uniforme como las que tienen lugar en el movimiento uniformemente acelerado a lo largo de planos de cualquier inclinación. En lo que ahora comienzo a tratar, intentaré presentar y establecer, apoyándome en demostraciones rigurosas, algunos fenómenos interesantes y dignos de conocerse y que son propios de un móvil cuando se mueve con un movimiento compuesto de otros dos, es decir, un movimiento uniforme y otro naturalmente acelerado: tal parece ser, precisamente, eso que llamamos movimiento de los proyectiles".[19]

Ciencia y técnica, arte y retórica, negocios y abstracción, son, pues, algunos de los elementos que debemos considerar si pretendemos entender al verdadero Galileo, un hombre que se movió en un mundo interdisciplinar, del que sacó un magnífico partido.

[19] Ibídem, p. 519.

Capítulo II

Interdisciplinariedades en Isaac Newton

"[Isaac Newton fue el] último de los magos, el último de los babilonios y de los sumerios; la última de las grandes mentes que contempló el mundo visible e intelectual con los mismos ojos de aquellos que empezaron a construir nuestra *heredad* intelectual, hace casi diez mil años".

John Maynard Keynes (1947)

Independientemente de cual sea la vara de medir que se utilice, de lo que no hay duda es de que Isaac Newton (1643-1727) fue uno de los más grandes científicos que ha conocido la historia. Para muchos, el más grande. Sus contribuciones a la matemática y a la física permanecerán a lo largo del tiempo como un monumento imperecedero a la creatividad humana. Es cierto que algunas de esas contribuciones —como su mecánica y teoría de la gravitación— han mostrado ya sus límites, siendo superadas por la relatividad einsteiniana, pero aun con semejantes cortapisas continúan y continuarán utilizándose para un amplio rango de dominios. Otras, sin embargo, como su cálculo diferencial (o infinitesimal), mantienen y mantendrán, aunque sea con ropajes diferentes a los que él empleó, su validez.

Y es precisamente con este último logro, la creación del cálculo diferencial, con el que quiero comenzar, para mostrar la fecundidad del encuentro entre disciplinas diferentes.

Matemáticas y física para el problema del movimiento: el cálculo diferencial

El cálculo diferencial tiene como escenario el reino de las funciones que varían con respecto a alguna de las variables de que dependen. Se trata de una rama de la matemática con vida propia, independiente de sus posibles aplicaciones físicas, una "técnica" particularmente bien adaptada para algunos de los problemas que interesaban a los matemáticos de los siglos anteriores al XVII, como es el de encontrar la tangente a una curva arbitraria, y también para el problema de las cuadraturas —determinar el área que subyace a una curva—, al ser la diferenciación el proceso inverso a la integración, la técnica que nos puede dar tales cuadraturas. De hecho, las más de las veces se habla conjuntamente de "cálculo diferencial e integral".

La cuestión que quiero tratar ahora es la de si el cálculo diferencial nació de forma autónoma, dentro de lo que podríamos denominar "lógica interna del razonamiento matemático", o si debió algo a otras ciencias, en particular, a la física.

Y en este punto entra en escena Isaac Newton, el creador, junto con Leibniz pero de manera independiente (aunque todavía no se ha apagado la famosa —e innoble— polémica que ambos sostuvieron sobre la prioridad del descubrimiento), del cálculo diferencial. "La fase decisiva de la aplicación de la matemática a la física —la creación de Newton de la disciplina racional de la mecánica— surgió, y difícilmente puede separarse de, el descubrimiento del cálculo infinitesimal", escribieron John von Neumann y Oskar Morgenstern en el capítulo 1 de un libro al que volveré en otro capítulo, *Theory of Games and Economic Behavior.*[20] Efectivamente, aunque el origen del cálculo diferencial no se puede separar de un contexto matemático, la manera en que Newton llegó a él tampoco se puede deslindar de una conexión física, de, en concreto, su interés por describir el movimiento de cuerpos; por construir una mecánica (o dinámica).

No es fácil descubrir tal conexión cuando se analiza el libro que Newton publicó en 1687 en el que presentó la dinámica a la que finalmente llegó, *Philosophiae Naturalis Principia Mathematica* (*Principios Matemáticos de la Filosofía Natural*). Y no lo es, porque en él Newton decidió presentar sus argumentos y resultados en la forma geométrica tradicional. Consideraba la geometría, la geometría tal como la había presentado Euclides (c 365-275 a. C.) en sus *Elementos*, como la forma de razonamiento matemático más acabada y más ampliamente aceptada y por ello eligió ocultar, reinterpretándolos geométricamente, los argumentos y deducciones que había producido utilizando el cálculo diferencial. Sin embargo, si nos detenemos en otro de sus textos, la primera de sus obras que conocemos dedicada al desarrollo del cálculo, *Analysi per Quantitatum Series, Fluxionum, ac Differentias; cum Enumeratione Linearum Tertii Ordinis* (*Análisis de cantidades mediante series, fluxiones y diferencias con una enumeración de las líneas de tercer orden*), publicada en Londres en 1711 aunque compuesta probablemente en 1669, encontramos, entre páginas y páginas de desarrollos matemáticos, el siguiente pasaje, perteneciente a la "Introducción" de la parte titulada "Cuadratura de curvas":[21]

---

[20] Publicado por Princeton University Press en 1944; cita en p. 5.

[21] Isaac Newton, *Análisis de cantidades mediante series, fluxiones y diferencias con una enumeración de las líneas de tercer orden* (Real Sociedad Matemática Española/SAEM "Thales", Madrid 2003), pp. 103-104.

> "No considero aquí las cantidades matemáticas constituidas por partes, cuan mínimas quepan, sino descritas por un movimiento continuo. No por aposición de partes, mas por movimiento continuo de puntos son descritas las líneas, y generadas al serlo; por movimiento de líneas lo son las superficies; por movimiento de superficie los sólidos; los ángulos, por rotación de lados; el tiempo por el fluir continuo, y así lo demás. Tal génesis tiene verdaderamente lugar en las cosas de la naturaleza y a diario es discernible en el movimiento de los cuerpos. Y de este modo enseñaron los antiguos la génesis de los rectángulos, llevando rectas móviles en la longitud de rectas inmóviles.
>
> Considerando pues que las cantidades crecientes en tiempos iguales, y en tal crecer generadas, vienen a dar en mayores o menores según la mayor o menor velocidad con que crezcan y se generen; inquiría yo un método para determinar cantidades a partir de las velocidades de los movimientos o de los incrementos por los que son generadas; y denominando *fluxiones* a esas velocidades de movimientos incrementos, y *fluentes* a las cantidades generadas, paulatinamente fui a dar en los años de 1665 y 1666 con el método de fluxiones del que aquí hago uso en la cuadratura de curvas".

Las consideraciones físicas, la conexión dinámica, la interdisciplinariedad, desempeñaron un papel crucial, por consiguiente, en cómo Newton llegó al cálculo diferencial.

La matemática, ¿una disciplina pura, ajena a la interdisciplinariedad?

De hecho, a lo largo de una buena parte del siglo XVIII, la matemática estuvo estrechamente ligada a la descripción de los fenómenos naturales. No residía, por consiguiente, en un reino aparte; se consideraba que no tenía realidad fuera del dominio de lo posible físicamente. Relacionado con este hecho está el que es difícil a veces decidir en qué clase incluir a científicos como Jean d'Alembert, Johann Bernoulli, Leonhard Euler o Joseph Louis Lagrange. ¿Eran matemáticos o físicos? Ciertamente, todos —estos cuatro sin duda— contribuyeron al desarrollo de lo que podemos denominar, por separado, matemáticas y física, pero el modo cómo contemplaban la ciencia, la matemática y la física en particular, les fue de gran utilidad en sus trabajos científicos. Cuando, por ejemplo, Johann Bernoulli (1667-1748) se enfrentó al problema de cuál es la geometría de la catenaria —una cuerda, sometida a la fuerza de la gravedad, que cuelga de dos puntos fijos—, problema que ya había considerado Galileo en 1638, cuando propuso —erróneamente— que la figura era la de una parábola, la estrategia que siguió fue la de tratarlo como si fuera un problema mecánico, combinando en consecuencia consideraciones físicas con matemáticas.[22] Al seguir este procedimiento, asumía lo que más tarde los matemáticos no aceptarían: resolvía, por ejemplo, algunas ecuaciones diferenciales recurriendo a construcciones geométricas de lo que veía. "¿Por qué no?", debió de pensar; al fin y al cabo, la matemática y la realidad física estaban perfectamente sincronizadas.

Es desde esta perspectiva que debemos entender incluso el abstracto trabajo de Lagrange (1736-1813), quien en un libro que se convertiría en un clásico, *Mécanique analytique* (1788), escribió:

> "No se encontrarán figuras en este trabajo. Los métodos que presento no requieren construcciones ni argumentos mecánicos o geométricos, sino únicamente operaciones algebraicas sujetas a pro-

[22] En Amir Alexander, *Duel at Dawn* (Harvard University Press, Cambridge, Massachusetts 2010), se puede encontrar la explicación del procedimiento que empleó Bernoulli; pp. 56-60. La ecuación que describe una catenaria es $y = k \cdot (e^{x}+e^{-x})$, donde *x* e *y* son las coordenadas cartesianas, *k* una constante y *e* la base de los logaritmos neperianos.

cedimientos regulares y uniformes. Aquellos que aprecien el análisis matemático comprobarán con placer que la mecánica se convierte en una nueva rama de él y, por consiguiente, reconocerán que he ampliado su dominio".

En otras palabras, para Lagrange la mecánica era una parte del álgebra, pero esto no significaba ningún problema, sino que representaba que se profundizaba en la unificación de matemáticas y física. Para él, la matemática trataba fundamentalmente de la estructura subyacente en el mundo físico.

Sin embargo, esta tradición, que fomentaba la interdisciplinariedad, el parentesco entre matemáticas y física, un parentesco que benefició a ambas, se rompió a partir del siglo XIX. Los principales responsables de que aquella tradición ilustrada se rompiese fueron sobre todo Augustin-Louis Cauchy (1789-1857), Évariste Galois (1811-1832) y Neils Hendrik Abel (1802-1829). Cauchy reformuló el cálculo como un sistema riguroso autocontenido, divorciado en principio del mundo material y basado en conceptos puramente formales (introdujo, por ejemplo, la definición de derivada como un límite, que hoy estudian todos los alumnos de matemáticas básicas). Galois desarrolló la teoría general de las ecuaciones algebraicas que pueden ser resueltas mediante ecuaciones auxiliares de grado menor (para ello se dio cuenta de que este problema estaba regido por un cierto grupo de substituciones en el que se reflejaban las propiedades más importantes de la ecuación considerada, abriendo de esta manera la puerta a la futura teoría de grupos, que tanto aportaría a la matemática y a la física). Por su parte, Abel compartió bastantes de los intereses y aportaciones de Galois, distinguiéndose asimismo al introducir novedades matemáticas como las funciones elípticas.

No hay duda de que los tres merecen figurar en cualquier cuadro de honor de matemáticos que se componga, pero no es este el punto que quiero resaltar aquí sino el que tanto Cauchy como Galois (Abel fue más humilde y discreto) creían que eran portadores de verdades eternas y que su defensa —que habían emprendido sin aceptar compromisos— les había conducido a sufrir persecuciones e indignidades. Pensaban que la matemática era un reino autónomo, puro, caracterizado por el rigor lógico y la precisión. Se consideraban a sí mismos, y fueron considerados por sus seguidores, como mártires por haber defendido la verdad, la verdad de una matemática rigurosa y no contaminada. El que Galois muriese víctima de un duelo cuando no había llegado a cumplir los 21 años, y que los manuscritos que había enviado antes a matemáticos instalados en la élite no fuesen valorados y pasasen desapercibidos, añadió a su frustración y al mito que se construyó en torno a él. Y al convertirlo en un héroe y en un ideal al tipo de matemática que propugnaba —la matemática practicada por el genio que trabaja alejado del mundo instalado en una torre de marfil, aunque fuese en una pobre, precaria desde el punto de vista material, torre de marfil—, se pasaron por alto otros rasgos de su personalidad, como el de ser un joven pendenciero que ofendía a casi todo el mundo y que presentó sus, sin duda originales e importantes, ideas de manera oscura y difícil de entender. En cuanto a Cauchy, que sí pudo encontrar acomodo en una prestigiosa institución universitaria (la Escuela Politécnica de París), las dificultades que sufrió se debieron sobre todo a sus opiniones y actitudes políticas. Y en cuanto a Abel, un joven apacible y que apenas se quejó, sus trabajos iban camino de ser aceptados, pero murió demasiado pronto, víctima de la tuberculosis favorecida por la pobreza en la que vivió, aunque había recibido ayuda y existían razonables perspectivas de que obtendría pronto un puesto académico. Pero todo esto fue olvidado, y los tres pasaron a formar parte de la leyenda de los que son víctimas en defensa de sus ideas, ideas matemáticas que chocaban con las aceptadas en su tiempo.

Y así, la creencia de que la matemática debe vivir en un reino propio, no contaminado por otras consideraciones —como las que surgen en el reino de la naturaleza— se instaló firmemente en la imagen de lo que es y debe ser la matemática —y por extensión otras ciencias—, constituyendo toda una cultura, una cultura que implícitamente negaba la interdisciplinariedad.

Manifestación temprana de este espíritu es una célebre frase que el matemático alemán Carl Gustav Jacobi (1804-1851) incluyó en una carta que escribió el 2 de julio de 1830 a otro gran matemático, Adrien-Marie Legendre (1752-1833):[23]

> "M. Fourier opinaba que la finalidad primordial de las matemáticas consistía en su utilidad pública y en la explicación de los fenómenos naturales; pero un filósofo como él debería haber sabido que la finalidad única de la ciencia es la de rendir honor al espíritu humano y que, por ello, una cuestión sobre números vale tanto como una cuestión sobre el sistema del mundo".

Otro ejemplo particularmente claro y más reciente de esa filosofía "aislacionista" se encuentra en un hermoso libro, *A Mathematicians' Apology* (*Apología de un matemático*; 1940), del matemático inglés Godfrey Harold Hardy (1877-1947). En él, podemos encontrar pasajes como los siguientes:[24]

> "La 'seriedad' de un teorema matemático no descansa en sus consecuencias prácticas, que son habitualmente mínimas, sino en el *significado* de las ideas matemáticas que enlaza. Podemos decir, grosso modo, que una idea matemática es 'significativa' si puede ser

[23] C. G. Jacobi, *Gesammelte Werke*, vol. I (Reimer, Berlín 1881), p. 454.
[24] G. H. Hardy, *Apología de un matemático* (Nivola, Madrid 1999), p. 89.

relacionada de una forma natural y esclarecedora con un amplio grupo de ideas matemáticas. Así, un teorema matemático serio, un teorema que relaciona ideas significativas, es probable que conduzca a avances importantes tanto en las matemáticas como en otras ciencias".

O:[25]

"Las matemáticas 'auténticas' de los 'auténticos' matemáticos, es decir, las matemáticas de Fermat, o Euler, o Gauss, o Abel o Riemann, son totalmente 'inútiles' (y esto es cierto tanto en el caso de las matemáticas puras como en el de las aplicadas). Es imposible justificar la vida de un matemático profesional genuino sólo sobre la base de la 'utilidad' de su obra [...].

[La] ciencia sirve para lo malo tanto como para lo bueno (especialmente, por supuesto, en tiempo de guerra), y [por tanto los matemáticos] tienen motivo para alegrarse de que haya una ciencia, y que sea la suya, cuya lejanía de las actividades humanas cotidianas la mantiene apacible y limpia".

Y más adelante:[26]

"Hay una conclusión tranquilizadora y fácil para un matemático auténtico. Las matemáticas auténticas no tienen efectos sobre la guerra. Nadie ha descubierto todavía ninguna aplicación militar de la teoría de los números y de la relatividad, y no parece probable que alguien lo haga en muchos años. Es cierto que hay ramas de las matemáticas aplicadas, como la balística y la aerodinámica, que han sido deliberadamente desarrolladas para la guerra y que exigen el domi-

[25] Ibídem, pp. 111-112.
[26] Ibídem, p. 126.

> nio de una técnica bastante elaborada: quizá es difícil denominarlas 'triviales', pero nadie tiene ningún derecho a clasificarlas como 'auténticas'. Son, por supuesto, repulsivamente feas e intolerablemente aburridas [...]. Por tanto, un matemático auténtico tiene limpia su conciencia; no puede objetarse nada al valor que pudiera tener su trabajo; las matemáticas son una ocupación inocua e inocente".

La matemática *buena*, estaba diciendo Hardy, es la *inútil*, la que no tiene aplicaciones, aplicaciones para, en particular, la guerra; las matemáticas aplicadas son "repulsivamente feas e intolerablemente aburridas"; la matemática está alejada de "las actividades humanas cotidianas", y por eso se "mantiene apacible y limpia"; los matemáticos "tienen limpia su conciencia"; "las matemáticas son una ocupación inocua e inocente". El problema no es que frases como estas sean falsas, que lo son, sino que transmiten una idea falsa de lo que es la matemática, una disciplina, como veremos en otros capítulos, especialmente adecuada para ser un "nexo interdisciplinar". El modelo de matemática de Hardy ensalza únicamente ejemplos de matemáticos como Andrew Wiles (n. 1953), que resolvió uno de los grandes problemas históricos de la matemática, el denominado Último teorema de Fermat, llamado así porque el matemático y jurista francés Pierre de Fermat (1601-1665) lo propuso en 1637, en el margen de su ejemplar del Libro II de la *Aritmética* escrita hacia el año 250 por Diofanto.[27] Afirma este teorema-conjetura que si *n* es un entero mayor que 2, la ecuación $x^n + y^n = z^n$ no tiene solución si *x, y, z* son enteros positivos.

[27] Tras un primer anuncio, a la postre frustrado por contener un error, la demostración de Wiles apareció publicada en dos artículos, el primero de ellos el más importante, el esencial: Andrew Wiles, "Modular elliptic curves and Fermat's Last Theorem", *Annals of Mathematics*, vol. 141, pp. 443-551 (1995). El otro: Andrew Wiles y Richard Taylor, "Ring-theoretic properties of certain Hecke algebras", *Annals of Mathematics*, vol. 141, pp. 552-572 (1995).

La historia de los esfuerzos de Wiles, el que llegase a recluirse durante siete años en el ático de su casa de New Jersey sin relacionarse prácticamente con ningún otro colega, constituye la típica historia que una gran parte de la comunidad matemática, la que ensalza a Galois y Abel, celebra como ejemplar. Con gusto leen los amantes de la "pureza matemática" manifestaciones como la que Wiles hizo acerca del efecto de su investigación en su vida familiar:[28] "Mi esposa sólo me ha conocido mientras he estado trabajando en Fermat. Le informé unos pocos días después de que nos casásemos. Decidí que realmente solamente tenía tiempo para mi problema y mi familia, y encontré que mientras estaba concentrado muy duramente lo mejor para relajarme eran los niños pequeños. Cuando uno está hablando con niños pequeños no está interesado en Fermat".

Igualmente celebrada por los matemáticos —y por el conjunto de la sociedad— es la historia del genio matemático ruso Grigori Perelman (n. 1966), que después de haber resuelto un problema de larga tradición, la denominada Conjetura de Poincaré, ha rechazado todos los honores que se le concedieron, incluyendo dos muy especiales. El primero, académico, una de las cuatro medallas Fields que se otorgan a matemáticos que no hayan cumplido los 40 años, coincidiendo con la celebración de los Congresos Internacionales de Matemáticos (Perelman debería haber recogido su medalla en el Congreso de Madrid de 2006, pero no quiso asistir). El segundo, de índole más "material": un millón de dólares que el Instituto Clay le concedió por haber resuelto la conjetura, que formaba parte de un conjunto de los siete problemas matemáticos considerados más importantes. A la vista de su comportamiento, no es extraño que se comenten, una y otra vez, con no disimulada admiración, detalles como que vive muy modestamente, ajeno

[28] Citado en J. J. O'Connors y E. F. Robertson, "Andrew J. Wiles", http://www.history.mcs.st-andrews.ac.uk/history/References/Wiles.html.

a cualquier lujo y fastos, que se viste con desaliño, que no tiene coche y suele ir andando a todas partes. Y últimamente, que nadie parece saber dónde se encuentra realmente. El perfecto prototipo del genio aislado del mundo, que vive siguiendo estrictamente los cánones de la pureza científica.

Por supuesto, comportamientos, esfuerzos y logros como éstos son importantes, muy importantes. Evidentemente, la idea de que la matemática se justifica a sí misma únicamente "por el honor del espíritu humano" ha conducido a que gane en profundidad y amplitud de límites. Pero no es el modelo único a seguir, o tal vez lo que sucede es que ya es hora de "pasar página", de volver al espíritu que animó a los ilustrados. La matemática también se puede beneficiar, como en tiempos de Newton y de los ilustrados, del contacto con otros mundos, con lo que vemos que existe en la naturaleza y con los problemas o posibilidades que propicia la tecnología (incluyendo la moderna tecnología de computadores). No está en absoluto nada claro que sea lo mejor para la matemática institucionalizar culturalmente el ejemplo de los Galois, Abel, Wiles o Perelman.

Ciertamente, Norbert Wiener, el distinguido matemático estadounidense cuya obra mencionaré en el capítulo VI, tenía claro que el modelo defendido tan enérgica y bellamente por Hardy no era la guía a imitar más conveniente. En el primer volumen de su autobiografía, *ExProdigy* (1953), Wiener se refirió explícitamente a las ideas de Hardy, del que era, por otra parte, un gran admirador (había asistido a cursos suyos mientras estuvo en la Universidad de Cambridge entre junio de 1913 y abril de 1914, con una beca proporcionada por Harvard, donde se había doctorado con una tesis en la que comparaba el sistema lógico que Bertrand Russell y Alfred N. Whitehead habían desarrollado en *Principia Mathematica* con el que había creado Ernst Schröder):[29]

[29] Norbert Wiener, *Ex prodigio. Mi infancia y juventud* (Consejo Nacional de Ciencia y Tecnología, México D. F. 1982), pp. 198-199.

"Cuando G. H. Hardy —como el lector podrá encontrar muy fácilmente en su libro *Apología de un matemático*— valora la teoría de los números precisamente porque carece de aplicación práctica, no está encarando cabalmente los problemas morales del matemático. Realmente se necesita valor para desafiar las demandas del mundo y renunciar a la vida regalada a favor del ascetismo intelectual del matemático puro, que no tendrá tratos con el valor militar y comercial de las matemáticas para el mundo en general. No obstante, esto es puro escapismo en una generación en la que las matemáticas se han convertido en una poderosa droga para el cambio de la ciencia y del mundo en que vivimos, más que en un apacible narcótico frecuentado por los lotófagos.

Cuando volví a Cambridge como matemático maduro después de estar trabajando con ingenieros durante muchos años, Hardy solía pretender que la fraseología relacionada con la ingeniería de buena parte de mi trabajo matemático era una farsa, y que yo la había empleado para adular a mis amigos ingenieros del Instituto Tecnológico de Massachusetts. Él pensó que yo era en realidad un matemático puro disfrazado, y que estos aspectos de mi trabajo eran superficiales. De hecho, ése no era el caso, precisamente las mismas ideas que pueden ser empleadas en ese limbo de los sabios llamado teoría de los números son poderosas herramientas para el estudio del telégrafo, el teléfono y la radio. No importa cuán cándido sea el interior de su alma y sus motivaciones, el matemático eficaz puede ser un factor poderoso para cambiar el rostro de la sociedad. Así, es realmente peligroso como el armero potencial de la nueva guerra científica del futuro. Podrá odiar esto, pero no cumple con todo su deber si no encara los hechos".

Como sugería Wiener, si los matemáticos que tanto admiraba Hardy tenían limpia su conciencia, no menos limpia la tuvieron todos aquellos que, siguiendo la senda abierta por los matemáticos-físicos ilustrados, pensaban en la ciencia como un útil imprescindible para mejorar la condición humana. Por eso podemos hablar, con orgullo, de la interdisciplinariedad como una de las características definitorias de una Nueva Ilustración.

Los números primos, aquellos que no se pueden descomponer en producto de números más pequeños, nos proporcionan un magnífico ejemplo en este sentido, un ejemplo de cómo han cambiado las cosas.

Utilizando de nuevo la *Apología de un matemático*, encontramos que en él Hardy se detenía en reconstruir la demostración que Euclides dio en sus *Elementos* de la existencia de un número infinito de números primos. Completada esta tarea, y la del denominado teorema de Pitágoras que demuestra la irracionalidad (que un número no se puede escribir como cociente de dos números enteros) de la raíz cuadrada de 2, Hardy manifestaba que "merece la pena resaltar que ninguno de ellos tiene la menor importancia 'práctica'. En las aplicaciones prácticas, estamos acostumbrados a trabajar sólo con números relativamente pequeños; sólo en astronomía y la física atómica trabajan con números 'grandes' y, por ahora, éstas tienen poca más importancia práctica que la más abstracta matemática pura".[30]

En primer lugar, es más que cuestionable que el que algo no tenga aplicaciones prácticas constituya un mérito digno de resaltar, como hacía Hardy con los números primos. Pero es que, además, se equivocó completamente. Veamos lo que un notable matemático actual, catedrático de Matemáticas en la Universidad de Oxford, Marcus du Sautoy (n. 1965), ha escrito en un bello libro, *La música de los números primos*:[31]

---

[30] G. H. Hardy, *Apología de un matemático*, óp. cit., p. 99.

[31] Marcus du Sautoy, *La música de los números primos* (El Acantilado, Barcelona 2007; edición original en inglés de 2003), p. 509.

"La historia de los números primos se extiende mucho más allá de los confines del mundo matemático. Los progresos tecnológicos han cambiado la manera de hacer matemáticas. El ordenador, nacido en Bletchley Park, nos ha dado la capacidad de ver números que anteriormente permanecían confinados en un universo inaccesible. El lenguaje de la física cuántica ha permitido a los matemáticos articular estructuras y conexiones que nunca hubieran descubierto sin la superposición de culturas científicas. Incluso el mundo empresarial de la AT&T, de la Hewlet-Packard y de una cadena californiana de grandes almacenes de electrónica ha tenido su participación en la investigación. El papel central de los números primos en el plano de la seguridad informática ha llevado estos números al primer plano. Hoy, los números primos tienen un impacto sobre la vida de todos nosotros, ya que en Internet protegen los secretos electrónicos del mundo a los ojos indiscretos de los *hackers*."

Y un poco más adelante, casi al final del libro:[32]

"Aunque los números primos no nos revelen nunca su secreto, nos están guiando por la más extraordinaria de las odiseas intelectuales. Han adquirido una importancia que va mucho más allá de su papel fundamental de átomos de la aritmética. Como hemos descubierto, los números primos han puesto en comunicación áreas de las matemáticas entre las que no se conocían relaciones. Teoría de los números, geometría, análisis, lógica, teoría de la probabilidad, física cuántica: todas han terminado convergiendo en nuestra búsqueda de una solución a la hipótesis de Riemann.[33]

---

[32] Ibídem, pp. 512-513.

[33] La hipótesis de Riemann es una expresión matemática que proporciona una estimación de la distribución de números primos, o, en otras palabras, la cantidad de números primos menores que un cierto número (indeterminado) *N*.

Y esta búsqueda ha puesto a las matemáticas bajo una luz nueva. Hoy nos maravillamos ante su extraordinaria interconexión: las matemáticas se han transformado, han pasado de ser una disciplina que se ocupa de estructuras a una disciplina que indaga las interconexiones.

Estas conexiones no sólo existen en el interior del mundo matemático. Hubo un tiempo en que los números primos se consideraban el concepto más abstracto, entidad que perdería todo su significado fuera de la torre de marfil de las matemáticas. Hubo un tiempo en que los matemáticos —G. H. Hardy es quizá el mejor ejemplo— gozaban ante la idea de poder examinar sus objetos de estudio en total aislamiento, sin distracciones con problemas del mundo exterior. Pero ahora los números primos no ofrecen ya una vía de fuga de los problemas del mundo real, como aún podían hacer Riemann y otros. Los números primos revisten una importancia central en el marco de seguridad de nuestro mundo electrónico, y sus resonancias con la física cuántica podrían decirnos algo sobre la propia naturaleza del mundo físico".

Palabras como estas son propias del nuevo espíritu ilustrado que propugna el presente libro. No renuncian a la noble y fecunda tradición que resume la frase de Jacobi —la práctica de la matemática se puede justificar simplemente por "el honor del espíritu humano"—, pero no ven en semejante tradición una virtud especial, mucho menos un tipo de aproximación a la matemática que redunde en beneficio suyo, reconociendo que no se pierde nada por abandonar la torre de marfil que tanto valoraba Hardy. Al hacerlo, además, se sirve a la sociedad, a todos nosotros, los creadores, la referencia última, de cualquier ciencia, de toda la ciencia.

Otro tipo de interdisciplinariedad en Newton: ciencia y religión

Hasta ahora he estado refiriéndome a la interdisciplinariedad dentro de las ciencias de la naturaleza, a la relación fecunda entre diferentes disciplinas; ahora voy a abordar otro tipo de interdisciplinariedad, una que se mostró con particular intensidad en el protagonista principal del presente capítulo, Isaac Newton. Se trata de la influencia, o cuando menos la presencia, en la ciencia de intereses que pertenecen a un dominio distinto al del objeto del que se ocupan, la naturaleza: el de las creencias religiosas. Aunque se trata de un tipo de convergencia de intereses, de, en este sentido, interdisciplinariedad, que cae fuera de los objetivos del presente libro, me animo a tratarla aquí, aunque sea de manera superficial y restringida a un único personaje, porque soy consciente de que las creencias e intereses religiosos pueden afectar en ocasiones a contenidos científicos.

Cuando se habla de Newton, pensamos en el gran matemático y físico, el Newton que creó nuevos mundos cognitivos, pero hay "otro" Newton, uno que se dedicó con extrema energía a explorar profundas cuestiones religiosas y teológicas. Aunque en realidad utilizar el término "el *otro* Newton" es equívoco, ya que existió una unidad conceptual y metodológica entre el Newton científico y el Newton teólogo. Veamos, muy esquemáticamente, algo de esta faceta newtoniana.

En un espléndido ensayo, el economista John Maynard Keynes se refirió a Newton como el "último de los magos, el último de los babilonios y de los sumerios; la última de las grandes mentes que contempló al mundo visible e intelectual con los mismos ojos de aquellos que empezaron a construir nuestra *heredad* intelectual, hace casi diez mil años".[34] Es evidente, sin embargo, que semejante caracterización contiene elementos inaceptables: Newton introdujo en el análisis de los fenómenos naturales un método radicalmente nuevo; un método que si ya le distinguía de algunos de sus predecesores más cercanos (como Kepler), más le separaba aún de todos aquellos que habían empezado, milenios antes, a "construir nuestra heredad intelectual." En este sentido, ciertamente no contempló el mundo físico de la misma manera que los antiguos. Y sin embargo, a pesar de tales diferencias, las frases de Keynes contienen más de un punto de verdad, tocando la esencia del pensamiento del catedrático lucasiano de Cambridge. Este elemento de verdad se aprecia con mayor claridad cuando, más adelante en su ensayo, Keynes explicaba los calificativos que había aplicado a Newton:[35] "¿Por qué lo llamo mago? Porque contemplaba el universo y todo lo que en él se contiene como un enigma, como un secreto que podía leerse aplicando el pensamiento puro a cierta evidencia, a ciertos indicios místicos que Dios había diseminado por el mundo para permitir una especie de búsqueda del tesoro filosófico a la hermandad esotérica. Creía que una parte de dichos indicios debía encontrarse en la evidencia de los cielos y en la constitución de los elementos (y esto es lo que erróneamente sugiere que fuera un filósofo experimental natural); y la otra, en ciertos escritos y tradiciones transmitidos por los miembros de una hermandad, en una cadena ininterrumpida desde la original revelación críptica, en Babilonia. Consideraba el universo como un criptograma trazado por el Todopoderoso".

---

[34] John Maynard Keynes, "Newton, the man", en J. M. Keynes, *The Collected Writings of John Maynard Keynes*, vol. X *(Essays in Biography)*, (Macmillan/Cambridge University Press, Londres 1985), pp. 363-374; cita en pp. 363-364. Este ensayo fue leído el 17 de julio de 1947 por Geoffrey Keynes en el Trinity College de Cambridge. Por entonces John M. Keynes (1883-1947), que había escrito ese texto hacía algunos años, había fallecido.

[35] Ibídem, p. 366.

Existía, de hecho, una profunda unidad metodológica en la actividad intelectual de Newton. Un indicio en este sentido se encuentra en algunos párrafos de la "Cuestión 31" de, otro gran libro suyo, la *Óptica*:[36] "Como en las matemáticas", escribió allí, "en la filosofía natural la investigación de las cosas difíciles por el método de análisis ha de preceder siempre al método de composición". Con semejante análisis, en las dos primeras partes de la *Óptica* había procedido "al descubrimiento y demostración de las diferencias originales de los rayos de luz respecto a la refrangibilidad, reflexibilidad y color, así como de sus accesos alternativos de fácil reflexión y transmisión, y de las propiedades de los cuerpos tanto opacos como transparentes de las que dependen sus reflexiones y colores". Ahora bien, este método podía —debía— utilizarse también en otros dominios: "No sólo la filosofía natural se perfeccionará en todas sus partes siguiendo este método, sino que también la filosofía moral ensanchará sus fronteras. En la medida en que conozcamos por filosofía natural cuál es la primera causa, qué poder tiene sobre nosotros y qué beneficios obtenemos de ella, en esa misma medida se nos aparecerá con la luz natural cuál es nuestro deber hacia ella, así como hacia nosotros mismos. No cabe duda de que, si el culto a falsos dioses no hubiese cegado a los paganos, su filosofía moral habría ido más lejos de las cuatro llamadas verdades cardinales y, en lugar de enseñar la transmigración de las almas y adorar al Sol, la Luna y los héroes muertos, nos habrían enseñado el culto al verdadero Autor y Benefactor, del mismo modo que lo hicieron sus antecesores bajo el gobierno de Noé y sus hijos, antes de que se corrompiesen".

[36] Newton, *Óptica o tratado de las reflexiones, refracciones, inflexiones y colores de la luz* (Alfaguara, Madrid 1977), pp. 349-350. La "Cuestión 31" fue incluida por primera vez en la *Óptica* (primera edición de 1704) en la segunda edición (1706), aunque entonces llevaba el número 23.

Las últimas palabras —"antes de que se corrompiesen"— de la cita anterior son particularmente importantes, ya que reflejan uno de los rasgos más característicos del pensamiento newtoniano en asuntos teológicos: la idea de que la religión, tal y como se conocía en su tiempo estaba corrompida por deformaciones e idolatrías introducidas en el pasado; consecuentemente, la religión verdadera solamente se podía llegar a conocer sumergiéndose en el mundo de los antiguos. La búsqueda de aquel conocimiento primordial no contaminado constituyó el gran objetivo de la vida de Newton, dedicándole probablemente más tiempo y esfuerzos que a sus investigaciones científicas, que también mantenían algunas relaciones con sus preocupaciones religiosas. En este aspecto, Newton era un hombre de su tiempo, ya que el camino que había conducido desde el monoteísmo primitivo hacia la idolatría constituía uno de los temas favoritos para los historiadores de los siglos XVII y XVIII que se ocupaban de las primeras épocas de la humanidad.

Abundan los escritos en los que Newton, un escritor impenitente y convulsivo, explicaba de manera directa sus ideas sobre estas cuestiones. Por ejemplo, un tratado titulado *Theologiae gentilis origines philosophicae (Orígenes filosóficos de la teología gentil)*, que comenzó a componer a comienzos de la década de 1680 y en el que describía algunos de los rasgos comunes a las creencias religiosas de pueblos antiguos. Todos ellos, afirmaba, adoraban, bajo nombres diferentes, a doce dioses, una cifra derivada de los siete planetas, los cuatro elementos y la quintaesencia (el elemento del que se componían los cuerpos supralunares).

Una segunda idea, no integrada completamente con la anterior, que utilizaba Newton es que los doce dioses eran, de hecho, antepasados —Noé, sus hijos y sus nietos— a los que se había divinizado. Pero la religión de doce dioses no había sido la primera religión; Noé y su propia familia, de quienes afirmaba que descendía la humanidad, habían adorado al único Dios verdadero, el Creador del universo. Si se había perdido aquella creencia es porque en los seres humanos existe una tendencia innata hacia la superstición y la idolatría que les condujo a corromper la verdadera religión. Para recuperarla había que expurgar las Sagradas Escrituras de las corrupciones que habían sufrido a lo largo de la historia, una tarea ésta a la que Newton se dedicó con la energía y cuidado que ponía en todo lo que hacía. La objeción más importante que puso al texto del Nuevo Testamento se refería a la Trinidad. Opinaba que el texto griego de éste estaba gravemente contaminado por los trinitarios y que era preciso recuperar sus manifestaciones originales, en las que Jesús era el cordero de Dios, pero no era consustancial o coeterno con Dios. El que se hubiese perdido la creencia en un único y todopoderoso Dios había sido, argumentaba Newton, debido muy especialmente a San Atanasio (296-373). Éste había asistido siendo muy joven al Concilio de Nicea del 325, convocado por el emperador romano Constantino y en el que, tras un largo y áspero debate, se aprobó la doctrina conocida como *homoousion* (homousismo), que sostiene que Cristo es de la misma sustancia que el Padre. En el año 328, Atanasio fue nombrado obispo de Alejandría, empleó el resto de su vida en defender aquel dogma y en combatir a los arrianos, a los seguidores de Arrio (260-336), que había sostenido que Cristo, creado y no eterno, estaba subordinado a Dios.

Atanasio se convirtió en la gran bestia negra de Newton, quien planeó escribir una obra en la que pondría al descubierto sus engaños, al igual que las atrocidades que suponía había cometido (incluyendo el asesinato del arzobispo Arsenius). De este tratado, que nunca llegó a completar, nos han llegado varios borradores, con el título de *Paradoxical Questions concerning the morals and actions of Athanasius and his followers*. Sin embargo, y a pesar de la pasión que en privado ponía en sus ataques al trinitarismo y a la defensa de Arrio, Newton mantuvo secreta su opinión de que las Escrituras habían sido corrompidas. Pocos accedieron a este mundo, histórico-teológico, newtoniano.

Ahora bien, la cuestión que quiero tratar aquí, la que justifica el que me haya detenido en estos asuntos, es la de si de existe alguna conexión, alguna relación interdisciplinar, entre el Newton filósofo natural —científico— y el teólogo.

En la *Óptica* se encuentran rastros del interés de Newton por los antiguos. En la "Cuestión 20" de la edición latina de 1706 ("Cuestión 28" a partir de la edición inglesa de 1717), cuando atacaba la idea de la existencia de un medio, "tan denso como el agua", en el cielo, Newton afirmaba:[37] "Para el rechazo de tal medio, disponemos de la autoridad de aquellos de los más ancianos y célebres filósofos de Grecia y Fenicia, quienes hicieron del vacío, los átomos y la gravedad de los átomos los primeros principios de su filosofía, atribuyendo tácitamente la gravedad a una causa distinta de la materia densa. Filósofos posteriores borraron de la filosofía natural la consideración de tal causa, imaginando hipótesis para explicar mecánicamente todas las cosas y relegando a la metafísica todas las demás causas".

Vemos que aquí Newton defendía la idea de que la ciencia, la filosofía natural, debía considerarse como un buen instrumento, aunque no definitivo, en la búsqueda del "conocimiento de la causa primera", que no era otra, por supuesto, que Dios. Aparentemente, este propósito le guio incluso en la composición de su obra magna, *Philosophiae Naturalis Principia Mathematica.* En efecto, en una carta que escribió el 10 de diciembre de 1692 a Richard Bentley, a quien se debe el que Newton autorizara la publicación de una segunda edición de los *Principia* (1713), señalaba que "cuando escribí mi tratado acerca de nuestro Sistema [los *Principia*], tenía puesta la vista en aquellos principios que pudiesen llevar a las personas a creer en la divini-

[37] Newton, *Óptica*, óp. cit., pp. 318-319.

dad, y nada me alegra más que hallarlo útil a tal fin".[38] Aunque, claro, una cosa es expresar, a posteriori, semejante declaración de principios, y otra, muy diferente, aceptar que el *contenido* de los *Principia* se vio condicionado, o guiado, por las ideas o percepciones religiosas de Newton.

Cuando se analiza el contenido de los *Principia* nos encontramos con Newton el científico, el físico y el matemático, no con el teólogo. Rastros de este último aparecen en muy escasos lugares. En dos, de hecho. El primero es una referencia, breve y no demasiado afortunada, a Dios en el libro tercero de la primera edición de los *Principia*, en el Corolario 5 a la proposición VIII, Teorema VIII. Se lee allí: "Por tanto Dios situó a los planetas a diferentes distancias del Sol para que cada uno, según el grado de densidad, disfrutase de un grado mayor o menor de calor solar".[39] Sin embargo, en la segunda edición Newton eliminó esta nota.

Como si tratase de compensar esa pérdida teológica en los *Principia*, en la segunda edición —publicada cuando tenía setenta y un años—, Newton decidió cerrar su gran monografía con unas páginas dedicadas a la "divinidad". Se trata del célebre "Escolio general", en el que Newton pretendía poco menos que definir a Dios:[40] "Es eterno e infinito, omnipotente y omnisciente, es decir, dura desde la eternidad hasta la eternidad y está presente desde el principio hasta el infinito: lo rige todo; lo conoce todo, lo que sucede y lo que puede suceder. No es la eternidad y la infinitud, sino eterno e infinito; no es la duración y el espacio, sino que dura y está presente. Dura siempre

[38] *The Correspondence of Isaac Newton*, H. W. Turnbull, ed., vol. 3 (Cambridge University Press, Cambridge 1961), p. 233.

[39] I. Newton, *Principios matemáticos de la filosofía natural*, edición de Eloy Rada (Alianza, Madrid 1987), nota 6, p. 637.

[40] I. Newton, "Escolio general", en *Principios matemáticos de la filosofía natural*, óp. cit., pp. 780-786; cita en p. 783.

y está presente en todo lugar, y existiendo siempre y en todo lugar, constituye a la duración y al espacio".

En ese mismo "Escolio" también se comprueba que el Dios newtoniano era uno y no trino:[41]

> "Dios es uno y el mismo dios siempre y en todo lugar. Es omnipotente no sólo *virtualmente* sino *sustancialmente* [...]. Está reconocido que un dios sumo existe necesariamente y con la misma necesidad existe *siempre* y en *todo lugar*. De donde también es todo él semejante a sí mismo, todo ojo, todo oído, todo cerebro, todo brazo, todo fuerza de sentir, todo entender, de actuar, pero en modo alguno a la manera humana, o a la manera corporal, sino de una manera totalmente desconocida para nosotros. Como el ciego no tiene idea de los colores, de igual modo nosotros no tenemos idea de los modos con los que Dios sapientísimo siente y entiende todas las cosas. Absolutamente desprovisto de todo cuerpo y figura corporal, no puede por ello ser visto ni oído, ni tocado, ni debe ser venerado bajo forma de cosa corpórea alguna".

Es, asimismo, posible argumentar que existen otras conexiones más explícitas, y profundas, entre el poderoso y solitario Dios de Newton y su física. Estoy pensando en unos elementos básicos de su sistema dinámico: las acciones a distancia y el espacio y tiempo absoluto.

Las acciones a distancia constituyen una de las vigas maestras del sistema newtoniano del mundo. Esa física se basaba en fuerzas entre cuerpos, pero ¿cómo se relacionaban entre sí los cuerpos, las partículas, sometidas al imperio de las leyes y fuerzas diseñadas por Newton? La respuesta que se da en los *Principia* es la siguiente: mediante fuerzas "a distancia"; fuerzas que no necesitan ningún soporte (o me-

---

[41] Ibídem, pp. 783-4.

dio) para ir de un cuerpo a otro. Fuerzas a distancia, además, que actuaban instantáneamente. No es preciso elaborar mucho para darse cuenta que se trata de una idea francamente contraintuitiva. Pero funcionaba. Podemos argumentar que Newton fue lo suficientemente buen científico como para no renunciar a un instrumento conceptual que mostraba su valor predictivo, o, lo que es lo mismo, científico, a pesar de su extraño carácter. Pero también es posible pensar que encontró consuelo en alguna relación de este tipo de fuerzas con su Dios, que, como explicó en el "Escolio general" penetraba, si es que no se identificaba, con el espacio y el tiempo. Existe, en este sentido, una interesante carta que Newton envió el 25 de febrero de 1693 a Richard Bentley. Este es su contenido:[42]

> "Es inconcebible que la materia bruta inanimada opere y afecte (sin la mediación de otra cosa que no sea material) sobre otra materia sin contacto mutuo, como debe ser si la gravitación en el sentido de Epicuro es esencial e inherente a ella. Y esta es la razón por la que deseo que no me adscriba la gravedad innata. Que la gravedad sea innata, inherente y esencial a la materia de forma que un cuerpo pueda actuar a distancia a través de un vacío sin la mediación de otra cosa con la cual su acción o fuerza puede ser transmitida de [un lugar] a otro, es para mí algo tan absurdo que creo que no pueda caer en ella ninguna persona con facultades competentes de pensamiento en asuntos filosóficos. La gravedad debe ser producida por un agente que actúe constantemente según ciertas leyes, pero si este agente es material o inmaterial es una cuestión que he dejado a la consideración de mis lectores".

La última, y misteriosa, frase, "si este agente es material o inmaterial es una cuestión que he dejado a la consideración de mis lecto-

---

[42] *The Correspondence of Isaac Newton*, vol. 3, óp. cit., pp. 253-254.

res", acaso pueda entenderse desde esa conexión religiosa a la que aludía.

En cuanto al espacio y al tiempo, la posible conexión es todavía más clara. Para Newton, espacio y tiempo eran entidades absolutas. Recuérdense las frases del "Escolio general" que ya cité: "[Dios] No es la eternidad y la infinitud, sino eterno e infinito; no es la duración y el espacio, sino que dura y está presente. Dura siempre y está presente en todo lugar, y existiendo siempre y en todo lugar, constituye a la duración y al espacio".

Y aún hay más: Newton no advirtió que la dinámica que desarrolló en los *Principia* conduce a leyes de conservación como las de la energía y el momento lineal. Esto es algo que descubrirían otros físicos más adelante. ¿Le preocupó este hecho, la ausencia de leyes de conservación? En absoluto. Allí estaba Dios, que de vez en cuando "daba cuerda al reloj", al universo.

El ejemplo de Isaac Newton, el paradigma de la racionalidad científica, nos muestra que también existe un tipo de interdisciplinariedad diferente al que se ensalza en este libro. Una interdisciplinariedad entre el conocimiento científico y creencias firmemente arraigadas en productores de ese conocimiento, en científicos. Es cierto que no todas las creencias son de índole religiosa, ni tan "peculiares" como en el caso de Newton, pero existen. Pensemos, por ejemplo, en Johannes Kepler (1571-1630), que fascinado por la idea de "armonía", pensó que las distancias al Sol de los seis planetas entonces conocidos (Mercurio, Venus, la Tierra, Marte, Júpiter y Saturno) seguían una pauta geométrica regida por los cinco sólidos regulares. Como entre los seis planetas hay cinco espacios, se las apañó para encontrar una combinación con los cinco sólidos regulares que se ajustaba aproximadamente a las distancias conocidas entre ellos: Mercurio estaría encerrado por un octaedro, sobre el que se inscribiría Venus, a su vez contenido en un icosaedro, sobre el que se apoyaría la Tierra, que estaría rodeada por un dodecaedro, encima del cual estaría Marte, englobada en un tetraedro, que mantendría a Júpiter, éste inscrito en un cubo en el que se apoyaría Saturno. Como ha escrito el matemático e historiador de la matemática Ian Stewart, los "números encajaban razonablemente bien, especialmente dada la precisión limitada de las observaciones en aquella época. Pero hay 120 maneras diferentes [5!; factorial de 5, o 5·4·3·2·1] de reordenar los cinco sólidos, que dan un número enorme de espaciados diferentes entre ellos. Apenas sorprende que uno de éstos estuviera razonablemente de acuerdo con la realidad".[43]

Otro ejemplo ilustre es el del físico Paul Dirac (1902-1984), uno de los creadores de la mecánica cuántica, que pensaba que las leyes de la física deben ser "bellas". "En sus esfuerzos por expresar las leyes fundamentales de la Naturaleza en forma matemática", escribió Dirac en uno de sus artículos, "el investigador debería buscar siempre la belleza matemática. Debería tomar en cuenta todavía la simplicidad, pero de forma subordinada a la belleza [...]. A menudo sucede que los requisitos de simplicidad y belleza son los mismos, pero cuando chocan entre sí, es el segundo el que debe ser prioritario". [44] Independientemente de que semejante creencia le sirviese de buena guía heurística en alguna ocasión (por ejemplo, en su búsqueda de la ecuación relativista del electrón, que publicó en 1928), ¿qué quiere decir "belleza" en matemáticas?, y más aún, ¿por qué deben ser bellas las leyes que describen la Naturaleza? De hecho, es evidente que muchas no lo son, al menos no lo son en la medida en que las expresiones matemáticas que las describen son muy complejas (las ecuaciones del campo electromagnético propuestas por James Clerk Maxwell, por ejemplo). Pero lo que me interesa es señalar este otro

---

[43] Ian Stewart, *Historia de las matemáticas en los últimos 10.000 años* (Crítica, Barcelona 2008; edición original en inglés de 2007), p. 120.

[44] P. A. M. Dirac, "The relation between mathematics and physics", *Proceedings of the Royal Society of Edinburgh,* vol. 59, pp.122-129 (1938-1939); cita en p. 124.

tipo de reunión de criterios, de "gustos" si se quiere, que constituye otro tipo de interdisciplinariedad. En cualquier caso, ya me he detenido demasiado en estas cuestiones, que no son las que me interesan, al no ser este tipo de interdisciplinariedad mi objetivo.

Capítulo III

Helmholtz, el gran modelo interdisciplinar

"Yo atribuyo mi éxito en gran medida al hecho de que, poseyendo algún entendimiento geométrico y equipado con un conocimiento de física, tuve la buena fortuna de ser lanzado a la medicina, en donde encontré en la fisiología un territorio virgen de gran fertilidad".

Hermann von Helmholtz (1891)

Llego ahora a un capítulo dedicado al mejor ejemplo que conozco de científico interdisciplinar, a un modelo para la interdisciplinariedad. Al alemán Hermann Helmholtz (1821-1899), Von Helmholtz a partir de 1883, uno de los gigantes de la ciencia de todos los tiempos, aunque no sea tan conocido como otros.

Helmholtz, un médico entre los fundadores de la termodinámica

He dicho que Helmholtz fue uno de los "gigantes de la ciencia", pero ¿de qué ciencia?, ¿en cuál se distinguió? La respuesta es infrecuente: en varias. Helmholtz, educado como médico, llevó a cabo aportaciones centrales a la fisiología (incluyendo la acústica y óptica fisiológicas), a la física (a la termodinámica, electromagnetismo, hidrodinámica y óptica), matemática, psicofísica, teoría musical y filosofía.

Seguramente su contribución más recordada a la ciencia fundamental fue la primera formulación general de ese maravilloso instrumento analítico que es el principio de conservación de la energía, uno de los pilares de la termodinámica, que presentó en una célebre memoria de 1847: *Über die Erhaltung der Kraft (Sobre la conservación de la fuerza).*[45] Pero lo que a mí me interesa destacar aquí es que Helmholtz, que, repito, había estudiado Medicina, llegó a este resultado gracias a sus intereses interdisciplinares.[46] Cuando formuló el principio de conservación de la energía trabajaba como médico militar en Potsdam, donde compaginaba sus obligaciones médicas con el estudio de la producción de calor durante la contracción muscular. Se dio cuenta de que la explicación del calor animal en función de transformaciones químicas en los músculos encajaba perfectamente con los

[45] Como se puede apreciar por el título de la memoria de 1847, cuando la escribió Helmholtz todavía no distinguía correctamente entre las nociones de "fuerza", *Kraft*, y "energía".

[46] Atraído por la física y las matemáticas desde joven, decidió estudiar Medicina (lo hizo en el Instituto Médico-Quirúrgico Friedrich-Wilhelm —antes llamado la Pépinière— porque la situación económica de su familia no le permitía dedicarse a una carrera arriesgada en cuanto a posibilidades de trabajo. Además, podía estudiar Medicina gratis si lo hacía con el compromiso de servir después varios años como médico militar.

propósitos de una física que no fuese ajena a los fenómenos orgánicos. Cuantificando sus observaciones fisiológicas, dedujo un equivalente mecánico del calor (como antes había hecho el físico británico James Prescott Joule), que incorporó a su memoria de 1847, en la que no se limitaba al dominio biomédico, considerando también las transformaciones entre todo tipo de fenómenos, fisicoquímicos (producción, por ejemplo, de trabajo a partir de la electricidad, o de electricidad mediante reacciones químicas, como ocurría en la pila que Volta había inventado en 1800) al igual que orgánicos, a la vez que mostraba cómo encajaba el principio en la mecánica newtoniana. En esta amplitud de ámbitos estudiados, y en el conocimiento de la formulación matemática de la mecánica newtoniana, radicó la originalidad de Helmholtz y la generalidad de su tratado.

La contribución de Helmholtz muestra algo poco frecuente, y que por ello no se suele señalar: que la física puede beneficiarse de otras disciplinas, en este caso, las médicas. Lo habitual es insistir en un reduccionismo del tipo: "La medicina se basa en la biología. La biología en la química. La química en la física. Luego todo es, en cierto sentido, física". Pero este reduccionismo es falso (volveré a este punto en el capítulo 6), aunque podamos construir un discurso que lo defienda. Una ciencia es algo más que un conjunto de conocimientos. Es también un conjunto de prácticas, de tradiciones, y un ámbito propio de intereses. Con su formulación del principio de conservación de la energía, Helmholtz demostró que el sentido que va de la medicina a la física también funciona, que ésta se puede beneficiar de aquélla.

Con la ayuda del científico y explorador Alexander von Humboldt, en 1848 Helmholtz pudo abandonar el Ejército prusiano y aceptar una oferta para enseñar Anatomía en la Academia de Bellas Artes de Berlín. El año siguiente se convirtió en profesor de Fisiología en la Universidad de Königsberg. Allí, en la ciudad que Kant jamás abandonó, mostró otra de las virtudes del mestizaje científico, de la interdisciplinariedad: preparando una de sus clases se dio cuenta de que las sencillas leyes de la óptica geométrica hacían posible construir un instrumento de inmensa importancia potencial para la comunidad médica: el oftalmoscopio.[47]

En diciembre de 1850, Helmholtz escribió a su padre expresando su sorpresa porque nadie antes que él hubiese dado con la idea del oftalmoscopio, que, añadía, solamente necesitaba de sencillas leyes de óptica geométrica:[48]

> "Durante mis clases sobre la fisiología de los órganos sensoriales he realizado un invento que podría ser de extraordinaria utilidad en oftalmología. De hecho, este invento es tan obvio que no necesité saber de óptica más de la que aprendí en el *Gymnasium* [el equivalente alemán al instituto de Enseñanza Media en España]. Me parece ahora ridículo que otros, o yo mismo, hayamos sido tan obtusos como para no haber pensado en él antes. Es una combinación de lentes con la que es posible iluminar el fondo oscuro del ojo a través de la pupila sin emplear una luz cegadora, y al mismo tiempo ver detalles de la retina con mucha mayor precisión de cómo podemos ver los rasgos externos del ojo, sin amplificarlos, ya que las partes transparentes del ojo actúan como una lupa de 20 aumentos. Se pueden ver los vasos sanguíneos más delicados, las ramas de las arterias y venas, la entrada del nervio óptico en el ojo, etc. He presentado mi invento a la Sociedad de Física de Berlín como si fuese el huevo de Colón, que hay que manejar con gran cuidado, y lo he patentado con mi nombre".

---

[47] Helmholtz presentó públicamente el oftalmoscopio en la monografía *Beschreibung eines Augenspiegels* (A. Förstner, Berlín 1851).

[48] Citada en Leo Koenisberger, *Hermann von Helmholtz* (Vieweg, Brunswick, vol. I, 1902, vols. II y III, 1903), vol. I, pp. 133-134.

Sin embargo, Helmholtz subestimaba los conocimientos que se necesitaban para comprender la óptica geométrica en la que se basaba el oftalmoscopio, así como el valor de su formación pluridisciplinar, algo que queda incluso más patente que en la citada carta a su padre, en lo que escribió en su autobiografía:[49]

> "Conocía bien, de mis estudios médicos, las dificultades que tenían los oftalmólogos con los problemas entonces agrupados bajo el nombre de amaurosis, e inmediatamente me puse a construir el instrumento utilizando lentes de gafas y láminas de vidrio de las empleadas como portamuestras en los trabajos con microscopios. Al principio era difícil de usar, y si no hubiese tenido la firme convicción teórica de que tenía que funcionar, no habría perseverado. Al cabo de una semana, sin embargo, tuve el gran placer de ser el primer hombre en contemplar claramente una retina humana en un ser vivo [...].
>
> Debo decir [...] que yo atribuyo mi éxito en gran medida al hecho de que, poseyendo algún entendimiento geométrico y equipado con un conocimiento de física, tuve la buena fortuna de ser lanzado a la medicina, en donde encontré en la fisiología un territorio virgen de gran fertilidad. Además, mi conocimiento de los procesos vitales me llevó a preguntas y puntos de vista que habitualmente son extraños a los matemáticos puros y a los físicos".

El éxito le llegó, efectivamente. En 1855, aceptó una cátedra de Anatomía y Fisiología en la Universidad de Bonn y en 1858 una de Fisiología en Heidelberg. Y en 1871 se reconocían públicamente las contribuciones que había realizado a la física, con una cátedra de Fí-

[49] Hermann von Helmholtz, "Autobiographisches. Tischrede bei der Feier des 70. Geburtstages" (1891), reproducido (traducido al inglés: "An autobiographical sketch") en *Selected Writings of Hermann von Helmholtz*, Russell Kahl, ed. (Wesleyan University Press, Middletown, Conn. 1971), pp. 466-478; cita en pp. 472-473.

sica en la Universidad de Berlín. Finalmente, en 1887 fue nombrado presidente del recién creado Physikalisch-Technische Reichsanstalt (Instituto Imperial de Física Técnica), el primer Laboratorio Nacional de la historia, que tenía como fin llevar a cabo investigaciones físicas de relevancia para la industria (sobre todo en metrología) que cayesen fuera de los intereses de los grupos de investigación universitarios. Nos volveremos a encontrar con este centro a propósito de la relación entre ciencia y técnica en el caso de la formulación que Max Planck hizo para la ley de radiación de un cuerpo negro.

De hecho, el enfoque interdisciplinar de Helmholtz no se detuvo en las materias que tradicionalmente clasificamos como "ciencias básicas", abarcando también otras, como la música.

Es bien conocida, por supuesto, la dimensión científica de la música, como ya advirtieron Pitágoras y sus seguidores. Hasta bien pasada la Edad Media, la música constituía, junto a la aritmética, la astronomía y la geometría, el *quadrivium;* mientras que la gramática, la retórica y la lógica formaban el *trivium*. Ahora bien, la larga tradición que unió la música con las ciencias, con las matemáticas, la acústica y la fisiología especialmente, culminó en un tratado mayúsculo de Helmholtz: *Die Lehre von den Tonempfindungen als physiologische Grundlage für die Theorie der Musik* (*Sobre las sensaciones de tono, como una base fisiológica para la teoría de la música*; 1863). En las primeras líneas de su "Introducción", Helmholtz expresó con claridad la intención que le movió al componerlo:[50]

> "En este trabajo se intenta conectar las fronteras de dos ciencias que, aunque vinculadas entre sí por muchas afinidades naturales, hasta ahora han permanecido separadas en la práctica. Me refiero a

[50] He utilizado la versión en inglés de la cuarta (y última) edición alemana (1877): Hermann von Helmholtz, *On the Sensations of Tone* (Dover, Nueva York 1954), p. 1.

las fronteras de la *acústica física y fisiológica* por un lado, y de la *ciencia y estética musical* por otro. La clase de lectores a los que me dirijo tendrá, en consecuencia, formaciones e intereses muy diferentes. No estará de más, por tanto, que este autor manifieste claramente desde el principio su intención al emprender este trabajo y el fin que desea alcanzar. Los horizontes de la física, filosofía y arte han permanecido desde antiguo muy alejados y, por consiguiente, el lenguaje, los métodos y los propósitos de cada uno de estos estudios presentan una cierta dificultad para el estudiante de otros campos; posiblemente ésta es la causa principal por la que el problema que se trata aquí no haya sido considerado detalladamente desde hace mucho y no se haya avanzado hacia su solución".

Evidentemente, una cosa es conocer la estructura física y fisiológica de algo, como la música, y otra, comprender el efecto que produce en nosotros o, incluso, ser un maestro en su práctica. Ya lo dijo Galileo en el *Diálogo sobre los dos máximos sistemas del mundo ptolemaico y copernicano*, utilizando a su alter ego, Salviati:[51] "No se aprende a tocar el órgano de los que saben fabricarlos, sino de los que saben tocarlos. La poesía se aprende de la continua lectura de los poetas. La pintura se aprende dibujando y pintando continuamente".

Helmholtz se enfrentó a uno de estos problemas, el de cómo explicar las sensaciones placenteras que la música nos produce cuando la escuchamos, haciendo hincapié en la armonía, concepto que es posible interpretar en base físico-matemática, como conjuntos de ondas sonoras que fluyen sin ser perturbadas, igual que cuando son emitidas individualmente. Este hecho sirve, por cierto, para enten-

[51] Galileo Galilei, *Diálogo sobre los dos máximos sistemas del mundo ptolemaico y copernicano*, edición de Antonio Beltrán (Alianza Editorial, Madrid 1994), pp. 34-35.

der la diferencia entre la música y la pintura. La luz es, como el sonido, una onda; más concretamente, un conjunto de ondas de diferentes longitudes de onda, que producen en el ojo la sensación de color: el rojo está asociado a la longitud de onda más larga, viniendo después el naranja, el amarillo, el verde, el azul y el violeta. Pero el ojo no puede descomponer los sistemas compuestos de varias ondas luminosas de diferentes frecuencias próximas. Lo experimenta como una sensación única, que no se puede descomponer, como una cierta clase de color. Al ojo le es indiferente si este color "mezcla" es el producto de la unión de colores más "simples". Justo lo contrario es lo que le sucede al oído, que sí puede distinguir los sonidos "elementales". Podríamos decir, siguiendo de nuevo a Helmholtz, aunque ahora en otro de sus escritos, el texto de una conferencia que pronunció en Bonn en 1857, que "el ojo no tiene sentido de la armonía en el mismo sentido que el oído; que no existe música para el ojo".[52]

[52] Hermann von Helmholtz, "On the physiological causes of harmony in music", en H. von Helmholtz, *Science and Culture*, David Cahan, ed. (Chicago University Press, Chicago 1995), pp. 46-75; p. 74. En esta misma conferencia, Helmholtz recalcó también que una música agradable es algo más que un conjunto de sonidos armónicos (ibídem, p.75): "El fenómeno de un tono agradable, determinado sólo por los sentidos, no es por supuesto sino el primer paso hacia la belleza en la música. Ya que para alcanzar esa gran belleza que atrae al intelecto, la armonía o la falta de ella son únicamente medios, aunque medios esenciales y poderosos. En la ausencia de armonía el nervio del auditorio se siente herido por los compases de tonos incompatibles. Desea el flujo puro de tonos armónicos. Así, tanto la armonía como su ausencia alternativamente urgen y moderan el flujo de tonos, mientras que la mente ve en su movimiento inmaterial una imagen de sus propios pensamientos y estados de ánimo, que cambian permanentemente. Al igual que sucede en un océano ondulante, este movimiento, que se repite rítmicamente y sin embargo de forma siempre cambiante, atrae nuestra atención cada vez con más fuerza. Pero mientras que en el mar son sólo fuerzas ciegas las que actúan y, por consiguiente, la impresión final en la mente del espectador no es sino soledad, en el trabajo musical artístico el movimiento sigue el producto de las propias emociones del artista. En un momento se desliza suavemente, en otro salta con gracia para pasar luego a agitarse violentamente; penetrando o luchando laboriosamente con la expresión natural de la pasión, la corriente del sonido lleva al alma del oyente, con una viveza primitiva, inimaginables estados de

En una era dominada por los especialistas, por aquellos que nunca abandonan el restringido ámbito de *una parte* de *una* ciencia, el recuerdo de las contribuciones realizadas por Helmholtz constituye un modelo a imitar.

De la medicina a la física: Galvani *versus* Volta

Hemos visto que la relación interdisciplinar de la medicina y la física puede redundar en beneficio de ambas. En el caso del principio de conservación de la energía, tal y como lo formuló Helmholtz, el estímulo procedió de la medicina, mientras que en el del oftalmoscopio es difícil distinguir prioridades: un problema médico (observar la retina en vivo) resuelto gracias al conocimiento de teorías físicas (la óptica geométrica) y anatómico-fisiológicas (la estructura del ojo). Aunque su propulsor no fuese un científico del calibre de Helmholtz, otro ejemplo magnífico —y ciertamente muy importante— de aportación de la medicina a la física se debe al médico italiano Luigi Galvani (1737-1798).

En 1791, Galvani, profesor de Anatomía en Bolonia, publicó (en latín) una monografía titulada *De viribus electricitatis in motu musculari (Sobre los efectos de la electricidad en el movimiento muscular),* en la que presentaba los resultados de una serie de experimentos que había realizado mientras trabajaba con cuerpos de ranas. Primero desolló una rana, poniendo luego al descubierto los nervios lumbares situados a ambos lados de la columna vertebral. A continuación tomó un conductor metálico formado por dos arcos, uno

ánimo que el artista ha vislumbrado en su interior, transportándole finalmente a un reposo de permanente belleza, del que Dios ha permitido que sean sus heraldos unos pocos de sus elegidos favoritos. Pero he llegado a los confines de la ciencia física, y debo acabar".

de cinc y otro de cobre, e introduciendo uno de ellos entre los nervios y la columna vertebral puso el otro en contacto con los músculos de uno de los muslos o ancas. A cada contacto, las ancas de la rana se contraían, pareciendo que se disponía a saltar, aun cuando estaba muerta.

Galvani, que había observado, desde 1780, que la electricidad producida en máquinas eléctricas originaba conmociones parecidas sobre ranas muertas, atribuyó el fenómeno a la existencia de una electricidad inherente al animal; a que existía una *electricidad animal* —un, como se vino en denominarlo, *fluido galvánico*— que pasaba de los nervios lumbares de la rana a los músculos de sus ancas.

Y en este punto entra en escena Alessandro Volta (1747-1827), profesor de Física en Pavía, quien sostuvo que las conclusiones de Galvani eran erróneas, que la electricidad que aparecía era debida a que en la conexión entre las partes de la rana se utilizaban *dos* arcos metálicos diferentes (el movimiento de los músculos de la rana era muy pequeño cuando se utilizaba un circuito constituido por un único metal).

Aunque esta historia tiene su interés, si no hubiese conducido a nada más podríamos decir que constituye un episodio más de la historia de la ciencia. Sin embargo, no fue este el caso, porque la cuestión que había suscitado un médico, Galvani, dio pie a un desarrollo muy importante. Se trata de que la posibilidad de que la unión de dos metales diferentes podía producir electricidad sugirió a Volta la idea de construir un artilugio —una pila o batería— para generar electricidad.

La pila construida por Volta —que anunció públicamente en un artículo publicado en francés en 1800 en las *Philosophical Transactions* de la Royal Society londinense e inmediatamente en inglés en *The Philosophical Magazine*— se componía de una serie de discos apilados unos sobre otros en el orden siguiente: un disco de cobre, otro de cinc, una capa de paño empapada en agua acidulada, luego un disco de cobre, otro de cinc, una nueva capa de paño, y así sucesivamente en el mismo orden, cuidando de sostener los discos mediante tres cilindros aisladores de vidrio. Todo encerrado en un frasco u otro tipo de contenedor. He aquí cómo anunció el propio Volta su hallazgo en el artículo en cuestión:[53]

> "Después de un largo silencio, por el cual no ofrezco ninguna excusa, tengo el placer de comunicarle a usted, y a través suyo a la Royal Society, algunos resultados notables que he obtenido continuando con mis experimentos sobre la electricidad excitada por el mero contacto mutuo entre diferentes tipos de metales, e incluso por el de otros conductores, también diferentes entre sí, ya sean líquidos o contengan algún líquido, a los que se debe propiamente su poder conductor. El principal de estos resultados, que prácticamente comprende todo el resto, es la construcción de un aparato que se parece en sus efectos (en la conmoción que es capaz de producir en los brazos, y otras experiencias) a la botella de Leiden, o, más bien, a una batería eléctrica cargada débilmente que actúa incesantemente, y que se cargase a sí misma después de cada explosión; en una palabra, que tuviese una carga inagotable, una acción o impulso perpetuo o impulso sobre el fluido eléctrico".

Se trataba de un instrumento revolucionario, ya que producía corriente eléctrica de manera continua, y no mediante descargas, como sucedía en las entonces tan difundidas botellas de Leiden, y ello abría de par en par las puertas al estudio de los fenómenos eléctricos. En más de un sentido se puede y debe decir que la ciencia del siglo XIX, uno de cuyos pivotes fue la física de la electricidad y el

[53] A. Volta, "On the electricity excited by the mere contact of conducting substances of different kinds", *The Philosophical Magazine,* vol. 7, pp. 289-311 (1800); p. 289.

magnetismo, comenzó —o se hizo posible— con la pila de Volta. Sin él, Hans Christian Oersted no habría podido realizar su experimento de 1820, que inauguró el estudio de los fenómenos electromagnéticos, que culminó con los trabajos de, sobre todo, Michael Faraday y James Clerk Maxwell.

Capítulo IV

Pasteur: de la química y la física a la medicina

"Todas las ciencias ganan si se prestan un apoyo mutuo".

Louis Pasteur (1878)

Pasteur, ciudadano de un mundo interdisciplinar

Al igual que Helmholtz, Louis Pasteur (1822-1895) también ofrece un magnífico ejemplo de la fecundidad de lo interdisciplinar, de las ventajas de transitar entre disciplinas científicas diferentes. Pasteur, el "buen Pastor". Pasteur, el benefactor de la humanidad, el hombre cuya imagen y apellido figura en Facultades y Academias de Medicina de todo el planeta, él que no fue médico.

Natural de Dôle, en el denominado Franco Condado, e hijo de un curtidor, tras estudiar en el Collège Royal de Besançon, en donde obtuvo el grado de bachiller en Letras (1840) y en Ciencias (1842), Pasteur fue admitido en 1843 en la sección científica de la

École Normale Supériure, completando sus estudios en 1845. Dos años más tarde logró el grado de doctor por la Universidad de París, con una tesis dividida en dos partes, una de química y otra de física, la primera titulada *Recherches sur la capacité de saturation de l'acide arsénieux. Étude des arsénites de potasse, de soude et d'ammoniaque (Investigaciones sobre la capacidad de saturación del ácido de arsénico. Estudio de los arseniuros de potasio, la soda y el amoníaco)*, y la segunda, *1. Étude des phénomènes relatifs à la polarisation rotatoire des liquides. 2. Application de la polarisation rotatoire des liquides à la solution de diverses questions de chimie (1. Estudio de fenómenos relativos a la polarización rotatoria de los líquidos. 2. Aplicación de la polarización rotatoria a la solución de diversas cuestiones de química)*. Lejos de ser un trabajo correcto pero más o menos intrascendente, los contenidos de su tesis, sobre todo los de la segunda parte, pertenecientes al campo de la cristalografía y la simetría molecular, resultaron tan importantes que dieron origen a una nueva rama de la ciencia: la estereoquímica, que estudia las formas tridimensionales alternativas de las moléculas. Con anterioridad a la tesis de Pasteur, se sabía de la existencia de dos formas de ácido tartárico, una que hacía girar el plano de la luz polarizada hacia la derecha, y otra que no lo hacía girar en absoluto. Él fue capaz de aislar un ácido tartárico desconocido entonces, que hacía girar la luz polarizada hacia la izquierda y no hacia la derecha, y demostrar que el ácido tartárico que no hacía girar el plano de polarización de la luz estaba compuesto por dos cristales diferentes, uno que producía giros hacia la derecha, y otro hacia la izquierda; al coexistir cristales que giraban en sentidos opuestos, el resultado era que se neutralizaban entre sí.

Comenzó así un período de la vida (1847-1857) dominado por este tipo de investigaciones, un período en el que se fue estableciendo profesionalmente. En septiembre de 1848 fue designado profesor de Física en el Liceo de Dijon, pero permaneció poco tiempo en aquel puesto, ya que en diciembre del mismo año fue nombrado profesor suplente de Química de la Facultad de Ciencias de la Universidad de Estrasburgo, pasando a catedrático titular en 1852. En 1854 se trasladaba a la Universidad de Lille, la ciudad de mayor actividad industrial del norte de Francia, como decano y profesor de Química de la nueva Facultad de Ciencias. En 1856, la Royal Society londinense le otorgó la prestigiosa medalla Rumford por sus estudios de cristalografía, un reconocimiento que seguramente le ayudó a acceder, el año siguiente, a París, como administrador y director de la rama de Ciencias de su antigua alma máter, la École Normale Supérieure.

Con la instalación en la capital, el centro neurálgico de la vida francesa —incluida la científica— los intereses profesionales de Pasteur pasaron al dominio de la fermentación y generación espontánea, al que estuvo dedicado plenamente hasta 1865. Después vendrían otras etapas de su vida científica, protagonizadas por las siguientes investigaciones: enfermedades del gusano de seda (1865-1870), estudios sobre la cerveza (1871-1876) y enfermedades infecciosas (1876-1895). Cabe mencionar también que en 1862 fue elegido miembro de la Académie des Sciences (sección de Mineralogía) y que en 1867 tomó posesión de la cátedra de Química orgánica de la Sorbona.

Sin necesidad de que me detenga en esbozar las motivaciones y resultados del conjunto de la obra pasteuriana, de entrada dos hechos saltan a la vista: (a) fue un químico y físico que terminó ocupándose de problemas médicos, y (b) no eludió las investigaciones "aplicadas". En realidad, ambos aspectos de su carrera están íntimamente relacionados, en una mezcla casi indisoluble en la que se halla una parte importante de la explicación de sus éxitos. Por un lado, estaban sus conocimientos químicos y físicos, que hacían de él un magnífico candidato a practicante de la medicina científica que defendió programáticamente Claude Bernard (1813-1902) en *Introduction à l'étude de la médicine expérimentale* *(Introducción al estudio de la medicina experimental';* 1865*);* por otro, no era ajeno al mundo que le rodeaba, al mundo, por ejemplo, de la industria de la seda o de la cerveza, el mundo agrícola o el de las enfermedades (si como muestra sirve un botón, he aquí el título de uno de sus trabajos, y no menor: *Études sur le vin: ses maladies, causes qui les provoquent, procédés nouveaux pour le conserver et pour le vieillir ['Estudios sobre el vino: sus enfermedades, causas que las provocan, procedimientos nuevos para conservarlo y para envejecerlo'];* 1866). Ambos rasgos le fueron llevando, en una secuencia que a veces uno está tentado a considerar inevitable, de un tema de investigación a otro.

Así, sus estudios sobre disimetría molecular le condujeron a ocuparse del alcohol amílico, activo también ópticamente. Ahora bien, resulta que el alcohol amílico desempeña un papel importante en la fermentación láctica. Se abría de esta manera la puerta a las investigaciones de Pasteur sobre fermentación, un hecho éste que él mismo reconoció y explicó en la sección inicial de su primer artículo en este campo, "Memoria sobre la fermentación llamada láctica" (1858), que habitualmente se considera que marca el inicio de la bacteriología como ciencia. "Creo", escribió en él, "que es mi deber indicar con algunas palabras cómo me he visto conducido a ocuparme en investigaciones sobre las fermentaciones. Habiendo aplicado hasta el presente todos mis esfuerzos a tratar de descubrir los vínculos que existen entre las propiedades químicas, ópticas y cristalográficas de ciertos cuerpos con el fin de aclarar su constitución molecular, quizá pueda asombrar verme abordar un tema de química fisiológica, muy alejado en apariencia de mis primeros trabajos. Sin embargo, están relacionados de forma muy directa".[54]

[54] Louis Pasteur, "Mémoire sur la fermentation appelée lactique", *Mémoires de la Societé des Sciences, de l'Agriculture et des Arts de Lille 5*, 13-26 (1858), *Annales de Chimie et de Physique,* vol. 52, pp. 408-418 (1858); reproducido en *Oeuvres de Pasteur,* vol. II (Masson, París 1922), pp. 3-13; p. 3. Existe traducción al español: L. Pasteur,

Toda una declaración del valor de lo interdisciplinar.

Ahora bien, de la fermentación a ocuparse de cuestiones como las causas de la alteraciones en los vinos no había sino un paso, como el propio Pasteur reconoció en una carta que escribió el 25 de agosto de 1864 al alcalde de Arbois —la villa en la que la que pasó los años de 1830 a 1839 y en la que poseyó una casa que nunca abandonó— en la que además se pueden observar algunos aspectos de la relación entre "ciencia" y "tecnología":[55]

> "Sr. Alcalde,
>
> Tengo el honor de acusar recibo de la notificación de una deliberación del Consejo Municipal de la Villa de Arbois con fecha del 31 de julio último, en función de la cual, en relación con mis estudios sobre los vinos, se pondrá a mi disposición en Arbois un local para instalar un laboratorio cuyos gastos serán cubiertos por la villa.
>
> Esta iniciativa completamente espontánea del Consejo Municipal de una villa que me es tan querida por tantos motivos, honra mucho, Señor Alcalde, a mis modestos trabajos, y los considerandos que la acompañan me emocionan.
>
> Mis investigaciones sobre las fermentaciones me han conducido de manera natural a examinar las causas de las alteraciones de los vinos. Comencé este estudio con la idea de que los resultados a los que llegase acaso conducirían a encontrar medios para prevenir esas enfermedades tan perjudiciales para el comercio de los vinos franceses. El Emperador, que vela con tanta solicitud por todo lo que puede acrecentar la prosperidad del país, se ha dignado, como lo recuerda la deliberación del Consejo, a animarme en esta dirección.

"Memoria sobre la fermentación llamada láctica", en *Pasteur*, María José Báguena y Eugenio Portela, eds. (Península, Barcelona 1988), pp. 60-70; p. 60.

[55] *Pasteur. Correspondance*, Pasteur Vallery-Radot, ed., vol. 2 (1840-1895) (Flammarion, París 1951), pp. 174-175.

> Al aceptar la oferta del Consejo Municipal, creo comprometerme yo mismo a realizar algún descubrimiento útil a mis compatriotas, y este es el tipo de servicio y propósito al que un hombre de ciencia puede aspirar desde hace mucho tiempo sin lograrlo jamás".

En sus investigaciones sobre la fermentación, Pasteur demostró que ésta era resultado de la acción de organismos vivos microscópicos; que no se producía cuando se excluían o aniquilaban (sometiéndoles, por ejemplo, a la acción del calor, la forma más primitiva de un proceso que, tras ser perfeccionado, recibió en honor suyo el nombre de *pasteurización*). Al llegar a semejantes conclusiones, Pasteur se había adentrado, lo quisiese o no, en una cuestión tan básica como de larga historia: la de si era posible la generación espontánea; esto es, si seres vivos pueden surgir de sustancias inanimadas.

En muchas civilizaciones antiguas se creyó que la vida aparecía de manera espontánea a partir de materia inanimada. Observaciones diarias parecían confirmar tal idea: se veía aparecer gusanos de la descomposición de materiales orgánicos, y moscas de trozos de carne expuestos al sol. Sin embargo, en la segunda mitad del siglo XVII, Francesco Redi (1626-1698) observó que en un frasco abierto el pescado putrefacto generaba, al cabo de un tiempo, moscas, mientras que no ocurría lo mismo con un jarro idéntico pero cerrado. De este experimento —que detalló en *Esperienze intorno alla generazione degl'insetti (Experimentos sobre la generación de los insectos*; 1668)— Redi extrajo la consecuencia de que las moscas no surgían del pescado, sino de huevos. Sin embargo, su meticulosidad científica no fue lo suficientemente poderosa como para impedir el paso a especulaciones religiosas que utilizaron sus descubrimientos para señalar que aunque fuese cierto que la vida no surge espontáneamente sino sólo de vida preexistente, la cadena de progenitores biológicos que esta idea requería debía tener un punto de partida: en el comienzo, Dios había creado todos los animales y plantas que existen.

En las décadas que siguieron al descubrimiento de Redi, la invención y utilización del microscopio sirvió para observar microorganismos de todo tipo; estas observaciones revivieron entre muchos la creencia en la generación espontánea de la vida, mientras que otros como el holandés Antony van Leeuwenhoek (1632-1723), y más tarde Theodor Schwann (1810-1882), pensaban de forma diferente. En el curso de sus investigaciones sobre la fermentación, Pasteur puso punto final de manera definitiva a esta cuestión. El lugar en el que con más rotundidad y claridad expresó sus puntos de vista es en un artículo publicado en 1862: "Memoria sobre los corpúsculos organizados que existen en la atmósfera. Examen de la doctrina de las generaciones espontáneas", en el que presentó los resultados a los que había llegado con experimentos no demasiado diferentes de los de Redi.[56] En primer lugar, demostró que hay microorganismos que viven en el aire que nos rodea y que pueden contaminar incluso el cultivo más estéril. A continuación mostró que si un caldo de cultivo estéril era introducido en un recipiente sellado al vacío, en el que no podía penetrar el aire, no surgía en él ningún microorganismo. "No, no hay ninguna circunstancia hoy conocida", manifestaba orgullosamente en una conferencia que pronunció en la Sorbona en 1864 (titulada "La generación espontánea"), "en la que se pueda afirmar que seres microscópicos han venido al mundo sin gérmenes, sin padres semejantes a ellos. Los que lo pretenden han sido juguetes de ilusiones, de experiencias mal hechas, plagadas de errores que no han sabido percibir o que no han sabido evitar".[57]

---

[56] Louis Pasteur, "Mémoire sur les corpuscules organisés qui existent dans l'atmosphère. Examen de la doctrine des générations spontanées", *Annales des sciences naturelles (partie zoologique),* vol.16, pp. 5-98 (1861), *Annales de chimie et de physique,* vol. 64, pp. 5-110 (1862); reproducido en *Oeuvres de Pasteur,* vol. II, óp. cit., pp. 210-294.

[57] Louis Pasteur, "Des générations spontanées", *Revue des cours scientifiques,* vol.1, pp. 257-265 (1863-1864); reproducido en *Oeuvres de Pasteur,* vol. II, óp. cit., pp. 328-346; p. 346. Versión en español en *Pasteur,* Mª. J. Báguena y E. Portela, eds., óp. cit., pp. 127-143; p. 143.

Establecido este punto, y sabiendo además, de sus estudios sobre la fermentación, de la importancia de los gérmenes en procesos microscópicos, era razonable pensar en aplicar el nuevo planteamiento al origen de enfermedades. Semejante convicción fue la que llevó finalmente a Pasteur a la investigación médica, como él mismo reconoció en una conferencia que leyó ante la Academia de Medicina de París en 1878 (y en cuya preparación le ayudaron dos de sus colaboradores, Jules-François Joubert y Charles Chamberland), "La teoría de los gérmenes y sus aplicaciones a la medicina y la cirugía":[58]

> "Todas las ciencias ganan si se prestan un apoyo mutuo. Cuando después de mis primeras comunicaciones sobre las fermentaciones en 1857-1858 puede admitirse que los fermentos propiamente dichos son seres vivos, que en la superficie de todos los objetos, en la atmósfera y las aguas abundan gérmenes de organismos microscópicos; que la hipótesis de una generación espontánea es una quimera; que el vino, la cerveza, el vinagre, la sangre, la orina y todos los líquidos del organismo no sufren ninguna de sus alteraciones comunes en contacto con el aire puro, la medicina y la cirugía han dirigido sus ojos a estas novedades tan evidentes. Un médico francés, el doctor Davaine, hizo la primera aplicación con éxito de estos principios a la medicina en 1863.[59]
>
> Nuestras investigaciones durante el último año han avanzado mucho menos en la etiología de la enfermedad pútrida o septicemia

[58] Louis Pasteur, con la colaboración de J. F. Joubert y Ch. Chamberland, "La théorie des germes et ses applications à la médicine et à la chirugie", *Comptes rendus de l'Académie des Sciences,* vol. 86, pp.1.037-1.043 (1878); *Bulletin de l'Académie de médicine 7,* 432-453 (1878); reproducido en *Oeuvres de Pasteur,* vol. VI (Masson, París 1933), pp. 112-130; p. 112. Versión en español ("La teoría de los gérmenes y sus aplicaciones a la medicina y a la cirugía") en *Pasteur,* Mª. J. Báguena y E. Portela, eds., óp. cit., pp. 220-234; p. 220.

[59] Se refería a Casimir Davaine, "Recherches sur les infusoires du sang dans la maladie connue sous le nom de *sang de rate*", *Comptes rendus de l'Académie des Sciences,* n.º 57, pp. 220, 351, 386 (1863).

> que en la del carbunco. Creíamos que la septicemia dependía de la presencia y multiplicación de un organismo microscópico, pero no ha podido demostrarse rigurosamente esta importante conclusión. Para afirmar de modo experimental que un organismo microscópico es en realidad el agente de la enfermedad y el contagio, no veo otro medio, en el estado actual de la ciencia, que el de someter al *microbio* (nueva y feliz expresión propuesta por Sédillot) al método de los cultivos fuera del organismo".[60]

"Todas las ciencias ganan si se prestan un apoyo mutuo", decía. ¿Puede hacerse una declaración más explícita a favor de lo interdisciplinar?

Cuando pronunció esta conferencia en la Academia de Medicina ya había iniciado sus estudios sobre el ántrax o carbunco en 1877, cuya causa asoció también con un microorganismo, la "bacteridia". En realidad, con anterioridad a estos trabajos, Casimir Davaine (1812-1882) y Robert Koch (1843-1910) habían establecido la causa microorgánica de esta enfermedad, pero subsistían algunas dudas, que Pasteur solventó, confirmando la hipótesis de la transmisión de la enfermedad a los animales a través de los alimentos contaminados.

Las investigaciones de Pasteur sobre el carbunco mostraron su gran valor socioeconómico al explicar los motivos de la existencia de terrenos en los que los animales contraían la enfermedad. Veamos cómo se explicaba este punto en el artículo en el que presentó, junto a Charles Chamberland y Émile Roux, sus resultados definitivos:[61]

---

[60] C. Sédillot, "De l'influence des découvertes de M. Pasteur sur les progrés de la chirurgie", *Comptes rendus de l'Académie des Sciences,* vol. 86, pp. 634-540 (1878).

[61] Louis Pasteur, "Sur l'étiologie de l'affection charbonneuse" (en colaboración con Charles Chamberland y Émile Roux), *Bulletin de l'Académie de Médicine,* vol. 8, pp. 1.063-1.065 (1879). Versión en español ("Sobre la etiología de la afección carbuncosa") en *Pasteur,* Mª. J. Báguena y E. Portela, eds., óp. cit., pp. 214-216; pp. 214-15.

"Estos hechos resolvían de modo convincente la cuestión de la causa del carbunco. Había una condición, sin embargo: que fuera posible descubrir en la superficie del suelo de la provincia [Eure-et-Loir] la presencia de gérmenes de la bacteridia, sobre todo en aquellos puntos, muy numerosos siempre cada año, en donde los animales carbuncosos extendían gérmenes, fuera antes de morir o después, allí donde son enterrados. Con la colaboración de Chamberland y Roux me apliqué este año a resolver dicha cuestión.

Los experimentos se dividieron en dos series distintas. En la primera buscamos si cuando se añadía tierra a la sangre carbuncosa, la bacteridia se conservaba en ella en forma de gérmenes y se multiplicaba, sobre todo cuando se regaba con agua de levadura, orina o aguas residuales. La bacteridia, bajo estas influencias, se ha multiplicado en la tierra en vez de desaparecer y se ha transformado en corto tiempo en corpúsculos-gérmenes, los cuales pueden encontrarse fácilmente tras varios meses de permanencia y después de sufrir períodos alternativos de humedad y sequía [...].

La segunda serie de experimentos fue asimismo decisiva. Enterramos en un jardín de la granja de Maunoury, en Saint-Germain, cerca de Chartres, una oveja de un rebaño muerta espontáneamente de carbunco la víspera a las cuatro y después de realizarle la autopsia en el mismo lugar del enterramiento. Diez meses después (mayo de 1879), se recogió tierra de la superficie del lugar donde habíamos enterrado el animal, así como tierra de las capas profundas. Aplicamos a estas tierras el método utilizado en nuestros primeros ensayos [...]. Con él nos fue fácil comprobar la presencia de corpúsculos-gérmenes de la bacteridia mediante inoculación de la afección carbuncosa a conejos de Indias. Sin ninguna dificultad produjimos también la septicemia con la tierra de las capas más profundas [...]. De esta segunda serie de experimentos resulta [...] que si la provincia de Eure-et-Loir contiene gran cantidad de gérmenes de bacteridias, significa que el carbunco se ha establecido en ella desde hace tiempo y que la enfermedad se perpetúa mediante los animales muertos y enfermos que siembran por todas partes gérmenes contagiosos que duran mucho tiempo. La situación sería desoladora en una provincia con semejantes características si no fuera porque sus animales contraen la enfermedad de una forma, por así decirlo, totalmente accidental".

Gracias a las investigaciones de Pasteur de las que me he ocupado —también a las de Robert Koch— se llegó a conocer con gran precisión científica la relación causal entre microorganismos y enfermedades infecciosas. Surgió así un modo nuevo de concebir la enfermedad: la teoría microbiana de algunas enfermedades.

Estrechamente asociada a esta visión, aunque con antecedentes muy antiguos, se encuentra el desarrollo decimonónico de vacunas, un método de combatir infecciones que ya se había iniciado en el pasado (los turcos "vacunaban" contra la viruela tomando muestras del contenido de las pústulas de los casos moderados de viruela e inoculándolas a personas sanas; la palabra "vacunación" deriva del latín *vaccinae*, que quiere decir "de la vaca"). Dejando al margen a precursores como *lady* Mary Wortley Montagu (1689-1762), quien en 1718 difundió estas técnicas, y Edward Jenner (1749-1823), el responsable de la introducción, en 1798, de la vacunación contra la viruela a gran escala, me centraré en Pasteur, quien en 1880, tras aislar el microbio responsable del cólera de las gallinas (un mal que podía matar hasta el 90% de las gallinas de un corral), consiguió disminuir su virulencia siguiendo la técnica de Jenner; esto es, inyectando en las gallinas microbios debilitados. Estimulado por los resultados favorables que obtenía, aplicó el principio de la debilitación de los gérmenes para preparar vacunas contra la rabia, enfermedad infecciosa mortal, que afecta a los perros (que enloquecen produciéndoles horror el agua, por lo que también se denomina hidrofobia), pero que también pueden contraer —mediante mordeduras de éstos— las personas. Sus primeros estudios en este campo comenzaron en diciembre de 1880, cuando un veterinario le llevó dos perros rabiosos y le pidió su opinión. Sólo había experimentado con perros cuando, en 1885, le llevaron un niño de nueve años, Joseph Meister, que había sido mordido por un perro rabioso. A pesar de no ser médico, Pasteur aceptó el desafío y experimentó la vacuna en el niño con éxito. Había nacido la vacunación moderna (la única gran modificación que se produciría posteriormente fue la introducción de vacunas obtenidas por ingeniería genética, que se iniciaron en 1983 y cuyo primer producto comercializado fue la vacuna contra la hepatitis B, en 1986).

Queda claro, por consiguiente, que si Pasteur pudo realizar la gigantesca y trascendental obra que llevó a cabo fue porque fue sensible a campos disciplinares diferentes, porque supo llevar resultados y problemas de unos a otros. En este sentido, y como Helmholtz, constituye un modelo a imitar en el paradigma de la interdisciplinariedad.

Capítulo V

Ciencia y técnica

"De igual manera que hubo una era de la física, de la química [...] muchos predicen que la próxima era será la de la biología y los materiales. Pero en dicha era es muy probable que sean los puntos de contacto entre las disciplinas, antes que las disciplinas en sí mismas, las que más contribuyan al desarrollo. Estamos ante una convergencia científico-tecnológica como motor de impulso".[62]

Amador Menéndez Velázquez (2010)

En los capítulos precedentes nos hemos ido encontrando con que la técnica es mucho más que "ciencia aplicada", que no es cierto que mantenga —al menos no la mantiene siempre— una relación de dependencia y sumisión a la ciencia, y que, por el contrario, puede

---

[62] Amador Menéndez Velázquez, *Una revolución en miniatura. Nanotecnología al servicio de la humanidad* (Publicacions de la Universitat de València, València 2010), p. 19.

estimular al propio desarrollo científico. En este capítulo profundizaré en esta relación, que, de hecho, se ha instalado con mayor firmeza que en el pasado tanto en el núcleo de las prácticas científicas y tecnológicas como en la propia sociedad.

A caballo entre la ciencia y la tecnología: el electromagnetismo decimonónico

El electromagnetismo decimonónico constituye un ejemplo magnífico de interdisciplinariedad científico-tecnológica. Michael Faraday (1791-1867) muestra con grandeza la permeabilidad de las fronteras entre la ciencia y la tecnología. Fue uno de los padres de la moderna teoría electromagnética —que James Clerk Maxwell (1831-1879) llevó a su expresión más acabada—, al igual que de la industria que se apoya en la inducción electromagnética. Por otra parte, ¿fue William Thomson (1824-1907), otro gigante de la ciencia, más conocido por su título tardío, lord Kelvin, lo que algunos llaman un científico, o un ingeniero? Las dos cosas. Más aún, con frecuencia las dos cosas *al mismo tiempo*.

Como acabo de decir, frente a la idea, que refuerza la separación en disciplinas, de que la ciencia, la ciencia *pura* o *básica*, precede a la tecnología, considerada ésta como ciencia *aplicada*, hay que hacer hincapié en que las aplicaciones del electromagnetismo —sobre todo en la telegrafía— ya se abrían camino, con fuerza creciente en la década de 1840, cuando Maxwell ni siquiera se había graduado en Cambridge (lo hizo en 1854), no pudiéndose, en consecuencia, disponer de la formulación definitiva, acabada, de una teoría del campo electromagnético. En este sentido, no se puede decir que el conocimiento científico guiase al práctico, que la ciencia *pura* precediese a la *aplicada*.[63] Como en muchos otros casos, anteriores y posteriores, la relación ciencia-tecnología resultó ser complicada. Así, aunque el descubrimiento (científico) —ya mencionado en el capítulo 3— que había realizado en 1820 Hans Christian Oersted (1777-1851), mostrando que la electricidad producía efectos magnéticos (una corriente eléctrica desviaba una aguja imantada), había dado pie a imaginar la posibilidad (práctica) de la telegrafía, una vez abierta la puerta de aquella posibilidad, inventores, emprendedores y científicos iniciaron, juntos o por separado, la tarea de lograr hacer realidad la idea. A lo largo de ese camino, la ciencia siguió aportando beneficios a la, como diríamos hoy, tecnología, pero también aquélla se benefició de ésta. Se ha argumentado, en este sentido, que la noción de *campo* de Faraday, esencial para el desarrollo de la teoría electromagnética, es deudora del descubrimiento del retraso que sufría una corriente eléctrica cuando era transmitida a lo largo de grandes distancias de cables telegráficos subterráneos. En cuanto a Kelvin, comenzó a interesarse en la telegrafía por cable hacia 1853-1854, y continuó ocupándose de ella durante el resto de su

[63] En el mismo sentido, George Basalla (*La evolución de la tecnología* [Crítica, Barcelona 1991]) ha señalado, aunque en otro contexto, este punto. El "diseño de los primeros motores eléctricos" escribía (p. 59), "debió más a los artefactos anteriores que a la teoría científica. La teoría electromagnética puede haber impuesto restricciones en el diseño de motores, pero no dictó que el primer motor eléctrico hubiese de operar en una máquina de vapor". Y en otro lugar de esa misma obra (p. 116), señalaba acertadamente que los "partidarios de la investigación científica han exagerado la importancia de la ciencia al afirmar que ésta es la raíz de virtualmente todos los cambios tecnológicos mayores. Una evaluación más realista e históricamente más exacta de la influencia de la ciencia en el cambio tecnológico es la de que la ciencia constituye una de entre las varias fuentes interactivas de novedad". Otro de los ejemplos que presentó es el de la termodinámica, la rama de la física que se ocupa de los intercambios de calor, que surgió después de la invención de la máquina de vapor, a la que, de hecho, debió bastante.

vida, una actividad que no sólo le reportó dinero y fama social, sino que también tuvo un profundo efecto en los problemas científicos de que se ocupó, e incluso en la manera en que concibió los fenómenos electromagnéticos.

Habida cuenta del desarrollo que la telegrafía estaba experimentando (en 1850 se logró unir Londres con París, mediante un cable telegráfico que atravesaba el Canal de La Mancha), fue natural que pronto surgiese la idea de unir telegráficamente Gran Bretaña con el continente americano. El 20 de octubre de 1856 se formó, con capital británico y estadounidense, la Atlantic Telegraph Company. No iba a ser, sin embargo, una empresa fácil de llevar adelante. Las dificultades técnicas de todo tipo eran muy numerosas y aunque el primer cable se instaló en 1857, no se consiguió depositar un cable que funcionase hasta 1866, siendo William Thomson el máximo responsable de que se pudiesen superar todas las dificultades científico-tecnológicas (de hecho, por su trabajo la reina Victoria le concedió el título de *sir* — *sir* William —, el primer paso hacia el título que luego obtendría, el de lord). Thomson el científico y el ingeniero.

Puede resultarnos difícil hoy en día apreciar la novedad e importancia de aquel logro, de aquella alianza entre ciencia y técnica. Sumergidos como estamos en la Era de la Información, rodeados de ordenadores, teléfonos móviles, iPods o iPads, siendo capaces de enviar o recibir desde casi cualquier lugar cantidades inmensas de información (giga, mega o terabits), no sólo hablando sino incluso viendo por las cámaras adaptadas a nuestros ordenadores a la persona con la que nos estamos comunicando, puede parecernos que ser capaces de enviar un puñado de palabras por minuto —lo que podía hacerse inicialmente con el cable telegráfico submarino de 1866— no tuvo trascendencia. Pero vaya si la tuvo. Por primera vez en la historia de la humanidad fue posible comunicarse en minutos entre los continentes europeo y americano. Comunicarse en minutos significa poder mantener diálogos, algo que no era posible cuando la información tenía que viajar en barcos que tardaban más de una semana en atravesar el Atlántico.

El impacto popular de la instalación del cable submarino trasatlántico fue muy grande, aunque no podemos olvidar que inicialmente los cambios no se extendieron a todas las clases sociales: en 1866, el precio de un telegrama transatlántico era exorbitante: uno de veinte palabras costaba alrededor de cien dólares, el equivalente al salario de cuatro meses de un trabajador industrial. Fueron sobre todo políticos, militares y hombres de negocios quienes tuvieron que aprender nuevos modos de comportamiento y adentrarse en un mundo científico-tecnológico con el que podían ampliar sus negocios. En el ámbito político, la introducción de redes telegráficas tuvo consecuencias importantes en lo que se refiere a las relaciones internacionales. Y como los mensajes telegráficos a grandes distancias tenían que atravesar fronteras entre naciones (un hecho éste que algunos países utilizaron para espiar a otras), hubo que establecer convenios de cooperación internacional.

Asimismo, no debemos olvidar que el éxito de la telegrafía repercutió favorablemente en los "físicos"; esto es, en la ciencia (nos encontramos aquí con otro ejemplo de beneficio que la ciencia recibe de la técnica). Entre 1854 y 1867, la red telegráfica británica dobló su tamaño. El precio de un mensaje se redujo a la mitad y el volumen de comunicaciones se cuadruplicó. En consecuencia, aumentó también la oferta de trabajo en la producción o utilización de conductores eléctricos, aislantes, baterías e instrumental telegráfico, lo que a su vez creó una fuerte demanda de instrucción en telegrafía e, indirectamente, en electricidad. Se necesitaban escuelas apropiadas y ello, en una época en la que aún no existían escuelas de ingeniería (salvo en algunas, pocas, profesiones, como en la ingeniería de minas). Uno de los centros educativos disponibles para la enseñanza de la ciencia y técnica de la electricidad fue el laboratorio de Thomson en Glasgow (en realidad, este laboratorio, situado en un sótano desocupado, no estaba reconocido oficialmente por la Universidad de la que Thomson era profesor). Durante finales de la década de 1850 y principios de la de 1860, aquel laboratorio fue el único centro universitario en el que se podía obtener algún tipo de enseñanza teórica y práctica relativa a la electricidad. Esto fue posible en gran medida debido a que Thomson estaba implicado en el desarrollo práctico de la telegrafía: había fundado con James White una compañía que generaba problemas técnico-científicos que luego se intentaban resolver en su laboratorio. En 1859, por ejemplo, cerca de veinte estudiantes estaban trabajando allí sobre instrumentos telegráficos, galvanómetros, unidades de resistencia, etc. Tal afluencia de estudiantes, junto a la decisiva participación de Thomson en el establecimiento de un cable submarino en 1866, animó a su universidad a dotarle de un nuevo laboratorio, que fue inaugurado en 1870.

La teoría del campo electromagnético que surgió durante la segunda mitad del siglo XIX fue, en definitiva, el resultado de una cultura mestiza científica y técnica. Ciencia y tecnología avanzaban a la vez y ambas dieron a luz una síntesis teórica y operacional sin la cual el mundo posterior, el del siglo XX y el del XXI en el que vivimos, habría sido muy diferente. Habría sido un mundo sin radio, teléfonos e innumerables artilugios electrónicos. Y en la medida en que se fueron estudiando los fenómenos electromagnéticos, fue como se descubrieron los rayos catódicos. A su vez, ocupándose de éstos se descubrió la primera partícula elemental, el electrón. Y analizando los rayos catódicos se encontraron los rayos X, e investigando éstos se halló la radiactividad, un fenómeno que no tiene explicación fuera de la física cuántica, rama de la física que cambió el mundo. Conexiones como estas muestran la fecundidad de la cultura tecnocientífica, interdisciplinar por tanto, de los científicos decimonónicos que construyeron el universo del electromagnetismo.

Un mundo tecnocientífico

No obstante semejante fecundidad, es cierto que desde hace bastante tiempo, en especial durante una buena parte del siglo XX, se contempló la ciencia de otra manera, de una forma ajena al mestizaje científico-tecnológico. Las razones de tal hecho tienen que ver tanto con la personalidad y logros de algunos de los grandes héroes de esta centuria, los Einstein, Planck, Bohr, Heisenberg, Watson o Crick, como con la naturaleza de las teorías que subyacen detrás de las dos grandes revoluciones de la física —la relativista y la cuántica— que se produjeron entonces. Y no es sólo que el público, los no científicos, establezca esta distinción, separando ciencia por un lado y tecnología por otro, sino que también la cultura de la pureza disciplinar ha penetrado en muchos científicos que entienden su profesión basándose en semejante premisa (como ya se mostró con las matemáticas en el capítulo 2). Charles Percy Snow (1905-1980), el físico británico convertido en exitoso novelista, advirtió sobre esta situación en la célebre conferencia que pronunció el 7 de mayo de 1959 en el Senate House de la Universidad de Cambridge titulada "The Two Cultures and the Scientific Revolution" ("Las dos culturas y la revolución científica"). Publicada y reimpresa varias veces aquel mismo año, la conferencia de Snow ha alimentado desde entonces infinidad de comentarios sobre la separación entre ciencia y humanidades, entre ciencias y letras, cuestión esta sobre la que volveré en otro capítulo. Pero también se refirió entonces a otra división. "Creo", manifestó, "que es justo decir que la mayor parte de los científicos puros han sido casi completamente ignorantes con respecto a la producción industrial y que muchos continúan siéndolo. Está permitido agrupar a los científicos puros y a los aplicados en la misma cultura científica, pero las separaciones son grandes. A menudo los científicos puros y los ingenieros no se entienden entre sí en absoluto".[64]

Sin embargo, vivimos —mucho más que en el siglo XIX— en un mundo en el que ciencia y tecnología se encuentran estrechamente relacionadas. Es cierto que podemos hablar de ámbitos científicos en desarrollo, o muy recientes, en los que dominan los universos conceptuales más abstractos; formulaciones como el modelo estándar en la física de altas energías, la controvertida (sobre todo por lo lejos que está todavía de poder ser sometida a comprobaciones experimentales) teoría de las supercuerdas, o formulaciones matemáticas como la teoría de cohomología. Todo esto —la vigencia y vigor de la ciencia que muchos llaman "pura"— es indudable, pero no lo es menos que las fronteras entre ciencia y tecnología son hoy cada vez más, y en más lugares, difusas. Pensemos, por ejemplo, en ese dominio científico que nos trae, prácticamente cada día, novedades antes insospechadas, el de la biología molecular: ¿es posible distinguir siempre entre avances llevados a cabo en *ingeniería* genética, bio*tecnología* o biología molecular? Distinguir, en el sentido de poder manifestar: "este hallazgo vale sólo para ingeniería genética, pero no nos dice nada realmente fundamental para la biología". La respuesta es que no, que no es factible establecer semejantes distinciones.

Y lo mismo sucede cuando consideramos otras disciplinas científicas. Si la astrofísica y la cosmología están desarrollándose tan vigorosamente como lo están haciendo en las últimas décadas es por la alianza que han establecido con la tecnología. ¿Qué es, por ejemplo, el telescopio espacial *Hubble* (puesto en órbita por la NASA en la primavera de 1990) sino una maravilla tecnológica que nos está permitiendo estudiar todo tipo de fenómenos y objetos cósmicos,

[64] C. P. Snow, *The Two Cultures* (Cambridge University Press, Cambridge 1993), p. 31.

encontrar planetas que acaso alberguen vida inteligente, fotografiar nacimientos de estrellas o dirigir nuestras miradas hacia los misteriosos centros de galaxias, ocupados, parece, por los misteriosos agujeros negros? Incluso la matemática está sufriendo (perdón, "sufriendo" no, "beneficiándose") de este nuevo espíritu y posibilidades de los tiempos: la disponibilidad de esos artilugios tecnocientíficos llamados ordenadores afecta a su propio avance; hace posible plantear y resolver problemas nuevos, inaccesibles a los métodos analíticos. Algunos llaman a esto "matemática aplicada" o "matemática experimental", pero se la denomine como se la denomine es una matemática que puede llegar a ser tan básica como la que más, y no sólo esto, puede llegar a abrir puertas antes insospechadas a nuevos mundos matemáticos.

De la metrología a los cuantos de Planck

Un ejemplo espléndido de lo beneficioso que puede ser para un científico no permanecer al margen de la cultura tecnológica se encuentra en un físico de los habitualmente calificados como *puros*, un teórico como fue Max Planck (que un experimental sea más sensible a la cultura tecnológica no es, por supuesto, raro).

Planck (1858-1947) es recordado sobre todo por sus trabajos de 1900, en los que introdujo, primero, una nueva ley de radiación para el denominado cuerpo negro (un recipiente que contiene radiaciones de todas las longitudes de onda, pero en equilibrio), y luego, para explicar teóricamente su ley, la famosa ley $E = h\cdot\nu$ (energía igual a una constante por la frecuencia de la radiación), uno de los pilares de la física cuántica.

La cuantización de la energía de Planck que supone que la radiación está, de alguna manera, formada por "paquetes" (cuantos) de energía $h\cdot\nu$, pertenece, sin duda alguna, al dominio de los fundamentos básicos de la ciencia, a —como se dice con frecuencia— la ciencia "pura". Sin embargo, no es posible entender cómo llegó Planck a sus hallazgos de 1900 sin referirse a una institución que fue creada para ocuparse especialmente de los aspectos más aplicados de la física: el Instituto Imperial Físico-Técnico (Physikalisch-Technische Reichsanstalt; PTR) que ya nos apareció a propósito de Helmholtz.

Werner Siemens (1816-1892), industrial, científico e inventor, que había conseguido su fortuna en el campo de la industria de la electricidad, fue el principal responsable de la construcción y diseño de este instituto, que se construyó en Charlotemburgo, entonces una pequeña población residencial situada a unos pocos kilómetros de la Puerta de Brandemburgo de Berlín. La elección no fue casual: la compañía Siemens y Halske, al igual que otras muchas del campo de la electricidad, se encontraba en Berlín; además, no hay que olvidar que el Reich surgido en 1871 deseaba hacer de esta ciudad la gran capital del imperio que deseaba forjar, un imperio en el que la ciencia y la tecnología no podían faltar, por lo que dio la bienvenida al proyecto de Siemens.

En principio, el PTR se debía ocupar de investigar sobre cualquier tipo de problemas físicos y tecnológicos, y, en particular, de desarrollar y comprobar instrumentos; sin embargo, para evitar lo que se consideraba una competencia desleal, se llegó al acuerdo de limitar el rango de los trabajos a efectuar en aquellas áreas o problemas que no entrasen en conflicto con lo que se estaba estudiando en universidades, escuelas politécnicas, industria privada u otras agencias estatales. Este acuerdo significó que el nuevo instituto se dedicaría sobre todo a la metrología (establecimiento y comprobación de unidades de medida), un apartado especialmente atractivo para la industria, ya que disponer de unidades precisas era comercialmente muy conveniente: la exportación se veía favorecida cuando los productos fabricados cumplían especificaciones técnicas comunes a cuantas más naciones mejor, y Alemania era una potencia industrial que quería exportar.

El instituto comenzó a funcionar en 1887, con Hermann von Helmholtz como presidente (en 1895 le sucedió Friedrich Kohlrausch). Fue, como ya apunté, la primera institución tipo "laboratorio nacional" que existió, siendo el modelo que adoptaron posteriormente el National Bureau of Standards de Estados Unidos y el National Physical Laboratory británico.

Entre las preocupaciones del instituto se encontraban los estudios fotométricos, esto es, la determinación de cantidades que describiesen las propiedades de la luz. En marzo de 1888, a los pocos meses de su inauguración, la Deutscher Verein für Gas und Wasserfachmänner (Asociación Alemana de Especialistas del Gas y el Agua) pidió al PTR, a través del Ministerio del Interior, ayuda para evaluar las unidades aceptadas por entonces para la intensidad lumínica, y si fuese posible, que estableciese una unidad que fuese aceptada internacionalmente. La asociación hizo hincapié en que también en círculos científicos y técnicos de Inglaterra, Francia y Estados Unidos se deseaba contar con una unidad para medir la luminosidad de la luz. Helmholtz acogió con entusiasmo la idea, más aún teniendo en cuenta que la Marina estaba interesada en mejorar los instrumentos fotométricos que utilizaba y en superar los problemas de pérdida de luminosidad bajo condiciones meteorológicas adversas. La mayor parte de los trabajos relacionados con este objetivo se llevaron a cabo en el Laboratorio de Óptica del instituto, en el que un nombre sobresalió especialmente: Otto Richard Lummer (1860-1925). Inmediatamente después de obtener su doctorado en 1884 por la Universidad de Berlín, Lummer trabajó como ayudante en el Instituto de Física de su alma máter, y cuando el PTR abrió sus puertas, se asoció a él, convirtiéndose en miembro permanente del mismo en 1889, alcanzando la categoría de *professor* en 1894. Dirigió el Laboratorio de Óptica hasta 1904, año en que abandonó el Instituto al aceptar una cátedra de Física en la Universidad de Breslau.

En 1889, y junto a Eugen Brodhun, Lummer obtuvo uno de los primeros resultados significativos en aquel campo abierto por el PTR: el desarrollo de un fotómetro mejor y más económico que el que Robert Bunsen había diseñado en 1843, que era el más utilizado hasta entonces. Pero los trabajos del PTR no se detuvieron con el fotómetro de Lummer y Brodhun; todavía faltaba desarrollar una unidad de intensidad lumínica auténticamente fiable, con una base científica segura. Este problema llevó de manera directa a los científicos del Laboratorio de Óptica a dedicarse a cuestiones relacionadas con la radiación electromagnética, campo en donde ya se contaba con leyes, como la de Stefan-Boltzmann, que relacionaban la temperatura absoluta de la radiación con la energía emitida por un cuerpo negro en equilibrio. Y en este punto entra en escena Wilhelm Wien (1864-1928).

Wien estudió en Gotinga, Heidelberg y Berlín, doctorándose con Helmholtz en 1886. Entre 1890 y 1896 trabajó como ayudante en el PTR. Fue allí donde propuso, sin recurrir más que a consideraciones termodinámicas y a algunas del electromagnetismo, una ley para la densidad de energía de radiación, que dependía de la longitud de onda de la radiación. El resultado obtenido por Wien y el papel que desempeñaba en él la temperatura absoluta, que conectaba con el deseo del instituto de establecer escalas con temperaturas absolutas, llevó al propio Wien y a otros científicos del PTR a abrir un programa de investigación sobre la radiación del cuerpo negro. No obstante, a partir de 1899 Lummer y Ernst Pringsheim (1859-1917) comenzaron a darse cuenta de que las medidas que se obtenían mostraban que, para longitudes de onda grandes, se producían desviaciones sistemáticas con respecto a los valores que se derivaban de la ley de Wien. Poco después, Heinrich Rubens (1865-1922) y Ferdinand Kurlbaum (1857-1927), que trabajó con

Lummer entre 1891 y 1901, demostraban inequívocamente que así era (presentaron sus resultados en la Academia de Ciencias de Berlín el 25 de octubre de 1900). Nada más completar sus medidas, y antes de publicarlas, Rubens informó a Max Planck, catedrático en la vecina Universidad de Berlín, de los resultados. El mismo día (7 de octubre) Planck reconstruía la derivación de la ley, teniendo en mente las nuevas medidas, y llegaba a una nueva expresión para la radiación de un cuerpo negro, de la que surgiría poco después su ley $E = h \cdot \nu$. Cuando se reconstruyen los trabajos en los que Planck presentó sus dos resultados, se comprueba que están plagados de suposiciones sin fundamentar; esto es que su base teórica era muy débil. Si llegó a ellos, es por el estímulo y datos que recibió de científicos que trabajaban en un centro tecnológico dedicado principalmente a la metrología. Sin esta relación entre ciencia y tecnología, no habría llegado a un resultado que nadie esperaba y que tantas, y tan diferentes, puertas abriría en el futuro tanto a la ciencia como a la tecnología.

La revolución de las comunicaciones como revolución tecnocientífica

Dejando ya al margen el ejemplo del origen de la física cuántica, nos encontramos con que existen muchos otros dominios en los que se manifiesta con total transparencia la íntima relación que existe entre ciencia y tecnología. El primero es el de la industria y física de las comunicaciones e información, un campo que debe mucho a la invención, en 1947, del transistor.

Un transistor es un dispositivo electrónico hecho de material semiconductor, que puede regular una corriente que pasa a través de él y también actuar como amplificador o conmutador, y que, comparado con los tubos de vacío y los diodos y triodos que le precedieron, necesita cantidades muy pequeñas de energía para funcionar; además es más estable, compacto, actúa instantáneamente y dura más.

Lo primero que hay que decir es que el transistor es un "hijo" de la física cuántica, la rama de la física que, junto a la relatividad einsteiniana, revolucionó la física de la primera mitad del siglo XX. Con "hijo de la física cuántica", quiero decir que sin poseer una gran maestría en esta compleja disciplina es imposible imaginar que hubiese sido posible inventar el transistor, un artilugio del que con justicia se puede decir que cambió el mundo; el mundo cotidiano, y también los mundos de la industria y, subsidiariamente, de la economía (recordemos, por ejemplo, que aún nos referimos, en realidad ya impropiamente, a las pequeñas radios que podemos llevar en un bolsillo, como "transistores").

El segundo punto necesario señalar es que el transistor no se descubrió en una universidad, o en un departamento público de investigación, sino en un laboratorio industrial (un tipo de centro establecido hacía poco tiempo, a finales del siglo XIX y comienzos del XX), en los Bell Telephone Laboratories, creados como una compañía subsidiaria de ATT (American Telephone and Telegraph) y Western Electric (en la actualidad dependen de Alcatel-Lucent USA, Inc.). Entendiendo sabiamente las posibilidades que la nueva física ofrecía, los Laboratorios Bell intentaron (y lograron) atraer a físicos destacados ofreciéndoles mejores salarios que en las universidades, por supuesto, pero también libertad para elegir sus temas de investigación, dentro, naturalmente, de un rango que incluyese ámbitos que pudiesen tener, aunque fuese en el futuro, alguna relación con los intereses del laboratorio. Los tres físicos que descubrieron en diciembre de 1947 el transistor, John Bardeen, Walter Brattain y William Shockley, pertenecían a esta clase (los tres recibieron el Premio Nobel de Física en 1957).

Tras los transistores vinieron los circuitos integrados, minúsculos y muy delgados dispositivos en los que se fundamenta el mundo digital. Los circuitos integrados se fabrican sobre un sustrato (habitualmente de silicio) depositando finas láminas de materiales que, ora conducen, ora aíslan, la electricidad. Estas láminas, ensambladas según patrones elaborados de antemano, forman transistores (cada circuito integrado puede albergar muchos miles de transistores) y otros componentes electrónicos encargados de controlar el flujo de electricidad a través del circuito, o chip. Y quien habla de circuitos integrados o chips, habla en realidad de las "células nerviosas" de la Era de la Información, lo que prácticamente es tanto como decir Era de la Globalización; esto es, del mundo actual.

Las posibilidades económicas que abrían el transistor y los materiales semiconductores se hicieron evidentes para compañías emprendedoras, por supuesto, pero también para algunos científicos, que buscaron participar de los beneficios que podría generar. Al fin y al cabo, ellos, al igual que todos, estaban —y continúan estando— inmersos en un mundo en el que el dinero y los negocios representaban un valor no sólo material sino también cultural. En consecuencia, algunos se decidieron a traspasar las fronteras de la academia de una manera mucho más radical que cuando aceptaron trabajar para laboratorios industriales como podían ser los Bell: convirtiéndose ellos mismos en empresarios. Tal fue el origen del célebre Silicon Valley (Valle del Silicio), situado el sudeste de San Francisco, en cuya constitución desempeñaron papeles centrales Frederick Terman (1900-1982), catedrático y director de la Escuela de Ingeniería de la cercana Universidad de Stanford, y William Shockley (1910-1989), uno de los descubridores del transistor, que abandonó los Laboratorios Bell, buscando horizontes más lucrativos: en 1955 fundó, en lo que entonces eran simplemente los alrededores de la bahía de San Francisco, su propia compañía, el Shockley Semiconductor Laboratory. Como es bien sabido, el crecimiento, durante las décadas de 1960 y 1970, de Silicon Valley fue extraordinario. Con él y en él se estableció una "nueva alianza" entre ciencia e industria, entre investigación básica e innovación. De hecho, esta alianza es tan importante y penetrante que incluso se ha acuñado un nuevo término, *tecnociencia,* que podemos definir como 'tecnología y ciencia consideradas como disciplinas que interaccionan mutuamente, o como dos componentes de una misma disciplina'.

Entre las compañías que entendieron dónde estaba el futuro, se encuentran Fairchild Semiconductor y Texas Instruments, que en 1952 decidieron dedicarse a explotar las posibilidades de los transistores. Ninguna de las dos había tenido que ver previamente con la industria de las telecomunicaciones y por ello buscaron nuevos escenarios comerciales, como las calculadoras, en las que Texas Instruments desempeñó, junto con IBM, un papel dominante durante algún tiempo. Fue en Fairchild Semiconductors donde Jean Hoerni (1924-1997) desarrolló en 1957 las técnicas fundamentales (proceso "planar") para la fabricación de los chips. El primer circuito integrado fue construido allí por Robert Noyce (1927-1990) en 1958. Diez años después (1968), Noyce dejó Fairchild para fundar, junto a Gordon Moore (n. 1929), Intel, donde dirigió con Ted Hoff (n.1937), la invención del microprocesador, que generó una nueva revolución.

Hasta la llegada de los transistores y circuitos integrados, las máquinas de calcular utilizadas eran gigantescos amasijos de componentes electrónicos. Durante la Segunda Guerra Mundial se construyó una de las primeras computadoras electrónicas, el Electronic Numerical Integrator and Computer (computador integrador numérico electrónico), también conocido por sus siglas inglesas, ENIAC. Tenía 17.000 tubos electrónicos, unidos por miles de cables, pesaba 30 toneladas y consumía 174 kilowatios. Podemos considerarlo el paradigma de la primera generación de computadoras. Con los transistores llegó, en la década de 1950, la segunda generación, ejemplificada por el TRADIC (de Transistorized Digital Computer), construido en 1954 por los Laboratorios Bell para la Fuerza Aérea estadounidense; utilizaba 700 transistores y podía competir en velocidad con ENIAC.

El primer ordenador personal (PC) —¿se puede imaginar una innovación que haya afectado más nuestras vidas que los PC?—

tardó más en llegar: fue construido en 1972 en el Centro de Investigación Xerox en Palo Alto, situado también en Silicon Valley, pero no atrajo realmente la atención del gran público hasta finales de la década de 1980. Eso sí, entonces comenzó una carrera que todavía no ha terminado. Cada vez cada menos tiempo, aparecieron ordenadores personales más y más potentes, más y más pequeños. Integrados en los chips, los transistores desempeñan funciones básicas en los billones y billones de microprocesadores que, repartidos, controlan, por ejemplo, motores de coche, teléfonos celulares, misiles, satélites, redes de gas, hornos microondas, ordenadores o aparatos para discos compactos. Han cambiado, literalmente, las formas en las que nos comunicamos, relacionamos con el dinero, escuchamos música, vemos televisión, conducimos coches, lavamos nuestras ropas o cocinamos. Todo esto ha sido en realidad consecuencia, fruto del mestizaje entre ciencia y tecnología del que surgió el transistor.

La *World Wide Web (www),* hija de una cultura interdisciplinar

Otro ejemplo paradigmático de los beneficios que puede producir escenarios abiertos a diferentes tipos de intereses es la introducción de la *World Wide Web,* la *www.*

Los centros de física experimental de altas energías, la rama de la física que ha cambiado radicalmente nuestro entendimiento de la materia, suelen ser grandes instalaciones que giran en torno a aceleradores. En ellos trabajan muchos grupos de físicos y de ingenieros, de los que bastantes (sobre todo los investigadores, no los técnicos encargados del mantenimiento) son visitantes que pasan algún tiempo allí realizando experimentos para luego volver a su lugar permanente de trabajo, donde se esfuerzan por interpretar los datos obtenidos. Sucede de esta manera que los grupos de trabajo están formados por personas —a veces, cientos de personas— que se encuentran la mayor parte del tiempo en lugares diferentes y que, sin embargo, necesitan estar en comunicación lo más continuamente posible.

Para resolver esta dificultad, un graduado en Física (1976) de la Universidad de Oxford, Tim Berners-Lee (n. 1955), propuso en 1989 la idea de la *World Wide Web*. Su primer contacto con el CERN fue en 1980, cuando pasó allí seis meses. Durante ese tiempo escribió un programa, para su uso personal, titulado Enquire, relativo al almacenamiento de información y cómo establecer *links* (conexiones) con facilidad. Por entonces ya existían algunos sistemas que permitían que grupos de ordenadores se comunicasen entre sí. En 1971, y como consecuencia de que el Departamento de Defensa de Estados Unidos deseara desarrollar una red de comunicaciones que pudiese sobrevivir a una guerra nuclear, la Agencia de Proyectos de Investigación Avanzada en Defensa (ARPA) contó con una red de comunicación formada por 15 nodos de conmutación repartidos por todo el país, Arpanet, mediante la cual era posible enviar grandes conjuntos de datos o programas de nodo a nodo. Y en 1973 se introdujo en el Centro de Investigación Xerox, en Palo Alto, una red local —a la que se llamó Ethernet— que permitía conectar entre sí los ordenadores pequeños de una oficina o edificio, que así compartían bancos de datos. Aquel mismo año, por cierto, a Ray Tomlinson, un ingeniero de la empresa Bolt Beranek and Newman, de Cambridge (Massachusetts), se le ocurrió la idea de separar el nombre del receptor de un mensaje y el de su ordenador con el símbolo @. De ahí nacería el correo electrónico personalizado.

Arpanet estaba controlada por los militares y no era accesible a usos civiles, pero la presión de extender este nuevo mecanismo de comunicación al conjunto de la sociedad fue cada vez más grande y así, bajo el estímulo y financiación de la National Science Foundation (NSF), una agencia civil dependiente del Gobierno Federal, se amplió la red que se denominó Internet. El éxito fue tal que la NSF tuvo que ceder la gestión de esta nueva red a empresas privadas.

En 1989, el CERN abrió sus primeras conexiones externas a Internet. Ahora bien, existían bastantes problemas. He aquí como describió tales problemas el propio Berners-Lee en un libro que escribió (*Tejiendo la red*; 1999): "Internet estaba en marcha en los setenta, pero transferir información era un jaleo para una persona no experta en ordenadores. Uno ponía en marcha un programa para conectarse con otro ordenador y entonces, en la conversión al lenguaje diferente que utilizaba el otro ordenador, comenzaba a funcionar un nuevo programa para acceder a la información. Incluso cuando los datos se habían transferido de regreso al propio ordenador, decodificarlos podía resultar imposible. Entonces se inventó el correo electrónico. El *e-mail* permitía enviar mensajes de una persona a otra, pero no formaba un espacio en el que la información pudiera existir permanentemente y se pudiera acceder a ella. Los mensajes eran transitorios".

La *www* fue una respuesta a este problema: dio, por decirlo de alguna manera, a la información un lugar en el que permanecer, y que admite interconexiones que evolucionan con el tiempo. Un ingrediente crucial para ello fue la invención —en la que Berners-Lee (que después de su estancia en 1980, regresó al CERN en 1984) fue ayudado por Robert Cailliau— del *http* (*HyperText Transfer Protocol*; protocolo de transferencia de hipertexto); un protocolo de ordenador para transferir información de tal modo que pudiera cumplir las exigencias de un sistema de hipertexto global, y del *html* (*HyperText Markup Language*; lenguaje de marcado de hipertexto), un lenguaje de ordenador para representar el contenido de una página de hipertexto, el lenguaje en el que están escritas la mayoría de páginas web. En 1990, esto es, sólo un año después de estas contribuciones de Berners-Lee, el CERN puso en funcionamiento en sus instalaciones una versión del programa de la *www*. Y en 1991 la difundió al mundo, con lo que se abría, de manera al principio discreta, casi inadvertidamente, una nueva era de la humanidad.

Lo que me interesa resaltar aquí es que en lugares dedicados en principio a la ciencia más fundamental (en este caso, el CERN, que se ocupa del estudio de la composición de la materia), pero que por la propia naturaleza de su trabajo requiere de la colaboración de personas con habilidades diferentes (científicos y técnicos), lugares en los que se plantean problemas de todo tipo, algunos puramente "científicos", pero otros, necesarios para la práctica científica, pueden surgir ideas que difícilmente habrían nacido en un ambiente más "puro", menos "contaminado" por necesidades sociales. Ciencia, técnica y sociedad aliadas en un fructífero intercambio interdisciplinar.

La nanotecnología, un mundo interdisciplinar

Si existe un lugar donde confluyen las ciencias de la naturaleza y las tecnologías que se basan en ellas, ese es, ciertamente, el mundo atómico, ya que a la postre los átomos y las unidades (protones, neutrones, electrones, quarks...) que los forman constituyen los auténticos "ladrillos del mundo". Ahora bien, hasta hace relativamente poco no se había desarrollado un campo de investigación en el que semejante base común manifestase una potencialidad de aplicaciones en campos disciplinares diferentes. Me estoy refiriendo a la nanotecnología y nanociencia, campos de investigación y desarrollo que deben su nombre a una unidad de longitud, el nanómetro (nm), la milmillonésima parte del metro. La "nanotecnociencia" (un nombre no utilizado, pero que yo emplearé aquí para denotar tanto a la más presente en la terminología nanotecnología, como a la nanociencia) engloba cualquier rama de la tecnología o de la ciencia que investiga o hace uso de nuestra capacidad para controlar y manipular la materia en escalas comprendidas entre 1 y 100 nm.

Gracias a los avances logrados (sobre todo, por físicos y químicos) en el mundo de la nanotecnociencia, se ha conseguido fabricar nanomateriales que están comenzando a ser utilizados en todo tipo de ámbitos. Así, se puede utilizar una disolución de nanopartículas de oro de unos 35 nm de tamaño para localizar y detectar tumores cancerígenos en el cuerpo (hay una proteína presente en las células cancerígenas que reacciona con esas nanopartículas actuando como marcadores biológicos).[65] De hecho, la medicina es un campo particularmente adecuado para utilizar la nanotecnociencia, y así ha surgido la nanomedicina, que es posible dividir en tres grandes áreas: el nanodiagnóstico (desarrollar técnicas de imagen y de análisis para detectar enfermedades en sus estadios iniciales), la nanoterapia (encontrar terapias a nivel molecular, yendo directamente a las células o zonas patógenas afectadas) y la medicina regenerativa (crecimiento controlado de tejidos y órganos artificiales). Cabe imaginar, asimismo, que se desarrollen medios y mecanismos como las retinas artificiales, o que podamos intervenir con eficacia en el cerebro, un dominio ideal en principio para servirse de la nanotecnociencia.

Es posible, por otra parte, utilizar tubos nanoscópicos de carbono, observados en 1976 por Morinobu Endo y sobre los que llamó la atención en 1991 Sumio Ijima, para fabricar materiales más resistentes que el acero y entre 6 y 10 veces más ligeros, que seguramente revolucionarán los mundos de la electricidad, electrónica y computación. Se trabaja en la actualidad en preparar artificialmente, utilizando nanotécnicas, estructuras que se encuentran en la naturaleza y que poseen características muy útiles, como, por ejemplo, el abulón, un molusco cuya concha es extraordinariamente resistente a las roturas, o el pie del lagarto gecko, que es un adhesivo soberbio, controlado voluntariamente (esto es, se trata de un material de propiedades adhesivas reversibles).

---

[65] Los ejemplos que menciono proceden de A. Menéndez Velázquez, *Una revolución en miniatura*, óp. cit.

Como vemos a través de estos pocos ejemplos, en el mundo de la nanotecnociencia participan individuos de muy diferentes procedencias: físicos, químicos e ingenieros de todo tipo, por supuesto; pero también biólogos, médicos, estudiosos del medio ambiente, industriales (de, por ejemplo, la farmacia, de la construcción y del transporte). Un universo perfecto, por consiguiente, para lo interdisciplinar. Más aún, la nanotecnociencia no es realmente posible fuera de la interdisciplinariedad.

Capítulo VI

La matemática, el gran nexo interdisciplinar

"La sociedad de hoy no podría funcionar sin matemáticas. Prácticamente todo lo que hoy nos parece natural, desde la televisión hasta los teléfonos móviles, desde los grandes aviones de pasajeros hasta los sistemas de navegación por satélite en los automóviles, desde los programas de los trenes hasta los escáneres médicos, se basa en ideas y métodos matemáticos".[66]

Ian Stewart (2007)

Muchos son los instrumentos que facilitan las empresas interdisciplinares, pero ninguno más poderoso que la matemática, ese ubicuo y misterioso soporte de nuestros esfuerzos por comprender y describir la naturaleza que ya nos ha aparecido en estas páginas. Para justificar el empleo del término ubicuo no hay más que recordar las

[66] Ian Stewart, *Historia de las matemáticas en los últimos 10.000 años*, óp. cit. cap. 2, p. 8.

famosas palabras que Galileo Galilei escribió en uno de sus libros, *Il Saggiatore (El ensayador*; 1623):[67]

> "La filosofía está escrita en ese grandísimo libro que continuamente está abierto ante nuestros ojos (es decir, en el universo), pero no se puede entender si primero no se aprende a comprender su lengua y a conocer los caracteres en que está escrito. Está escrito en lengua matemática y los caracteres son triángulos, círculos y otras figuras geométricas, sin cuya ayuda es humanamente imposible entender nada; sin éstas es como girar vanamente por un oscuro laberinto".

Y en lo que a "misterioso" se refiere, simplemente citaré otras frases también muy conocidas, éstas de Albert Einstein (1879-1955):[68] "¿Cómo puede ser que la matemática —un producto del pensamiento humano independiente de la experiencia— se adecúe tan admirablemente a los objetos de la realidad?". A pesar de su "intemporalidad", de vivir aparentemente en el mundo platónico de las ideas, la matemática es un instrumento imprescindible para la ciencia en su conjunto. Esto es particularmente claro en el caso de la física (la ciencia que tenían en mente tanto Galileo como Einstein en las anteriores citas), en la que la matemática desempeña un papel central, pero aun así no podemos dejar de sorprendernos de lo bien que funciona la matemática para describir la naturaleza física. El físico de origen húngaro, nacionalizado estadounidense más tarde, premio Nobel de Física por sus contribuciones a la física nuclear y de altas energías a través del descubrimiento y aplicación de principios de simetría, Eugene Wigner (1902-1995) expresó de manera

---

[67] Utilizo la traducción de Víctor Navarro, ed., *Galileo*, óp. cit. en cap. 1, p. 87.

[68] A. Einstein, "Geometría y experiencia" (conferencia que pronunció en la Academia Prusiana de Ciencias el 27 de enero de 1927), reproducida en A. Einstein, *Mis ideas y opiniones* (Bon Ton, Barcelona 2000), pp. 207-219; p. 207.

exquisita esta característica y problema en un ensayo que se convirtió en legendario:[69] "La irrazonable efectividad de la matemática en las ciencias naturales".

Pero el papel que la matemática desempeña en la física es bien conocido, y ya traté algo de él, así que en su lugar, y entre las innumerables formas posibles de sustanciar el valor interdisciplinar de la matemática, me detendré en dos disciplinas diferentes: una ciencia "social", la economía, y las ciencias naturales, con relación a Charles Darwin y al universo científico que desveló.

Matemáticas y economía

Aunque la economía es una "ciencia social", y trataré más adelante, en el último capítulo, desde un punto de vista más amplio, la cuestión de en qué medida las llamadas "ciencias sociales" son ciencias como las de la naturaleza, es obligado ocuparse ahora de ella, por la particular relación que ha mantenido y mantiene con la matemática.

Hoy nos parece evidente que uno de los instrumentos más importantes para la economía es la matemática, pero no siempre fue así. Y por supuesto existen razones, incluso buenas razones, para ello. Pensemos, por ejemplo, en el economista más importante de los dos primeros tercios del siglo XX, John Maynard Keynes (1883-1946), autor de un libro significativamente titulado *Treatise on Probability (Tratado sobre la probabilidad),* pero que apenas aplicó sus

[69] E. P. Wigner, "The unreasonable effectiveness of mathematics in the natural sciences", conferencia dictada en la Universidad de Nueva York en mayo de 1959, y publicada posteriormente en *Comunications in Pure and Applied Mathematics*, vol. 13, n°. 1 (1960); sin embargo, es citada habitualmente en su reimpresión en: E. P. Wigner, *Symmetries and Reflections* (Indiana University Press, Bloomington 1967), pp. 222-237.

conocimientos matemáticos a sus estudios sobre la economía: pensaba que esta última está basada en la acción humana y sujeta a lo que él llamó *animal spirits*, es decir, 'estados de ánimo', acciones mentales inconscientes dominadas por la emotividad que nunca podrían responder a expectativas matemáticas.[70] Al fin y al cabo, no hay que olvidar que la ciencia económica no es una ciencia exacta sino social que, aunque maneje modelos desarrollados en la matemática y la física, no tiene como fin las regularidades de la materia sino el comportamiento humano que puede ser (casi o a veces) irracional o incierto, lo que significa que no permite ofrecer demasiadas certezas, siendo las conclusiones fiables y definitivas más excepción que norma. Los modelos son meras simplificaciones de una realidad en la que los equilibrios, cambios en los comportamientos y estrategias de los agentes económicos son múltiples.

Aunque no sería difícil sacar a colación a Marie-Jean-Antoine Nicolas de Caritat, más conocido como marqués de Condorcet (1743-1794), cuya carrera llegó a un trágico final en el período bautizado como El Terror, que oscurece la memoria de la Revolución Francesa, no recurriré a él, y ello por dos motivos. El primero es porque sus trabajos no se centraron exclusivamente en la economía, sino en un conjunto que englobaba todo "lo social"; de ahí el nombre de sus planteamientos: *mathématique sociale* (matemática social). Además, consistente con su preocupación de buscar regularidades en datos demográficos y económicos, en estadísticas sanitarias, en los juegos de azar o en los juicios de las personas, la matemática que utilizó fue casi exclusivamente la teoría de probabilidades, y no es ésta la parcela que me interesa de la relación en-

[70] Relacionado con esto está el hecho de que Keynes ha influido sobre todo en la macroeconomía, mientras que es en la microeconomía donde se aplican mayoritariamente las técnicas y modelos matemáticos y donde se buscan leyes matemáticas exactas.

tre economía y matemática; es, por decirlo de alguna manera, demasiado trivial.[71]

El primer matemático economista en utilizar el acervo matemático existente en su momento fue un francés que estudió en la École Normal Superieure: Antoine Augustin Cournot (1801-1877). En su libro *Reserches sur les principes mathématiques de la théorie des richesses (Investigaciones sobre los principios matemáticos de la teoría de la riqueza),* publicado en 1838, Cournot utilizó las ideas de funciones y probabilidades por primera vez en economía, derivó las primeras fórmulas sobre demanda, oferta y precio; dibujó las curvas de oferta y demanda, y desarrolló la teoría de la competencia, el monopolio, el duopolio y los beneficios del monopolio. Es conocido como el iniciador del análisis económico moderno.

En justicia, debería incluir a continuación al francés Louis Bachelier (1870-1946), pero por diversas razones, entre las que figuran el tipo de análisis matemático que realizó, que su influencia durante más de medio siglo fue prácticamente despreciable y que quiero relacionarlo con Benoît Mandelbrot, dejaré para más adelante su caso. Por ello, citaré como el siguiente matemático economista de importancia al francés Léon Walras (1834-1910), que estuvo muy influenciado por Cournot, ya que éste fue compañero de escuela de su padre, Auguste Walras, que también fue economista. Joseph Schumpeter (1883-1950), al que influyó mucho Walras, caracterizó la obra de éste de la siguiente manera:[72]

> "Para Walras, el conjunto de la economía teórica se apoya sobre dos únicas condiciones: por una parte, que toda unidad econó-

---

[71] Ver, por ejemplo, Condorcet, *Eléments du calcul des probabilités et son application aux jeux de hasard à la loterie et aux jugements des hommes* (París 1805).

[72] Joseph Schumpeter, *Diez grandes economistas: de Marx a Keynes* (Alianza Editorial, Madrid 1997; edición original en inglés de 1951), pp. 142-143.

mica tiende a maximizar su utilidad, y, por otra, que la demanda de cada bien debe igualar su oferta. Todos sus teoremas se deducen de estos dos supuestos. Puede admitirse que su obra ha sido complementada por algunos economistas, como Edgeworth y Barone, y que otros, como Pareto, la han superado en algunos puntos particulares. Pero su significado permanece intacto. Todo aquel que conozca el mecanismo y los orígenes de las ciencias naturales exactas sabrá también que, en el método y en la esencia, las grandes realizaciones en el campo de éstas son del mismo género que la de Walras. Encontrar formas exactas para los fenómenos cuya interdependencia nos viene dada experimentalmente, reducir unas a otras, derivar tales formas unas de otras: esto es lo que los físicos hacen, y esto es lo que hizo Walras. Pero, además, Walras lo hizo en un campo nuevo de la ciencia en el que no existían los antecedentes de siglos enteros de trabajo. Y lo hizo en poco tiempo, a pesar de las dificultades internas y externas, obteniendo resultados muy favorables. Trabajó, además, sabiendo —o al menos *debería* haberlo sabido— que no podía esperar que los economistas y los matemáticos de su generación reconocieran el mérito de su obra. Recorrió un camino solitario, sin el apoyo moral que suelen tener tanto el hombre práctico como el científico. Su retrato muestra, pues, todas las características que distinguen la mentalidad verdaderamente creadora. Todo esto, en lo que se refiere al *hombre*. *Su obra*, más pronto o más tarde, encontrará el reconocimiento que merece".

En el mismo sentido, Robert Loring Allen, uno de los biógrafos de Schumpeter, señaló:[73] "Como la presentación walrasiana de la economía era matemática, los economistas por regla gene-

[73] Robert Loring Allen, *Joseph Schumpeter* (Edicions Alfons El Magnànim, Valencia 1995; edición original en inglés de 1991), p. 146.

ral la ignoraron. Pocos economistas del último cuarto del siglo XIX comprendían las matemáticas, y tenían problemas con la idea del equilibrio incluso en casos simples, como el del equilibrio de mercado en precios y cantidades. La dificultad del equilibrio general, en su forma literaria o matemática, impidió que la obra de Walras fuera ampliamente conocida".[74]

Afortunadamente, como apuntaba Schumpeter, la obra de Walras —que tampoco se vio favorecida por ser escrita en francés— terminó obteniendo el reconocimiento que merecía, y el modelo que persiguió —intentar hacer de la economía una ciencia exacta en la que la matemática figurase de manera prominente— también encontró el eco, y los seguidores, que debía. Si "recorrió un camino solitario", es porque los que se apartan de la senda tradicional, los que buscan los caminos de lo interdisciplinar, son adelantados a su tiempo y como todos los adelantados sufren de la soledad.

Revisando la edición de la correspondencia de Walras no es difícil encontrar evidencias de la soledad que sentía y la ayuda que necesitaba para la empresa en la que se encontraba empeñado. Así, el 6 de mayo de 1886 escribía a Jean Jacques Émile Cheysson (1836-1910), ingeniero y economista, profesor de Economía Política en la École des Sciences Politiques y de la École des Mines de París:[75] "Creo haber reconocido en la aplicación del método matemático a la economía política pura, además de a las grandes cuestiones de la economía política aplicada y a la economía política

[74] El propio Walras no fue ajeno a estos problemas, los de comprender bien las matemáticas implicadas. Un ejemplo en este sentido es que no fue capaz de entender las cartas que le envió el matemático francés Hermann Laurent (1841-1908), que le preguntaba acerca de la naturaleza del factor de integración en las condiciones de equilibrio de la rentabilidad marginal. Incapaz de entender cuáles eran las objeciones de Laurent, Walras pensó que aquel formaba parte de un complot en su contra.

[75] *Correspondence of Léon Walras and Related Papers*, William Jaffé, ed., vol. II (1884-1897) (North-Holland, Ámsterdam 1965), p. 119.

práctica, un campo de explotación científica muy amplio y muy bello. No me siento con fuerzas para [desarrollarlo] yo solo y desearía que me acompañasen y ayudasen algunos hombre de espíritu lo suficientemente receptivos y fuertes".

Existían dificultades, sí, pero, como escribía el 30 de julio de 1886 al economista y estadístico alemán Wilhelm Lexis (1837-1914), no creía que "esta circunstancia nos impida para nada lograr una teoría exacta, no más que el estado cenagoso o fangoso de ciertas corrientes de agua impide desarrollar una hidráulica, o que la naturaleza compleja de las grasas y de las sustancias proteínicas impide la química".[76]

En lo que se refiere a sus logros, hay que señalar que fue uno de los precursores y líderes de la "revolución marginalista", que incluyó a su sucesor en la cátedra de Economía Política en Lausana, el ingeniero, economista y sociólogo italiano Vilfredo Pareto (1848-1923), además de a William Stanley Jevons (1835-1882) y a Carl Menger (1840-1921), que la desarrollaron de forma independiente ya que no se conocían entre ellos.[77]

Con respecto a la visión que Walras tenía del papel de la matemática en la economía, es instructivo hojear su principal obra, el libro *Éléments d'Économie politique pure ou théorie de la richesse socia-*

---

[76] Ibídem, p. 145.

[77] De forma parecida a lo que sucedió con Walras, Pareto no comprendió siempre las críticas de matemáticos, como las que Vito Volterra —con quien nos volveremos a encontrar en este capítulo— hizo a su trabajo (de todas maneras, Volterra no continuó ocupándose de la matematización de la economía, dejando este campo a otros, uno de ellos el matemático estadounidense Griffith C. Evans, que estudió con Volterra en Roma entre 1910 y 1912; en 1930 Griffith publicó una *Mathematical Introduction to Economics*). Sobre estos puntos, véase P. Mirowski, *More Heat than Light* (Cambridge University Press, Cambridge 1989), B. Ingrao y G. Israel, *The Invisible Hand: Economic Theory on the History of Science* (MIT Press, Cambridge, Massachusetts 1990) y E. Roy Weintraub, *How Economics Became a Mathematical Science* (Duke University Press, Durham 2002).

le (Elementos de Economía política pura o teoría de la riqueza social', 1874), en el que presentó de manera precisa su teoría del equilibrio general (desarrollada posteriormente por los premios Nobel de Economía Maurice Allais, Kenneth Arrow y Gerard Debreu) y el enfoque de la utilidad marginal. Ya en la segunda página de esta obra se lee: "[Este libro] contiene una solución matemática al problema de la determinación de los precios corrientes, así como una fórmula científica para la ley de la oferta y la demanda, en el caso del intercambio de un número arbitrario de mercancías entre ellas".[78] Y más adelante:[79]

> "El valor de cambio es, por consiguiente, una magnitud y, como se ve actualmente, una magnitud apreciable. Y si las matemáticas tienen por objeto, en general, la medida de magnitudes de este género, es seguro que existe una rama de las matemáticas, olvidada hasta el momento por los matemáticos, y todavía no elaborada, que es la teoría del valor de cambio.
>
> No digo, lo sabemos suficientemente, que esta ciencia constituya toda la economía política. Las fuerzas, las velocidades son, también ellas, magnitudes apreciables, y la teoría matemática de las fuerzas y de las velocidades no es toda la mecánica. Es siempre cierto que esta mecánica pura debe preceder a la mecánica aplicada. De manera análoga, existe una *economía política pura* que debe preceder a la economía política aplicada, y esta economía política pura es una ciencia físico-matemática. Esta afirmación es nueva y parecerá singular; pero acabo de demostrarla, y la demostraré aún mejor en lo que sigue".

[78] *Éléments d'Économie politique pure ou théorie de la richesse sociale* (Imprimerie L. Corbaz, éditeurs, Lausana 1874), p. vi.

[79] Ibídem, p. 31.

La matemática era, clamaba Walras, como pregonero de un tiempo que ya estaba llegando, el lenguaje de la economía:[80]

> "En cuanto al lenguaje, ¿por qué obstinarse en expresar muy penosamente y muy incorrectamente, como a menudo lo hizo Ricardo, como lo hace a cada instante John Stuart Mill en sus *Principios de Economía política*, en los que se sirve de la lengua habitual, cosas que, en el lenguaje de las matemáticas, pueden enunciarse con muchas menos palabras, de una manera mucho más exacta y mucho más clara?".

Otro nombre destacado a la hora de hablar de los inicios de la "economía matemática" fue el del matemático y economista inglés Alfred Marshall (1842-1924), fundador de la "economía neoclásica". Me interesa resaltar que su tratado *Principles of Economics* (1890), el libro más difundido de economía durante décadas, muestra una clara influencia del libro *Philosophiae Naturalis Principia Mathematica* (1687) de Isaac Newton. Independientemente de otras razones, hay que tener en cuenta que cuando Marshall estudió en Cambridge, en el sistema educativo —el Mathematical Tripos— ejercía un peso importante el estudio de los *Principia* (no era infrecuente encontrarse en los exámenes con preguntas del tipo de "Demuéstrese X según la proposición Y de los *Principia*"). Inicialmente, en los trabajos de Marshall dominó la presentación "geométrica" ("axiomática", podríamos decir también), algo que también favorecía el que otro texto de estudio obligado fuese los *Elementos* de Euclides), pero posteriormente ésta dejó su lugar a una más acorde con las obras de Cournot y de Walras, en donde la física y los procesos físicos habían ganado influencia en la economía a tra-

[80] Ibídem, p. 33.

vés de la búsqueda de "fuerzas" que se insertasen en los principios dinámico-geométricos.

En resumen, hasta finales del siglo XIX la mayor parte de los principales economistas de esa época, como fueron Léon Walras, Vilfredo Pareto, Alfred Marshall, Francis Edgeworth (1845-1926) e Irving Fisher (1867-1947), empleaban modelos matemáticos específicos del comportamiento económico asociados a rigurosos modelos basados en procesos físicos de mecánica racional.

John von Neumann y la economía

Economistas como los anteriores se esforzaron por introducir la matemática en la economía; por hacer de ésta una ciencia exacta, matemática, pero sus habilidades matemáticas eran limitadas. Muy diferente es el caso del hombre en el que me voy a detener ahora: John von Neumann (1903-1957), coautor, junto a Oskar Morgenstern (1902-1977), de un libro pionero publicado en 1944; un libro que pertenece al reducido y exclusivo grupo de los clásicos, en este caso, tanto de la economía como de la matemática: *Theory of Games and Economic Behavior (Teoría de juegos y comportamiento económico)*.[81] El hecho de que este libro fuese producto de la colaboración entre un matemático (Von Neumann) y un economista (Morgenstern) ilustra el valor de la interdisciplinariedad, aunque es obligado destacar el papel predominante en este tipo de enfoque de John von

[81] Este libro tuvo una importante repercusión en el mundo académico de la teoría económica, especialmente a través de la obra desarrollada por el estadounidense de origen ruso Leonid Hurwicz (1917-2008), premio Nobel de Economía en 2007 por su modelización matemática de la decisión colectiva; por el también estadounidense, pero de origen ucranio, Jacob Marschack (1898-1977), uno de los pioneros de la econometría moderna, y por el economista estadístico y premio Nobel de 1984, el inglés Richard Stone (1913-1991), creador de la contabilidad nacional.

Neumann, uno de los gigantes de la ciencia del siglo XX. "Incluso en la presente edad de la especialización", escribieron Herman Goldstine y Eugene Wigner en el obituario que le dedicaron, "pocas personas han contribuido de forma más significativa a varias ramas de la ciencia, y en todas dejado una huella permanente en los anales de la historia de la ciencia. John von Neumann realizó contribuciones fundamentales a la matemática, física y economía. Más aún, sus contribuciones no son disgregados y separados apuntes en estos campos, sino que surgen de un punto de vista común. La matemática fue siempre la que estuvo más cerca de su corazón y fue a esta ciencia a la que contribuyó de manera más fundamental".[82]

¡Y vaya si dejó huellas permanentes en sus 54 años de vida! En matemáticas básicas trabajó en las teorías de conjuntos, de la medida y ergódica, en espacios funcionales y en axiomática; también lo hizo en matemática aplicada y en física matemática, ámbitos éstos en los que destacan sus aportaciones a los fundamentos de la mecánica cuántica, dominio en el que produjo un libro fundamental, *Mathematische Grundlagen der Quantemechanik (Fundamentos matemáticos de la mecánica cuántica*; 1932), a la hidrodinámica, aerodinámica, astrofísica relativista, balística, meteorología y teoría de ordenadores. En este último campo, uno de los que han terminado influyendo poderosamente en la configuración de nuestra civilización actual, no se limitó a la teoría, siendo sus iniciativas y contribuciones fundamentales para la construcción de una de las primeras grandes computadoras, la que se realizó en el Instituto de Estudio Avanzado de Princeton, donde era profesor, conocida como Johnniac, que entró en funcionamiento en 1952.

---

[82] H. H. Goldstine y E. P. Wigner, "The scientific work of John von Neumann", *Science,* vol. 125, pp. 683-684 (1957), reproducido en *The Collected Papers of Eugene Paul Wigner,* vol. VII ("Historical and biographical reflections and syntheses"), Parte B, Jagdish Mehra, ed. (Springer- Verlag, Berlín 2001), pp. 123-126; cita en p. 123.

Uno de los problemas de los que se ocupó Von Neumann fue el de la organización lógica de las computadoras, un trabajo que le llevó, a su vez, a cuestiones relativas a las analogías existentes entre ordenadores y cerebro humano, tema al que dedicó sus últimos esfuerzos, ya en el umbral de la muerte: las conferencias Silliman de la Universidad de Yale, que no pudo llegar a pronunciar aunque sí dejó preparado su manuscrito, publicado después de su fallecimiento con el título de *The Computer and the Brain* (*El ordenador y el cerebro*; 1958). También póstumo es otro libro, *Theory of Self-Reproducing Automata* (*Teoría de los autómatas que se reproducen a sí mismos*; 1966, editado y completado por A. W. Burks), en el que intentaba utilizar el conocimiento del sistema nervioso humano para elaborar una teoría cibernética general que produjese una tecnología de computadoras cada vez más potente.

Como vemos, contribuciones realizadas todas desde la matemática, pero auténticamente interdisciplinares, lo mismo que el libro que escribió con Morgenstern, *Theory of Games and Economic Behavior*. "No existe ninguna razón fundamental", escribían en el primer capítulo de esta obra ("Formulación del problema económico") Von Neumann y Morgenstern,[83] "por la que las matemáticas no debieran ser utilizadas en la economía. Los argumentos que se oyen a menudo de que las matemáticas no se podrán aplicar a la economía debido al elemento humano, o a factores psicológicos, etc., o porque no existen —supuestamente— medidas de factores importantes, se deben descartar como completamente equivocados. Casi todas estas objeciones se han hecho, o podrían haber sido hechas, hace muchos siglos en otros campos en los que las matemáticas son ahora el principal instrumento de análisis. Con el

[83] John von Neumann y Oskar Morgenstern, *Theory of Games and Economic Behavior* (Princeton University Press, Princeton 1944). Cito de la tercera edición (1953), p. 3.

'podrían haber sido hechas' empleado queremos decir lo siguiente: intentemos imaginarnos a nosotros mismos en el período que precedió a la fase matemática, o casi matemática, del desarrollo de la física, esto es, el siglo XVI, o en los correspondientes casos de la química o la biología, esto es, el siglo XVIII. Dando por sentado la actitud escéptica de aquellos que objetan en principio a la economía matemática, las perspectivas de las ciencias físicas y biológicas en aquellos períodos tempranos difícilmente podrían haber sido mejores que aquélla en que se encuentra la economía *—mutatis mutandis—* actualmente".

Y sus argumentos no se detenían en este punto. También destacaban los efectos positivos que podía producir, por un lado, la aplicación de la matemática a la economía, así como el recíproco, la búsqueda de construcciones matemáticas que describieran fenómenos económicos; era presumible, por consiguiente, que la matemática también se beneficiaría de su relación con la economía.

Refiriéndose al primer apartado, escribían:[84] "Con respecto a la falta de medidas de los factores más importantes, el ejemplo de la teoría del calor es muy instructivo; antes del desarrollo de la teoría matemática, las posibilidades de mediciones cuantitativas eran menos favorables de lo que son ahora en economía. Las medidas precisas de la cantidad y calidad de calor (energía y temperatura) fueron el resultado y no el antecedente de la teoría matemática. Esto se debe contrastar con el hecho de que las nociones cuantitativas y exactas de precios, dinero y cambio de interés se habían desarrollado hacía ya muchos siglos".

Y con relación al segundo (ya nos apareció parte de él en otro capítulo):[85]

[84] Ibídem.
[85] Ibídem, pp. 5-6.

"La fase decisiva de la aplicación de las matemáticas a la física —la creación por parte de Newton de una disciplina racional de la mecánica— dio origen al, y difícilmente puede ser separada del, descubrimiento del cálculo infinitesimal. (Existen otros ejemplos, pero ninguno tan importante como éste).

La importancia de los fenómenos sociales, la riqueza y multiplicidad de sus manifestaciones, y la complejidad de sus estructuras son como poco iguales a las de la física. Se debe, por consiguiente, esperar —o temer— que se necesitarán descubrimientos matemáticos de una altura comparable a la del cálculo para llegar a logros comparables en este campo [...]. *A fortiori* es poco probable que una mera repetición de los trucos que nos sirvieron tan bien en la física valgan también para los fenómenos sociales. De hecho, la probabilidad es muy pequeña ya que se demostrará que encontramos en nuestras discusiones algunos problemas matemáticos que son muy diferentes de los que aparecen en la ciencia física".

Con el libro de Von Neumann y Morgenstern se dio un impulso decisivo a la teoría de juegos (cooperativos), formalmente creada por el propio Von Neumann en un artículo que publicó en 1928, en el que había desarrollado el concepto de estrategia independiente.[86] Como señaló Leonid Hurwicz en una reseña de *Theory of Games and Economic Behavior* que publicó en 1945:[87] "Cometeríamos una injusticia con los autores si dijéramos que su libro es únicamente una aportación a la economía. El ámbito del libro es mucho más extenso. Las técnicas que aplican los autores al tratar problemas económicos son lo suficientemente generales como para ser válidas en

[86] John von Neumann, "Zur Theorie der Gesellschafspiele", *Mathematische Annalen,* vol. 100, pp. 295-320 (1928).

[87] Leonid Hurwicz, *The American Economic Review,* vol. 35, pp. 909-925 (diciembre de 1945).

ciencia política, sociología e incluso en estrategia militar. La aplicabilidad a los propios juegos (ajedrez y póquer) es evidente a partir de su título".

La teoría de juegos no cooperativos: John Nash

La teoría de juegos cooperativos de la que tanto uso habían hecho Von Neumann y Morgenstern fue extendida a los más reales juegos no cooperativos —en la vida real los participantes en "juegos" con mucha frecuencia tratan de obtener posiciones que les den ventajas; no cooperan con otros— por el matemático John Nash (n. 1928) en su tesis doctoral de 1950.[88] En 1994, Nash —famoso en la actualidad por el libro y película basados en su dramática historia, *Una mente maravillosa*— recibió el premio Nobel de Economía, compartido con John Harsanyi y Reinhard Selten "por sus análisis pioneros del equilibrio en la teoría de juegos no cooperativos".[89]

---

[88] John Nash, *Non-cooperative games*, Ph. D. Tesis, Princeton University (mayo de 1950). Reproducida en edición facsímil en *The Essential John Nash*, Harold W. Kuhn y Sylvia Nasar, eds. (Princeton University Press, Princeton 2002), pp. 53-84. Esta tesis dio origen a dos artículos: "Equilibrium points in *n*-person games", *Proceedings of the National Academy of Sciences*, vol. 36, pp. 48-49 (1950), y "Non-cooperative games", *Annals of Mathematics*, vol. 54, pp. 286-295 (1951), que también se producen en *The Essential John Nash*.

[89] La teoría de juegos también ha sido objeto de otros premios Nobel de Economía. Los dos premios Nobel de 2005, el alemán Robert Aumann (n. 1930) y el americano Thomas Schelling (n. 1921), fueron premiados, el primero por su teoría sobre cómo a través de "juegos repetidos" puede mejorarse la cooperación entre partes con intereses en conflicto, explicando enfrentamientos tales como las guerras de precios o de comercio internacional, y el segundo por sus análisis sobre cómo la "coordinación estratégica" puede resolver conflictos y evitar guerras entre países. También han sido premiados por sus aportaciones a la teoría de los juegos los tres premios Nobel de 2007: Leonid Hurwicz, pionero en proponer que las instituciones deben ser concebidas como sistemas de información en las que los agentes envían mensajes que, reunidos, determinan la asignación de los recursos disponibles, así como por la noción de "compatibilidad de incentivos" en el "diseño de mecanismos"; Eric Maskin (n. 1950), que desarrolló la teoría de la aplicación *(implementation theory)* dentro de la teoría del diseño de meca-

La mención de John Nash me sirve para ensalzar un punto que favorece los enfoques interdisciplinares: el de intentar lograr una formación especializada en la que no estén ausentes otros conocimientos. En la sucinta biografía que preparó con ocasión de la concesión del premio Nobel, Nash mencionó que "mientras estaba en Carnegie [donde estudió; ahora es la Carnegie Mellon University] seguí un curso optativo de Economía internacional y, como resultado de verme expuesto a ideas y problemas económicos, llegué a la idea que condujo a mi artículo 'The bargaining problem' ['El problema de la negociación'] que se publicó más tarde en *Econometria*. Y fue esta idea, a su vez, la que, cuando era un estudiante graduado en Princeton, me llevó a interesarme en la teoría de juegos que había sido estimulada por el trabajo de Von Neumann y Morgenstern".[90]

Economía y movimiento browniano: Louis Bachelier

Entre los fenómenos de los que se ocupa la economía, abundan los que experimentan variaciones rápidas y aparentemente impredecibles. Que a pesar de tales características es posible encontrar patrones matemáticos subyacentes que rigen su comportamiento es algo que demostró un matemático francés, Louis Bachelier, en la tesis doctoral que defendió en 1900, en la que estudiaba la matemática de los movimientos especulativos, en particular el comercio de bonos en la Bolsa de Pa-

nismos que resuelve los problemas potenciales de coexistencia de equilibrios inferiores respecto a los deseados; y Roger Myerson (n. 1951), que estableció la idea del "principio de revelación" y aplicó la teoría del diseño de mecanismos a los juegos con información incompleta, en los que los jugadores no conocen sus objetivos, acciones y costes, con lo que se han podido comprender mejor las subastas óptimas.

[90] *The Essential John Nash*, óp. cit. p. 8.

rís: *Théorie de la spéculation (Teoría de la especulación).* "Las influencias que determinan el movimiento de la Bolsa son innumerables", comenzaba su exposición, "sucesos pasados, actuales o incluso descontables no presentan a menudo ninguna relación aparente con sus variaciones, aunque es seguro que repercuten sobre su curso".[91] Para aquellos familiarizados con el movimiento browniano —el fenómeno descubierto por el botánico Robert Brown (1773-1858), quien con la ayuda de un microscopio observó en 1827 que partículas de polen de la planta *Clarkia pulchella*, en suspensión en un fluido en reposo, se movían de manera errática— la anterior caracterización de Bachelier les hará pensar inmediatamente en un tipo de movimiento browniano, y, efectivamente, en la literatura económica se le consideró como el pionero en los estudios acerca de la presencia de movimientos estocásticos (o aleatorios) y brownianos en economía. Incluso se ha llegado a afirmar que "la tesis de Bachelier contiene, y de tres maneras diferentes, la primera teoría matemática del movimiento browniano (cinco años antes que Einstein)".[92] La referencia a Albert Einstein es debida a que fue este físico quien, en 1905, explicó el porqué del movimiento browniano: aunque en reposo, el fluido está compuesto en realidad por un número enorme de moléculas que se mueven en todas direcciones chocando entre sí; y es debido a los impulsos que reciben cuando esas moléculas chocan contra las partículas en suspensión que éstas se mueven como observó Brown.[93] Por su parte, en el artículo de Einstein tampoco aparece mención alguna de Bachelier.

---

[91] Louis Bachelier, "Théorie de la spéculation", *Annales Scientifiques de l'École Normale Supérieure*, vol. 17, pp. 21-86 (1900); p. 21.

[92] L. Carraro y P. Crépel, "Louis Bachelier, 11 mars 1870-28 avril 1946", *Images des Mathématiques*, pp. 48-49 (CNRS 2006); p. 48.

[93] Albert Einstein, "Über die von der molekularkinetischen Theorie der Wärme geforderte Bewegung von in ruhenden Flüssigkeiten suspendierten Teilchen", *Annalen der Physik*, vol. 17, pp. 549-560 (1905).

El tribunal que juzgó la tesis de Bachelier lo formaban un trío distinguido de científicos: Paul Appel, Joseph Boussinesq y el gran Henri Poincaré. Se sabe que realizaron comentarios favorables sobre el contenido del trabajo, pero no debieron de mostrarse excesivamente entusiasmados en la medida en que no le dieron la máxima calificación, *très honorable*, sino *honorable*, con la consecuencia de que, aunque continuó publicando, su carrera posterior no fue demasiado distinguida: fue "profesor libre" en la Sorbona entre 1909 y 1914 (recibiendo un salario sólo a partir de 1913), y después de la guerra profesor ayudante en Besançon (1919-1922), Dijon (1922-1925), profesor adjunto en Rennes (1925-1927) y finalmente profesor en Besançon, donde se jubiló en 1937. Su tesis, eso sí, se publicó en una revista importante: los *Annales Scientifiques de l'École Normale Supérieure*, pero su influencia en la economía tardó en manifestarse con la intensidad que merecía. Como señaló Paul Cootner en la recopilación de trabajos sobre el carácter aleatorio del mercado de valores que publicó en 1964, en la que incluyó una traducción al inglés de la tesis de Bachelier: "Louis Bachelier se adelantó a estos estudios hace sesenta años, pero su trabajo [...] aparece como un suceso aislado".[94]

Posiblemente quien más se distinguió en recuperar la memoria de los trabajos y enfoques de Bachelier fue un polifacético matemático de origen polaco, Benoît Mandelbrot (1924-2010), que vivió durante bastantes años en Francia. "El devenir de la historia a lo largo del siglo XX iba a ser mucho más amable con él que sus contemporáneos", escribió en uno de sus libros, "su tesis puso los cimientos de la teoría financiera y, con mucha más generalidad, de todas las formas de cambio probabilístico en el tiempo continuo. Formuló

[94] Paul H. Cootner, "Origins and justification of the random walk theory. Introduction", en *The Random Character of Stock Market Prices*, Paul H. Cootner, ed. (Risk Publications, Londres 1964), pp. 1-6; cita en p. 1.

las cuestiones básicas sobre el movimiento de los precios y propuso soluciones preliminares para algunas. Murió en el anonimato y tuvo que pasar más de medio siglo para que su tesis fuera redescubierta y traducida al inglés. Sobre sus ideas, los economistas construyeron una teoría abarcadora y elaborada de los mercados, la inversión y las finanzas: cómo varían los precios, cómo piensan los inversores, cómo administrar el dinero y cómo definir el riesgo, el alma inquieta de los mercados".[95]

Una pregunta, tan inevitable como típica, es por qué tardó en ser reconocida la contribución de Bachelier a la economía matemática. Seguramente la respuesta más segura —aunque sea simple— es que el tiempo no estaba aún preparado para trabajos como el suyo. Cuando iba a despuntar el siglo XX, la idea de que los movimientos económicos podían ser sujeto de análisis tan precisos como los de Bachelier era poco creíble. Desde la perspectiva del tema del presente libro, habría que decir que, tras las épocas "ilustradas" a las que me referí en capítulos anteriores, la interdisciplinariedad tardó en volver a manifestarse. Hubo que esperar, como estoy tratando de argumentar a lo largo de estas páginas, a las últimas décadas del siglo XX para que comenzase a florecer de nuevo, esta vez, además, de una manera más completa, rigurosa y fértil. Por entonces, asimismo, la matemática no era ya un visitante ocasional de la economía.

Benoît Mandelbrot, fractales y economía

Mi último ejemplo de la relación de la matemática con la economía tiene como protagonista al defensor de Bachelier con el que acaba-

[95] Benoît Mandelbrot y Richard L. Hudson, *Fractales y finanzas* (Tusquets, Barcelona 2010; edición original en inglés de 2008), p. 67.

mos de encontrarnos, Benoît Mandelbrot, recordado especialmente por sus trabajos en un tipo de objeto matemático cuyos orígenes se remontan al siglo XIX, a la década de 1870 cuando se descubrió (Bernhard Riemann y Karl Weierstrass) que existían funciones que aunque eran continuas no poseían derivadas en ningún punto. Aunque la posibilidad de semejantes funciones no pasó desapercibida, se pensó que se trataba de entes aberrantes, lejos de cualquier realidad. Que no era éste el caso es algo de lo que se dio cuenta un físico francés, Jean Perrin (1870-1942), entre cuyos temas de investigación se encontraba, precisamente, el movimiento browniano. Así, en un artículo que publicó en 1909 se lee:[96] "No se puede establecer ninguna tangente en ningún punto de la trayectoria, ni siquiera de manera aproximada. Este es uno de los casos en que no podemos dejar de pensar en esas funciones continuas que no admiten derivadas, a las que se consideraba hasta hace poco como simples curiosidades matemáticas, ya que puede que la naturaleza las produzca lo mismo que a las funciones con derivadas". Que eran más que meras "curiosidades matemáticas" es lo que demostró Mandelbrot.

"La obra de mi vida", manifestó el propio Mandelbrot en unas frases que parecen todo un manifiesto en pro de la interdisciplinariedad, "ha sido desarrollar una nueva herramienta matemática para incluir en el exiguo equipo de supervivencia del hombre. La llamo geometría fractal y multifractal. Es el estudio de la escabrosidad, de lo irregular y tortuoso. Acuñé su denominación en 1973. Fractal deriva de *fractus*, participio pasado de *frangere*, 'romper', como me recordó uno de los diccionarios de latín de mis hijos. La misma raíz pervive en muchas palabras comunes, incluidas *fracción* y *fragmen-*

[96] Jean Perrin, "Mouvement brownien et réalité moléculaire", *Annales de Chime et Physique*, vol. 18, 1-114 (1909); reproducido en *Oeuvres scientifiques de Jean Perrin* (Centre National de la Recherche Scientifique, París 1950), pp. 171-239; cita en p. 186 de esta referencia.

to. Concebí estas ideas a lo largo de varias décadas de vagabundeos intelectuales, reuniendo muchos artefactos y asuntos perdidos, olvidados, subexplorados y en apariencia inconexos del pasado matemático, extendiéndolos en todas direcciones y creando un cuerpo de conocimiento matemático nuevo y coherente".[97]

Mandelbrot se dio cuenta de que los fractales, esas curvas aparentemente monstruosas, irregulares, cuya estructura se repite a diferentes escalas, abundan, efectivamente, en la naturaleza. De forma parecida (pero no igual) a lo que sucede en el movimiento browniano, la geometría de fenómenos como, por ejemplo, el contorno de una costa, la distribución de estrellas en el universo y la estructura de nubes de gases interestelares, la turbulencia o la forma de un árbol, es fractal.[98] En palabras del propio Mandelbrot:[99]

> "La geometría fractal se contempla hoy como 'natural', y se emplea para un conjunto improbablemente diverso de tareas: comprimir imágenes digitales en Internet, medir fracturas metálicas, analizar ondas cerebrales en un electroencefalograma, diseñar antenas de radio miniaturizadas, fabricar mejores cables ópticos o estudiar la anatomía de los bronquios. Los métodos de la geometría fractal se han convertido en parte del utillaje de la dinámica de fluidos, la hidrología y la meteorología. Su potencia procede de su capacidad única para expresar gran cantidad de datos complejos e irregulares en unas cuantas fórmulas simples".

---

[97] B. Mandelbrot y R. L. Hudson, *Fractales y finanzas*, óp. cit., p. 132.

[98] El ejemplo del contorno de una costa fue objeto de uno de los artículos más celebrados de Mandelbrot: "How long is the coast of Britain? Statistical self-similarity and fraccional dimension?", *Science*, vol. 156, pp. 636-638 (1967).

[99] B. Mandelbrot y R. L. Hudson, *Fractales y finanzas*, óp. cit., p. 132.

También, y por ello me ocupo de ellos en esta sección, en los movimientos del mercado de valores, lo que quiere decir que también aparecen en la economía. El propio Mandelbrot se dio perfecta cuenta de la utilidad de los fractales en economía, y dedicó grandes esfuerzos a este campo, incluyendo la escritura de un libro (en colaboración con Richard Hudson, que fue director de la edición europea del *Wall Street Journal*): *Fractales y finanzas* (2008), en el que, como vimos, no olvidaba detenerse en Bachelier, que sin duda influyó, poco o mucho, en su obra, tanto por el tema del que éste se ocupó, la representación matemática de fenómenos económicos, como por el tipo de funciones que también aparecían en su tesis, curvas similares a las del movimiento browniano, a su vez emparentadas con los fractales. Casi al principio de esta obra, Mandelbrot argumentaba que los viejos modelos matemáticos ya no servían, que había que sustituirlos por otros:[100]

> "Durante más de un siglo, financieros y economistas han tratado de analizar el riesgo en los mercados de capitales, explicarlo, cuantificarlo y, en última instancia, sacarle partido. Creo que la mayoría de especialistas se ha adentrado por una vía equivocada. Las posibilidades de ruina financiera en una economía de mercado global y libre han sido enormemente subestimadas. En este sentido, el hombre de la calle es sabio al presumir que los mercados son arriesgados (sobre todo, tras el catastrófico final de la burbuja de Internet). Pero los teóricos de la economía no son tan sabios. A lo largo del siglo XX concibieron un intrincado aparato matemático para evaluar el riesgo, que fue adoptado de manera indiscriminada por Wall Street en la década de los setenta. Los afines a Merrill Lynch, Golman Sachs y Morgan Stanley lo incluyeron en complejas estrategias comerciales. Intentaron sintonizar las carteras de inversión a las distin-

[100] B. Mandelbrot y R. L. Hudson, *Fractales y finanzas*, óp. cit., pp. 28-29.

tas frecuencias de riesgo y recompensa, como si de sintonizar una radio se tratara. Pero los bandazos financieros de las décadas de los ochenta y noventa han obligado a reconsiderar este aparato matemático, tanto a financieros como a economistas. El lunes negro de 1987, la crisis económica asiática de 1997, el verano de 1998 en Rusia y el mercado bajista de 2001 a 2003 han obligado a muchos a darse cuenta de que algo anda mal [...]. Una mejor evaluación del riesgo y una mayor comprensión de cómo se conducen los mercados en función del mismo constituyen la meta de buena parte de mi trabajo".

Y para evaluar mejor el riesgo, los fractales resultan muy útiles. De hecho, consideraciones económicas desempeñaron un cierto papel en la génesis de la idea de fractal, como explicó el propio Mandelbrot en una entrevista publicada en 1997. Ante la pregunta de "¿cómo apareció la noción de fractal y cómo se desarrolló?", Mandelbrot contestó entonces:[101]

"La noción de fractal apareció de manera muy gradual en mi trabajo, pero el examen del curso de la Bolsa fue determinante: fue allí donde todo comenzó. A comienzo de los años sesenta, estaba preparándome para dar una conferencia a los economistas de Harvard. En la mesa del colega [Hendrik Houthakker, profesor de Economía] que me había invitado, vi un diagrama que yo mismo iba a utilizar para ilustrar mi conferencia. Pregunté y averigüé que el diagrama de mi colega trataba del precio del algodón. Demostraba que las grandes variaciones del precio del algodón no eran independientes estadísticamente. Yo había pensado siempre que allí donde existe una similitud geométrica, debe haber una relación más profunda y quise co-

[101] "L'application des fractales à la finance. Entretien avec M. Benoît Mandelbrot", *Pour la Science,* vol. 234, pp. 10-12 (abril de 1997), p. 10.

> nocer mejor el problema. Mi colega me hizo saber que, desde hacía décadas, los economistas se quejaban, por una parte, de la insuficiencia de sus datos y, por otra, de la debilidad de sus herramientas estadísticas. En la actualidad, añadió, los datos empiezan a ser abundantes, en particular para los productos agrícolas y para los metales, y es posible comprobar fácilmente cualquier instrumento estadístico gracias a los ordenadores. Él mismo había aplicado las diferentes técnicas estadísticas disponibles a los precios del algodón. Pero en su opinión, esto no conducía a ninguna parte. Enseguida le pregunté si podía utilizar el material que él había reunido. Me lo llevé al centro de investigación de IBM donde yo trabajaba, para realizar varias pruebas. Mis pruebas eran muy diferentes de las suyas, porque tras hablar con él y con otros había concluido que una parte de la solución al problema residía en las nociones de 'autosimilitud' y de 'autoafinidad', que yo utilizaría diez años más tarde para definir los fractales".

Nos encontramos aquí, en definitiva, con un nuevo ejemplo de los beneficios que puede ofrecer la interdisciplinariedad, la reunión de disciplinas, en este caso la economía y la matemática. Y vemos cómo, al contrario de lo que se supone y sucede habitualmente, fue la economía la que ayudó en el desarrollo de un nuevo útil matemático, los fractales.

La propia vida y carrera de Mandelbrot constituye un ejemplo de interdisciplinariedad. Nacido en Polonia, vivió en Varsovia hasta que se trasladó a Francia con su familia en 1936, previendo los riesgos que la Alemania nazi implicaba para los judíos. Durante parte de la Segunda Guerra Mundial tuvo que vivir escondido para evitar ser capturado por los alemanes, que suponían (erróneamente) que había participado en un atentado llevado a cabo por la Resistencia. Finalizada la contienda, estudió Matemáticas en la École Polytechnique (París) entre 1945 y 1947, año en el que se trasladó al California Institute of Technology, donde en 1949 obtuvo un título (máster) en Aeronáutica. De vuelta a Francia, se doctoró en Matemáticas por la Sorbona en 1952. Miembro del CNRS (Centre National de la Recherche Scientifique) durante algunos años, pasó el curso 1953-1954 en el Institute for Advanced Study de Princeton; apoyado por John von Neumann, enseñó en la Universidad de Ginebra entre 1955 y 1957 (allí colaboró durante un tiempo con el psicólogo Jean Piaget), pasando a continuación, como profesor de Matemáticas aplicadas a la Universidad de Lille (también enseñó Análisis matemático en la École Polytechnique). Sin embargo, en lugar de continuar con una carrera académica tradicional, en 1958 comenzó a trabajar en el Centro de Investigación Thomas J. Watson que IBM tenía en Nueva York, permaneciendo allí los siguientes 35 años. Al jubilarse en 1993, continuó trabajando en la Universidad de Yale, finalmente como Sterling Professor Emeritus de Ciencias Matemáticas.

La pregunta que quiero plantear ahora es la de si, de alguna manera, es posible establecer alguna conexión entre la compleja biografía de Mandelbrot y sus contribuciones científicas. Se trata de una variante de la clásica cuestión de en qué medida el medio en el que nos desenvolvemos condiciona nuestras acciones y contribuciones, y es obvio el porqué es relevante en un estudio acerca de la interdisciplinariedad: si una vida "tan interdisciplinar" como la de Mandelbrot influyó positivamente en sus muy distinguidas e innovadoras aportaciones, entonces el suyo puede ser un modelo a imitar.

El propio Mandelbrot ha respondido positivamente a la pregunta anterior en el libro ya citado *Fractales y finanzas*:[102]

> "Mi vida ha sido un estudio del riesgo. Adquirí información de primera mano sobre él en la brutal escuela que fue la Segunda Guerra Mundial, en calidad de refugiado polaco escondido en la campiña

[102] B. Mandelbrot y R. L. Hudson, *Fractales y finanzas*, óp. cit., p. 29.

francesa con una identidad prestada y cartillas de racionamiento retocadas, haciéndome pasar (con poco éxito) por un simple chico del campo en una tierra ocupada. Lo afronté en mi carrera al rechazar la seguridad del mundo académico francés por los vagabundeos intelectuales de un científico industrial en una América con menos cortapisas. Como científico, toda mi investigación ha oscilado de una manera u otra entre los dos polos de la experiencia humana: los sistemas deterministas de orden y planificación, y los sistemas estocásticos, o azarosos, de irregularidad e impredecibilidad. Mi contribución clave fue descubrir una nueva rama de la matemática que percibe el orden oculto en lo aparentemente desordenado, el plan en lo no planificado, la regularidad en la irregularidad y la escabrosidad de la naturaleza. Esta matemática, llamada geometría fractal, tiene mucho que decir en las ciencias naturales, pues ha ayudado a modelar el tiempo meteorológico, a estudiar los cursos fluviales, a analizar las ondas cerebrales y los temblores de la tierra, y a comprender la distribución de las galaxias. En la década de los ochenta fue adoptada de inmediato como una herramienta matemática esencial por la teoría del caos, el estudio del orden en el caos aparente de un remolino o un huracán. Hoy se emplea de manera habitual en el dominio de las estructuras artificiales, para medir el tráfico en Internet, comprimir ficheros informáticos y hacer películas. Fue el aparato matemático empleado en la animación por ordenador de la película *Star Trek II: la ira de Khan*".

La interdisciplinariedad, una meta difícil de alcanzar

Antes de continuar, y llegar al ejemplo prometido de las ciencias naturales, quiero aprovechar el punto que acabo de tocar —el de la conveniencia de formarse en diferentes disciplinas para así poder navegar con mayor facilidad por los inmensos océanos interdisciplinares— para señalar que la empresa no es sencilla, estando plagada de numerosos obstáculos (ya aludí a algunas de las dificultades que, por ejemplo, Walras encontró para comprender las matemáticas que necesitaba). No se trata, por desgracia, únicamente de complicaciones que nacen de la necesidad de adentrarse en tradiciones y saberes profesionales diferentes a aquéllos en los que uno se está formando, o se ha formado ya, sino de obstáculos de, podríamos decir, tipo institucional o gremial.

Para ilustrar este punto me referiré al caso de la geofísica, otra de las ciencias mestizas de las que tanto hemos aprendido a lo largo de, al menos, los últimos setenta años. Sin ella, simplemente, no habríamos sido capaces de comprender realmente la estructura y dinámica de la Tierra, el planeta en el que vivimos.

Veamos, en este sentido, lo que, recordando sus estudios universitarios en la Universidad de Toronto, manifestó Lawrence Morley (n. 1920), quien realizó importantes contribuciones al paleomagnetismo, dominio vital para el establecimiento de la teoría de la tectónica de placas, una de las grandes revoluciones científicas del siglo XX, aunque no sea tan conocida ni mencionada como la relatividad, la física cuántica o la biología molecular.

Morley comenzó a estudiar Matemáticas y Física en 1938, pero pronto —en su segundo año— pasó a cursar física y geología. "Pronto me di cuenta", señalaba, que "este curso pretendía ser un experimento interdisciplinar y que solamente nos habíamos matriculado dos estudiantes, habiendo existido únicamente un estudiante graduado en los últimos seis años, J. Tuzo Wilson, que después fue mi supervisor de tesis y uno de los miembros del grupo que produjo la teoría y el nombre de *tectónica de placas*".[103] También

[103] Lawrence W. Morley, "The Zebra pattern", en *Plate Tectonics. An insider's history of the modern theory of the Earth*, Naomi Oreskes, ed. (Westview Press, Boulder 2003), pp. 67-85; cita en pp. 68-69.

bién se dio cuenta enseguida del "gran golfo que existía entonces entre la mente de un geólogo y la de los físicos. Éstos consideraban inferior la geología, viéndola como un campo descriptivo y cualitativo que no era realmente una ciencia, y los geólogos pensaban que los físicos eran 'cabezas de huevo' que no vivían en el mundo real. No hace falta decir que los dos grupos tenían dificultades para comunicarse profesionalmente entre sí. El curso de Física y Geología fue establecido de manera que la mitad de mis clases se daban en el Departamento de Geología y la otra mitad en el Departamento de Física. Pasarían algunos años hasta que me diese cuenta de cómo unir ambos campos, tan diferentes eran sus culturas. A lo largo de mi carrera, este entrenamiento interdisciplinar me proporcionó el hábito de leer la nueva bibliografía de ambas disciplinas, algo que, me doy cuenta retrospectivamente, me permitió idear la hipótesis que explicaría la configuración cebra". (La "configuración cebra" a la que se refería es la alternancia del sentido de la imanación remanente en las rocas que aparecen en las fronteras que separan placas tectónicas.)[104]

[104] Como estoy refiriéndome a los estudios geofísicos, podría comentar también, como una nueva prueba del valor de la interdisciplinariedad, lo que el conocimiento de la estructura de la Tierra debe a trabajos de físicos como el francés Pierre Curie (1859-1906) y el alemán instalado posteriormente en Estados Unidos, Walter Elsasser (1904-1991). Curie descubrió que cuando se calienta un material ferromagnético por encima de cierta (y alta) temperatura —ahora llamada "punto de Curie"— pierde por completo su imanación remanente (recíprocamente, si se le enfría partiendo de una temperatura por encima del "punto de Curie", logra una intensa y permanente imanación remanente en la dirección del campo magnético terrestre, un fenómeno denominando "termorremanencia"); Pierre Curie, "Propriétés magnétiques des corps a divers températures", *Annales de Chimie et de Physique,* vol. 5, pp. 289 y ss. (1895), incluido en *Oeuvres de Pierre Curie* (Gauthier-Villars, París 1908), pp. 232-334. Por su parte, Elsasser fue el primero en proponer, en 1939, que el magnetismo terrestre se debe a corrientes termoeléctricas en el núcleo líquido terrestre, que se producen debido a la existencia de fuentes radiactivas de calor; W. Elsasser, "On the origin of the Earth's magnetic field", *Physical Review* 55, pp. 489-498 (1939). Tras detener sus investigaciones debido a la guerra, en 1946 Elssaser volvió a este campo,

Las dificultades curriculares con las que se encontró Morley, al pretender combinar estudios de materias que poseían su propia identidad académica, no han desaparecido desgraciadamente. La presencia de "lo interdisciplinar" aún se ve dificultada por la estructura y planes de estudios de facultades y escuelas técnicas, que aunque han modernizado los estudios que se cursan en ellas no lo han hecho de manera suficiente. No han sido capaces, hay que insistir en este punto, de librarse de la tradicional organización departamental y curricular presente en la universidad desde su creación.

¿El reduccionismo, realidad o ilusión?

Los comentarios de Morley sirven también para llamar la atención sobre un mal que aqueja a lo que podríamos denominar "reduccionismo radical": la creencia, llevada a sus extremos, de que existe una escala, una gradación determinante entre las diferentes disciplinas. De acuerdo con esa visión (que ya mencioné en el capítulo 3), la antropología y psicología se hallan en la cumbre de una escala piramidal, apoyándose en la medicina, mientras que ésta se sustenta sobre todo en una de sus ramas, la fisiología, que a su vez, reposa sobre la biología, una ciencia que, entendida en su justo término —se argumenta según el punto de vista reduccionista— no es sino química. ¿Y qué es la química, se continúa, sino física, interacciones entre átomos que forman moléculas? La física, aliada en ocasiones con la química, es también —continúan explicando los teóricos del

desarrollando más sus trabajos anteriores, encontrando finalmente que su teoría predecía la aparición de cambios seculares en el campo magnético terrestre. Estos resultados fueron básicos en el camino que condujo a la ya citada teoría de la tectónica de placas.

reduccionismo— el soporte de la geología. Y de la cosmología, astrofísica o astronomía, ¿qué decir?: se consideran ramas de la física.

Es incluso posible continuar está secuencia reduccionista argumentando que en última instancia la física no es sino matemática, relaciones matemáticas que codifican las leyes de la naturaleza. Aunque al llegar a este punto surgen dudas en la medida en que no todas las estructuras y relaciones matemáticas tienen correlato en el mundo físico. Claro que, dirá alguno: "No la tienen... por el momento".

Evidentemente, los esfuerzos por explicar los mecanismos subyacentes de algunas disciplinas utilizando herramientas procedentes de otras, más, en este sentido, "básicas", han conducido a logros impresionantes, logros que se deben considerar también parte de aproximaciones interdisciplinares. Ahora bien, esto no debe llevarnos a pasar por alto las "culturas" propias de disciplinas menos "fundamentales". En el ya citado *El quark y el jaguar*, Murray Gell-Mann se refirió a esta cuestión desde premisas que comparto:[105]

> "Aunque yo estuviera de acuerdo en que disciplinas como la psicología no son todavía lo suficientemente científicas, mis preferencias se decantarían por abordarlas y disfrutar así del placer de hacerlas más científicas. Además de favorecer, como regla general, la construcción de escaleras interdisciplinarias —partiendo de lo más fundamental hacia lo menos fundamental—, yo me mostraría, en el caso de la psicología y en otros muchos, partidario de una aproximación de arriba abajo, que comenzase con la identificación de las principales regularidades en el nivel menos fundamental y dejase para más tarde el conocimiento de los mecanismos fundamentales subyacentes [...]. Las disciplinas como la psicología, la biología evolutiva, la ecología, la lingüística y la arqueología trabajan con sistemas complejos adaptati-

[105] M. Gell-Mann, *El quark y el jaguar*, óp. cit., pp. 137-138.

vos [y es importante dar] un gran énfasis a las semejanzas entre estos sistemas [y] estudiarlos en sus propios niveles, no meramente como consecuencias de otras disciplinas científicas más fundamentales".

Otro de los que han hecho pública su oposición a un reduccionismo del tipo del que he mencionado es Ludwig von Bertalanffy, el, recordemos, propulsor de una "teoría general de sistemas". Según él, la tradición histórica había contemplado "la unificación de la ciencia en la reducción final de todos los fenómenos en acontecimientos físicos", pero desde su punto de vista, "una concepción unitaria del mundo puede basarse no ya en la esperanza —acaso fútil y de fijo rebuscada— de reducir al fin y al cabo todos los niveles de la realidad al de la física, sino mejor en el isomorfismo de las leyes en diferentes campos".[106] Ahora bien, frente a este reduccionismo que tenía como meta final la física, Von Bertalanffy sostenía que "el mundo, o sea la totalidad de los acontecimientos observables, exhibe uniformidades estructurales que se manifiestan por rastros isomorfos de orden en los diferentes niveles o ámbitos".[107]

A este planteamiento, una versión diferente, menos general (volveré a ella en este mismo capítulo), de estudio interdisciplinar, Von Bertalanffy lo denominaba, en oposición al reduccionismo, *perspectivismo*:[108]

"No podemos reducir los niveles biológico, del comportamiento y social al nivel más bajo, el de las construcciones y leyes de la física. Podemos, en cambio, hallar construcciones y tal vez leyes en los distintos niveles. Como dijo una vez Aldous Huxley, el mundo es un pastel de helado napolitano cuyos niveles —el físico, el biológico, el social y el mo-

---

[106] L. von Bertalanffy, *Teoría general de los sistemas*, óp. cit. en la "Introducción", p. 77.

[107] Ibídem, p. 78.

[108] Ibídem.

ral— corresponden a las capas de chocolate, fresa y vainilla. La fresa no es reducible al chocolate; lo más que podemos decir es que quizás en última instancia todo sea vainilla, todo mente o espíritu. El principio unificador es que encontramos organización en todos los niveles. La visión mecanicista del mundo, al tomar como realidad última el juego de partículas físicas, halló expresión en una civilización que glorifica la tecnología física conducente a fin de cuentas a las catástrofes de nuestro tiempo".

En cualquier caso, sea como sea, combinando, reuniendo disciplinas diferentes o buscando organizaciones y leyes comunes a esas disciplinas, de lo que se trata es de combatir los excesos del reduccionismo, de beneficiarse de lo mucho que pueden ofrecer otras disciplinas, de favorecer el multiculturalismo científico y académico. Pero vayamos ya a Darwin y a las ciencias naturales.

Matemáticas y mayoría de edad darwiniana

Son pocos los que ignoran que el libro que Charles Darwin (1809-1882) publicó en 1859, *The Origin of Species (El origen de las especies)* constituye uno de los grandes tesoros de la humanidad. No es necesario ni siquiera intentar resumir el contenido de este fascinante libro, el único texto de ciencias, por cierto, que nunca falta en esas selecciones tituladas algo así como "Los 100 mejores libros de la historia". Sólo quiero mencionar que cualquiera que eche un vistazo a *El origen* se dará cuenta de que siendo un libro capital y ejemplar en la historia de la ciencia, no contiene ni una sola expresión matemática.

Evidentemente, este hecho da qué pensar acerca de algunas de las definiciones que se han dado de qué es la ciencia, al igual que sobre el valor de la matemática, pero ahí está: un libro indudablemente científico, pero sin matemáticas. Éstas, sin embargo, terminaron llegando también al nicho darwiniano, ayudando a resolver algunos de los problemas que aquejaron desde el principio a la teoría de Darwin. Uno de esos problemas era que la teoría propuesta en *El origen de las especies* sufría de una grave limitación, la de carecer de una teoría de la herencia. De hecho, Darwin llegó a proponer una en otro de sus libros, *The Variation of Animals and Plants under Domestication* (*La variación de los animales y las plantas bajo domesticación*; 1868). La denominó *pangénesis* y tuvo escaso éxito.

Aparte de esta dificultad, está el hecho de que aunque Darwin hablaba de competencia entre poblaciones de especies, no utilizó ningún procedimiento preciso para relacionar esa competencia con la generación de nuevas especies. No fue, en otras palabras, capaz de aplicar técnicas estadístico-matemáticas a sus formulaciones naturalistas, algo que sí hizo, aunque de manera un tanto primitiva, el monje agustino y botánico Gregor Mendel (1821-1884), el padre de la genética. Como es bien sabido, Mendel llevó a cabo experimentos con guisantes que le condujeron a proponer una teoría de la herencia, que, básicamente, es la que, desarrollada, se impondría. Presentó sus resultados en un posteriormente célebre —en principio pasó prácticamente desapercibido— artículo publicado en 1866 (aunque apareció en el tomo de *Verhandlungen des naturforschenden Vereines* de Brno correspondiente a 1865): "Versuche über Pflanzen-Hybriden" ("Experimentos sobre la hibridación de plantas").

El primer movimiento en la dirección interdisciplinar de enriquecer la formulación darwiniana con un tratamiento matemático, procedió de una persona inesperada, de un hombre en principio poco interesado en esfuerzos de tal tipo: el mismo Godfrey Harold Hardy con quien ya nos encontramos en el capítulo 2. A pesar de sus inclinaciones contrarias a una matemática "aplicada", a la postre Hardy también contribuyó a mostrar la importancia de reunir disciplinas diferentes (no olvidemos este hecho, esta manifestación de que el realismo puede terminar imponiéndose a nuestros prejuicios). En su caso, lo que hizo fue aplicar sus conocimientos matemáticos a la entonces incipiente genética mendeliana. Esa aportación interdisciplinar suya apareció en una nota al editor que publicó en el número del 10 de julio de 1908 de la revista *Science*: "Proporciones mendelianas en una población mixta". Cito sus primeras líneas:[109] "Soy reacio a entrometerme en una discusión que concierne a temas de los que no poseo un conocimiento especializado, y debería haber esperado a que el sencillo argumento que deseo aportar hubiese sido familiar para los biólogos. Sin embargo, ciertas observaciones de Mr. Udny Yule, sobre las que me ha llamado la atención Mr. R. C. Punnett sugieren que todavía puede merecer la pena hacerlo".[110]

El resultado de Hardy —al que también llegó en el mismo año, de manera independiente, el médico Wilhelm Weinberg (1862-1937), de ahí el nombre por el que es conocido, "ley de Hardy-Weinberg"— se enfrentaba a un problema que surgió en los primeros intentos de aplicar modelos matemáticos, aunque muy sencillos, a la aparición de modificaciones en la descendencia de una pareja, producidos si los padres se desviaban en un cierto grado de la media de la población. Los análisis teóricos demostraban que tales desviaciones terminaban desapareciendo, debilitadas en los cruces entre individuos. Así que, ¿cómo explicar la aparición de nuevas especies? En sus artículos, y utilizando técnicas estadísticas mucho mas refinadas, Hardy y Weinberg demostraron que si se supone, con Mendel, que existen unidades discretas que transmiten de padres a hijos los caracteres hereditarios, sólo se mantienen nuevos rasgos, que finalmente acaso lleven a originar especies diferentes,

---

[109] G. H. Hardy, "Mendelian proportions in a mixed population", *Science,* vol. 28, pp. 49-50 (1908).

[110] Las observaciones de Yule se publicaron en los *Proceedings of the Royal Society of Medicine*.

si aparecen fuerzas externas perturbadoras como la selección o la mutación.[111] Sin ellas, y tal y como lo expresaba Hardy en su breve nota (apenas ocupaba una página), "no existe el menor fundamento para la idea de que un carácter dominante puede mostrar tendencia a extenderse sobre una población completa, o que uno recesivo tienda a desaparecer".[112]

Hardy fue uno de los primeros en observar que la matemática avanzada podía servir bien a los intereses de la genética y análisis de poblaciones. No fue, naturalmente, el único, ni tampoco el más destacado de los que seguirían esta vía. Así, en la década de 1920 destacaron las aportaciones de Alfred J. Lotka (1880-1949) y de Vito Volterra (1860-1940), que introdujeron, por separado, sus ahora clásicos modelos del comportamiento dinámico de especies que compiten (presas-depredadores). Notables son en este sentido sus respectivos libros: *Elements of Physical Biology* (*Elementos de física biológica*; 1924) —posteriormente tomó el título, más adecuado en mi opinión, de *Elements of Mathematical Biology*— de Lotka, y *Leçons sur la théorie mathématique de la lutte pour la vie* (*Lecciones sobre la teoría matemática de la lucha por la vida*; 1931), de Volterra.[113]

El ecólogo español Ramón Margalef (1919-2004), que destacó por aplicar la teoría de la información a los estudios ecológicos, se refirió a estas contribuciones en uno de sus libros, *Teoría de los sistemas ecológicos* (1991), en los términos siguientes:[114]

[111] W. Weinberg, "Über den Nachweis der Vererbung beim Menschen", *Jahreshefte des Vereins für vaterländische Naturkunde in Württemberg*, vol. 64, pp. 368-382 (1908).

[112] G. H. Hardy, "Mende,lian proportions in a mixed population", óp. cit., p. 49.

[113] Merece la pena señalar que el artículo fundacional de Lotka trataba de la epidemiología de la malaria: A. J. Lotka, "Contributions to the analysis of malaria epidemiology: I, General part", *American Journal of Hygiene*, vol. 3 (suplemento I), pp. 1-121 (1923).

[114] Ramón Margalef, *Teoría de los sistemas ecológicos* (Publicacions Universitat de Barcelona 1993), 2ª edición, p. 166.

"La relación entre depredador y presa, o entre animal y planta, o entre parásito y hospedador, se considera fundamental y se estudia teóricamente usando un par de ecuaciones diferenciales, en la forma propuesta por Lotka y Volterra.[115] Los dos publicaron sus hallazgos casi al mismo tiempo, pero por razones de prioridad (1925, 1926) y de nacionalismo de los países que en más han contribuido a la ecología teórica, se suele poner Lotka-Volterra sin dejar de reconocer que Volterra es mucho más profundo. Cada ecuación describe, además, un circuito de retroalimentación, que es también un oscilador. Según cómo se eligen los parámetros o constantes de interacción, los números de las poblaciones de las dos especies van fluctuando en torno a un punto, o a una trayectoria de equilibrio, y, en general, de un atractor. Existe más bien un ciclo, que no un punto de equilibrio, porque ambas poblaciones poseen inercia, como corresponde a tasas de multiplicación y de extinción finitas y, en los modelos usuales, constantes".

El caso de Volterra merece que me detenga un momento en él. ¿Por qué, podemos preguntarnos, un matemático de su talla decidió ocuparse de problemas de biología? La respuesta —al menos, parte de la respuesta— es que este interés se vio favorecido por una circunstancia casual (él no conocía los trabajos de Lotka): el esposo de su hija Luisa, Umberto d'Ancona, era zoólogo y pidió a su suegro si podía encontrar una explicación teórica para un hecho que se había manifestado a través de las estadísticas de pesca en los puertos italianos del norte del mar Adriático durante el período 1905-1923. De acuerdo con estos datos, el porcentaje de peces grandes (depredadores) capturados había aumentado considerablemente entre 1915 y 1918, así como en los años siguientes. En realidad, Volterra

[115] Se trata de: dy/dt = ax-bxy, dy/dt = -cy+dxy, donde $x = x(t)$ e $y = y(t)$ representan, respectivamente, la evolución en el tiempo de las poblaciones de depredadores y presas, y *a*, *b*, *c* y *d* son constantes.

ya había mostrado interés por las aplicaciones de la matemática a otros campos: en 1901, recién instalado en la Universidad de Roma, había sido elegido para dictar la lección inaugural del curso académico y escogió como tema *Sui tentativi di applicazione delle matematiche alle scienze biologiche e social*.[116] Más aún, en 1911 fue nombrado vicepresidente del Regio Commitato Talassografico Italiano (Real Comité Italiano de Oceanografía) y desde este puesto apoyó un proyecto para crear un Istituto Oceanografico Nazionale, análogo a los de Mónaco y París. Posteriormente, en 1923, formó parte de la delegación italiana de la Comisión Internacional para el Estudio del Mediterráneo.

En el prefacio de *Leçons sur la théorie mathématique de la lutte pour la vie*, Volterra explicó no sólo cómo había llegado a interesarse por este campo ("Después de conversaciones con el Sr. D'Ancona, que me preguntó si era posible encontrar alguna vía matemática para estudiar las variaciones en la composición de asociaciones biológicas"), sino que también mencionó que el primer fruto de sus investigaciones fue un artículo que publicó en 1926 en la *Accademia dei Lincei* (pp. 31-113: "Variazioni e fluttuazioni del numero d'individui in specie animali conviventi"). El éxito de este trabajo fue tal que los ejemplares se agotaron enseguida, y entonces Volterra preparó una nueva edición, aumentada, que apareció en las Memorias del Regio Commitato Talassografico. "Los zoólogos y los matemáticos", continuaba explicando Volterra, "se interesaron en estas investigaciones, de manera que aparecieron resúmenes de él en diversas revistas. También fueron mencionadas en una reciente obra del Sr. Friederichs, que señala las aplicaciones que se pueden realizar en

[116] Aunque el texto fue publicado en forma de opúsculo, significativamente fue publicado de nuevo después en el *Giornale degli Economisti* (1906).

la zoología agronómica".[117] Finalmente, en el invierno de 1928-1929, el matemático francés Émile Borel y la dirección del entonces recientemente creado Instituto Henri Poincaré pidieron a Volterra que diese unas conferencias sobre el tema. El contenido de esas conferencias fue *Leçons sur la théorie mathématique de la lutte pour la vie.*

Es desde la perspectiva de estos intereses interdisciplinares, y del estímulo que le aportó su yerno zoólogo, que debemos entender la contribución pionera de Volterra a lo que más tarde se constituiría como la ecología. Se comprueba de esta manera lo necesario que es que profesionales de diferentes materias se reúnan, no necesariamente con un objetivo preestablecido; algo que puede surgir de las discusiones que se produzcan entre ellos. Se trata, en definitiva, de no tener que depender de circunstancias tan casuales como las de Volterra y su yerno. Asimismo, vemos que aunque lo habitual es que las iniciativas interdisciplinares sean recibidas con bastante incomprensión (somos "animales de costumbres" y nos cuesta introducirnos en nuevos dominios, que exigen que aprendamos cosas nuevas), a veces pueden encontrar entusiasmo, como sucedió inicialmente —luego fue, durante bastante tiempo, diferente— en el caso de los trabajos de Volterra, algo que no debería ser sorprendente, en la medida en que proporcionan nuevos instrumentos de estudio.

Un año antes de la aparición del libro de Volterra, se publicó un texto aún más fundamental, el del estadístico británico Ronald A. Fisher (1890-1962): *The Genetical Theory of Natural Selection* (*La teoría genética de la selección natural*, 1930), una obra capital en el re-

[117] Vito Volterra, *Leçons sur la théorie mathématique de la lutte pour la vie* (Gauthier-Villars, París 1931), p. v. La obra de K. Friederichs a la que se refería es *De Grundfragen und Gesetzmässigkeiten der land-und forstwirtschaftlichen Zoologie insbesondere der Entomologie* (Berlín 1930); en ella se estudiaban las asociaciones y equilibrios biológicos, examinando desde este punto de vista las invasiones de insectos en cosechas.

nacimiento de la teoría de la evolución de Darwin, que llevaba un tiempo estancada. Lo que hizo Fisher fue aplicar los métodos matemáticos propios de la estadística para introducir la selección natural darwiniana en el único territorio en el que realmente tiene lugar la evolución, el de la genética de poblaciones, y al hacerlo contribuyó —como también lo hicieron Sewall G. Wright (1889-1988) y John B. S. Haldane (1892-1964)— a elaborar una síntesis, informada por análisis matemáticos rigurosos, entre la genética creada por Mendel y la teoría de Darwin.

No sorprendentemente, el utilizar un nuevo método para estudiar la evolución darwiniana, un método, interdisciplinar, que iba más allá de la biología y las ciencias naturales, adentrándose con firmeza en el territorio de la matemática, tuvo consecuencias: la de que muchos de los profesionales de las ciencias biológico-naturales no comprendieron el enfoque de Fisher. Uno de los hijos del autor de *El origen de las especies*, Leonard Darwin (1850-1943), se dio cuenta del problema y tras recibir *The Genetical Theory of Natural Selection*, que Fisher le envió a finales de marzo, el 9 de junio de 1930 le escribía:[118] "He leído el primer capítulo [...] con el resultado de que mi impresión de que será reconocido lentamente como una contribución muy importante al tema se ve confirmada. Sin embargo, no debe desanimarse con la recepción que reciba, sino confiar en los resultados últimos".

Es este hecho, el que la mayoría de los biólogos de la época no comprendieran las matemáticas del libro, ni estuvieran acostumbrados al estilo matemático de razonar, el que explica que, de las 1.500 copias que se imprimieron, únicamente un tercio se vendió el

---

[118] J. H. Bennet, ed., *Natural Selection, Heredity, and Eugenics. Including Selected Correspondence of R. A. Fisher with Leonard Darwin and Others* (Clarendon Press, Oxford 1983), p. 121.

primer año, no agotándose el resto hasta 1947, ¡diecisiete años después! Hoy es reconocido como una obra fundamental en la biología y genética evolutivas, pero abrir nuevos territorios, especialmente aquéllos en los que reina la interdisciplinariedad, es siempre difícil. En cualquier caso, facilitó la aparición, años más tarde, de otras obras fundamentales que seguían líneas parecidas, como *The Theory of Island Biogeography* (*La teoría de la biografía insular*; 1967), del ecólogo dotado matemáticamente Robert MacArthur (1930-1972) y el entomólogo Edward O. Wilson (n. 1929), un texto clásico, fundacional de la ecología moderna.

Teoría general de sistemas y cibernética

Junto a ejemplos como los anteriores, que muestran las posibilidades que poseen los análisis matemáticos aplicados a las ciencias naturales, es posible citar otros. La teoría general de sistemas que propugnaba Von Bertalanffy hizo hincapié en este hecho, más concretamente en la existencia de patrones matemáticos comunes en dominios biológicos (y también en no biológicos) diferentes. Así en la *Teoría general de sistemas* leemos:[119]

> "Consecuencia de la existencia de propiedades generales de sistemas es la aparición de similitudes estructurales o isomorfismos en diferentes campos. Hay correspondencias entre los principios que rigen el comportamiento de entidades que son intrínsecamente muy distintas. Por tomar un ejemplo sencillo, se puede aplicar una ley exponencial de crecimiento a ciertas células bacterianas, a poblaciones de bacterias, de animales o de humanos, y al progreso de la investiga-

[119] L. von Bertalanffy, *Teoría general de los sistemas*, óp. cit., pp. 60-61.

ción científica medida por el número de publicaciones de genética o de ciencia en general. Las entidades en cuestión, bacterias, animales, gente, libros, etc., son completamente diferentes, y otro tanto ocurre con los mecanismos causales en cuestión. No obstante, la ley matemática es la misma [...].

Conceptos, modelos y leyes parecidos surgen una y otra vez en campos muy diversos, independientemente y fundándose en hechos por entero diferentes. En muchas ocasiones fueron descubiertos principios idénticos, porque quienes trabajaban en un territorio no se percataban de que la estructura teórica requerida estaba ya muy adelantada en algún otro campo. La teoría general de los sistemas contará mucho en el afán de evitar esa inútil repetición de esfuerzos".

Es importante señalar que para establecer su teoría, Von Bertalanffy se inspiró en desarrollos anteriores con una evidente dimensión interdisciplinar. Me estoy refiriendo a la cibernética, la disciplina fundada por Norbert Wiener (1894-1964) que estudia la comunicación y control en seres vivos y máquinas.

Wiener llevó a cabo la mayor parte de sus trabajos en el Massachusetts Institute of Technology (MIT), institución en la que se convirtió en profesor en 1919. Allí, unió fuerzas con el neurofisiólogo Arturo Rosenblueth (1900-1970) estableciendo un pequeño grupo de trabajo interdisciplinar para estudiar nexos sin explorar entre ciencias bien establecidas. Trabajando con el ingeniero Julian Bigelow, Wiener desarrolló un detector-localizador automático para baterías antiaéreas que era capaz de predecir la trayectoria de un avión sin más que tomar en cuenta datos de su trayectoria previa. Durante sus trabajos, Wiener y Bigelow advirtieron que en la medida en que se beneficiaban de la "experiencia" (de las trayectorias previas), se podía hablar de comportamientos "inteligentes" de estas máquinas. Asimismo, observaron, que enfrentadas a resistencias pequeñas (como rozamientos), las máquinas experimentaban oscilaciones incontrolables. Comportamientos como estos eran, según Rosenblueth, también propios de los humanos, un detalle que añadía interés a aquellos estudios. Así, este "parentesco" formal sugería otras posibilidades: por ejemplo, pensar en introducir en las máquinas tácticas similares a las que utilizan los humanos para controlar sus acciones. Fue de esta manera como Wiener introdujo la idea de que para controlar una máquina, para que su comportamiento se acomodase a un sentido prefijado, debía producirse una realimentación de la información que permitiese evaluar los efectos de acciones previas y adaptar las conductas posteriores basadas en ellas.

Fue este contexto el que llevó a los grupos interdisciplinares dirigidos por Rosenblueth a ocuparse de estudiar el comportamiento de organismos vivos desde el punto de vista de los ingenieros de servomecanismos (sistema electromecánico que se regula a sí mismo al detectar un error entre su propia actuación real y la deseada), considerando al mismo tiempo a los servomecanismos desde la perspectiva de los fisiólogos. En colaboración con el neurofisiólogo de la Universidad de Illinois Warren McCulloch (1898-1969), en 1942 Rosenblueth reunió a matemáticos, fisiólogos e ingenieros eléctricos y mecánicos en un seminario en el Instituto de Estudio Avanzado de Princeton. Fruto de dos reuniones más de este tipo fueron dos libros seminales, los dos publicados en 1948: *Cybernetics, or Control and Communication in the Animal and the Machine (Cibernética, o control y comunicación en el animal y en la máquina)*, de Wiener, y *The Mathematical Theory of Communication (La teoría matemática de la comunicación)*, de Claude Shannon (1916-2001) y Warren Weaver (1894-1978), con el que se creó la teoría de la información.

Aunque un contexto como el que acabo de mencionar bastaría para entender que Wiener realizase los trabajos mencionados, existe otro elemento que favoreció sus enfoques interdisciplinares, un elemento que tuvo que ver con su educación. Él mismo se refirió a este punto en la, ya citada en el capítulo 2, primera parte de su autobiografía, donde escribió:[120]

> "Escogí como trabajo de mis años posteriores el estudio de la comunicación. Ésta es una materia relacionada con los aspectos lingüísticos y filológicos que aprendí de mi padre, con las técnicas de ingeniería que aprendí en los laboratorios de General Electric y en la tabla de cálculo del Campo de Pruebas de Aberdeen, con las técnicas matemáticas de mis días de Cambridge y Gotinga, y con la apremiante necesidad de un medio competente de expresión literaria que proviene de mi trabajo en la *Encyclopedia* y en *The Herald* de Boston. Mi trabajo de rutina como asistente de un profesor japonés me ha dado frutos en mis enseñanzas en Oriente y en mi contacto con estudiosos orientales. Hasta mi exilio en la Universidad de Maine, que fue un castigo para mí, ha demostrado a la larga haber sido un castigo saludable y una verdadera disciplina para un hombre que iba a ganarse la vida como maestro y que tenía la necesidad de cometer sus primeros errores pronto, cuando no fueran todavía muy serios.
>
> Esto no resultó así debido a un plan determinado de mi parte o de parte de mi padre. El hombre que quiera trabajar en ramas diversas de la ciencia debe estar preparado para tomar sus ideas de donde las encuentre y para utilizarlas donde les encuentre aplicación. Todo es molienda para su molino".

[120] N. Wiener, *Ex prodigio. Mi infancia y juventud*, óp. cit., pp. 304-305.

Capítulo VII

Un mundo no lineal

"El aleteo de una mariposa en Brasil puede producir un tornado en Texas".

Edward Lorenz (1972)

Las herramientas matemáticas a las que he hecho referencia en el capítulo anterior fueron y son útiles para los estudios interdisciplinares, pero es preciso señalar que en la actualidad aún poseemos más. Una de ellas es un mejor dominio de la matemática que subyace a los sistemas no lineales (esto es, aquellos que incluyen potencias superiores o iguales a dos en las variables que deseamos determinar; consecuencia de ello es que la suma de dos soluciones de las ecuaciones que describen esas leyes no es otra solución, como ocurre en un sistema lineal).

La riqueza de los sistemas no lineales, su adecuación para el estudio de sistemas, como los vivos, en los que se producen nuevas propiedades, es extraordinaria, y también las novedades que aportan con respecto a los lineales. Desde el punto de vista matemático, los sistemas (ecuaciones) no lineales pueden mostrar transiciones de comportamientos regulares a aparentemente arbitrarios. Pulsos localizados que en sistemas lineales producen perturbaciones que decaen más pronto que tarde, mantienen su individualidad en los sistemas no lineales; esto es, dan lugar a estructuras localizadas y altamente coherentes, con las obvias implicaciones que este fenómeno puede tener en la aparición y mantenimiento de estructuras relacionadas con la vida, desde las células y organismos pluricelulares hasta incluso, aunque pueda parecer una idea peregrina, los pensamientos.

La propia evolución de la vida sobre la Tierra ha sido un proceso no lineal, de coevolución, un proceso en el que no es, en absoluto, lo mismo un escenario con un número de especies (una, por ejemplo) que con otro (dos o más). La presencia del "otro" afecta al "uno", determinando las características que conducen a sus niveles de supervivencia y reproducción. De hecho, la biología y, en general, las ciencias biomédicas están abriéndose crecientemente a este nuevo mundo. Así, en un artículo publicado en 1999 en una revista médica se decía:[121]

> "Fue a comienzos de los años ochenta cuando comenzaron a aplicarse los nuevos conceptos de la teoría de sistemas complejos no lineales a los sistemas fisiológicos, especialmente al cerebro y al corazón. Es posible que las similares características histológicas y electrofisiológicas entre el tejido del SNC [sistema neurocortical] y del fascículo Hiss-Purkinje explique esta coincidencia [...]. Ramón y Cajal

[121] Mauro García Toro, Jerónimo Saiz Ruiz, Juan Antonio Talavera y Alicia González Guillén, "Analogía terapéutica entre la depresión y la enfermedad de Parkinson. Una propuesta explicativa desde la teoría de sistemas dinámicos y no lineales", *Archivos de Neurobiología,* vol. 62, pp. 7-22 (1999); pp. 8-9.

remarcó que el sistema nervioso consta de una colección de neuronas a la vez independientes y estrechamente interdependientes para cumplir sus funciones. Lorente de No, basándose precisamente en los dibujos anatómicos del premio Nobel español, propuso la existencia de bucles cerrados de cadenas autoexcitadas de neuronas, que se llamaron posteriormente circuitos reverberantes y a los que se atribuyó la capacidad de representar y preservar la información dentro del SNC. Hebb en 1949 sugirió que conjuntos limitados de neuronas distribuidas de forma difusa e irregular por el SNC, cuyas conexiones se refuerzan al ser activadas, forman circuitos reverberantes que representan la memoria a corto plazo.

Más recientemente también se ha postulado que dichos conjuntos de neuronas, basándose en propiedades no lineales de actividad cooperativa y *feedback*, pueden desarrollar características de organización y orden no deducibles de las propiedades de neuronas individuales aisladas, como por ejemplo sustentar la capacidad de memoria mediante acoplamientos entre ellas. A estos patrones de organización neuronal interactiva se les ha llamado macroestados y asimilado al concepto de estructura disipativa, desarrollado en termodinámica por Prigogine. Son patrones de organización espaciotemporales de organización que cumplen las siguientes características: los elementos del sistema están interactivamente acoplados, de forma no lineal, y reciben continuamente energía para mantenerse".

Termodinámica de los procesos alejados del equilibrio

En la anterior cita aparecen expresiones que merecen ser comentadas, aunque sea muy brevemente. Expresiones como "estructura disipativa", un apartado de la termodinámica de los procesos alejados del equilibrio, en cuyo desarrollo intervino de manera destacada el químico-físico belga de origen ruso Ilya Prigogine (1917-2003), quien tuvo el acierto de difundir sus enfoques en libros tan populares como *La nouvelle alliance* (La nueva alianza; 1979), escrito en colaboración con Isabelle Stengers; enfoques mucho más sensibles a la vida que la termodinámica clásica, la de los sistemas en equilibrio, puesto ¿qué es la vida sino un sistema abierto, en permanente intercambio energético con el medio que la rodea, y en este sentido un sistema alejado del equilibrio? Y tengamos en cuenta que "lejos del equilibrio" no quiere decir que no existan estructuras organizadas y complejas: se ha demostrado que sí existen. "El desarrollo de la termodinámica de los procesos irreversibles", escribían Prigogine y Stengers, "se encuentra [...] con el de la biología molecular. Mientras que las reacciones "no-lineales", cuyo efecto (esto es, la presencia del producto de reacción) tiene una acción retroactiva sobre la causa, son comparativamente raras en el mundo inorgánico, la biología molecular ha descubierto que son prácticamente la regla en los sistemas vivos".[122]

La termodinámica de los procesos alejados del equilibrio posee un gran valor para los estudios interdisciplinares, en particular para los que tienen que ver con la vida, que, recordemos, no es sólo *copia de moléculas*, es también *transformación de energía*. Nadie ha hecho más para que nos demos cuenta de este, por otra parte trivial, hecho que todos aquellos investigadores que a lo largo de las últimas décadas han logrado que la termodinámica se haya desarrollado lo suficiente como para poder tratar de sistemas distintos a los cerrados y en equilibrio. En realidad, en lugar de hablar de intercambios energéticos sería preferible referirse a gradientes, a variaciones de magnitudes como pueden ser la temperatura o la presión. Los gradientes son la auténtica fuente de la vida, que tiene que luchar contra la tendencia de la naturaleza a reducir gradien-

[122] I. Prigogine e I. Stengers, *La nueva alianza* (Alianza, Madrid 1983), p. 183.

tes, es decir, contra la inclinación de la energía a disiparse conforme a la segunda ley de la termodinámica, la del crecimiento de la entropía. Para los seres vivos, el equilibrio termodinámico equivale a la muerte, por lo que para comprender la vida es imperativo entender la termodinámica fuera del equilibrio. Aunque nos parezca que los sistemas complejos están organizados por fuerzas externas (para algunos por un dios), no es así: están asociados a gradientes y son reacciones naturales ante éstos. La complejidad de la vida es una derivación natural de la tendencia a la reducción de gradientes: allí donde las circunstancias lo permiten, surgen organizaciones cíclicas para disipar entropía en forma de calor.[123] Puede incluso argumentarse —es un nueva forma, poco darwiniana, de entender la evolución— que puesto que el acceso a los gradientes se mejora mediante el perfeccionamiento de la percepción, el incremento de la inteligencia es una tendencia evolutiva que promueve selectivamente la prosperidad de aquéllos que explotan recursos menguantes sin agotarlos.

De hecho, encontramos este tipo de gradientes energéticos no sólo en los procesos asociados a la vida tal y como la entendemos habitualmente, sino también en otros sistemas complejos "no vivos" (en un sentido biológico), que surgen de forma espontánea debido a la existencia de un gradiente, como puede ser una variación de presión, de temperatura o de concentración química. Sistemas como reacciones químicas que se organizan de manera espontánea, o un tipo de células llamadas de Bénard, estructuras hexagonales que sólo requieren para aparecer de una variación de temperatura a lo largo de un fluido. O como los tornados, sistemas

[123] Para más información sobre estos puntos, véase Eric D. Schneider y Doris Sagan, *La termodinámica de la vida* (Tusquets, Barcelona 2008; edición original en inglés de 2005).

cíclicos complejos producidos por gradientes de presión barométrica en la atmósfera, cuyo propósito es eliminar el gradiente del que nacen. Y también están los huracanes, enormes sistemas organizados que involucran trillones y trillones de moléculas y que pueden abarcar más de mil kilómetros. Todos estos sistemas "viven" durante un tiempo, es decir, se individualizan y diferencian del caos circundante. La vida tiene un propósito natural similar, sólo que, en vez de deshacer rápidamente un gradiente de presión y después desaparecer, tiende a reducir, en el transcurso de miles de millones de años, el enorme gradiente estelar que existe entre el Sol caliente y el espacio frío, ganando complejidad en el proceso.

Y si miramos más allá de nuestro pequeño mundo terrestre, también encontramos abundantes manifestaciones de la fecundidad de los gradientes. Los gradientes de temperatura y presión en el interior de estrellas de gran masa constituyeron el crisol en el que se cocieron los elementos de la vida (difundidos luego por el cosmos a través de explosiones como las de las supernovas).

Caos (matemático) en la naturaleza

Otra herramienta preciosa para una mejor comprensión interdisciplinar de la naturaleza procede de un tipo de sistemas no lineales: los caóticos; esto es, aquéllos que tienen la propiedad de ser extremadamente sensibles a las condiciones iniciales: si se cambian un poco, minúsculamente, esas condiciones, entonces la solución (la trayectoria que sigue el objeto descrito por la solución) se ve modificada radicalmente, siguiendo un camino completamente diferente, al contrario de lo que sucede en los sistemas no caóticos, aquéllos con los que la ciencia —y a su cabeza la física— nos ha familiarizado durante siglos, en los que pequeños cambios en las condiciones iniciales no alteran sustancialmente su evolución posterior.

El tiempo meteorológico constituye uno de los grandes ejemplos de sistemas caóticos; de hecho, fue estudiándolo cuando se descubrió realmente el caos (otro caso que habla por sí solo acerca de las virtudes de la interdisciplinariedad, de lo que puede dar, en este caso, la meteorología a la matemática): pequeñas perturbaciones en la atmósfera pueden cambiar el clima en proporciones enormes, como expresa la celebrada frase del meteorólogo teórico y matemático aplicado Edward Lorenz (1917-2008), al que se considera el padre del caos: "El aleteo de una mariposa en Brasil puede producir un tornado en Texas".[124]

Cada vez está más claro que los fenómenos caóticos abundan en la naturaleza. Los encontramos en dominios propios de la economía, en la biología de poblaciones (en, por ejemplo, algunos modelos "presa-depredador"), termodinámica, química y en el mundo de las ciencias biomédicas (un ejemplo es el de algunas arritmias). "El concepto de caos", ha escrito Joaquín Marro, "es hoy inseparable del desarrollo científico en todos los campos del conocimiento. También es notable que el caos es susceptible de aplicaciones prácticas. Citamos como ejemplo su uso en criptografía para enmascarar mensajes secretos. La estrategia consiste en transmitir el mensaje, quizá cifrado

[124] En realidad, la frase original es algo diferente: "Predictibilidad. ¿El aleteo de una mariposa en Brasil produce un tornado en Texas?". Apareció como el título de la primera sección de una conferencia dictada el 29 de diciembre de 1972 en una sesión dedicada al Programa de Investigación Atmosférica Global dentro de la 139ª Reunión de la American Association for the Advancement of Science. Se distribuyó en una nota de prensa y sólo se publicó bastantes años más tarde, en 1993, como un apéndice a un libro que Lorenz escribió, titulado *The Essence of Chaos (La esencia del caos)*. Antes, sin embargo, había adquirido ya celebridad, a través, sobre todo, de un libro que fue un éxito de ventas: *Chaos: Making a New Science (Caos: La creación de una nueva ciencia*'; 1987), de James Gleick, cuyo primer capítulo se titula "El efecto de la mariposa". A partir de entonces, el "efecto mariposa" se convirtió en un visitante frecuente en todo tipo de escenarios culturales: desde las explicaciones del matemático de *Parque Jurásico*, hasta el relato de Antonio Tabucchi titulado "¿El aleteo de una mariposa en Nueva York puede provocar un tifón en Pekín?".

convencionalmente con alguna clave, enmascarado mediante oscilaciones caóticas. Parecerá simple ruido, salvo para el receptor que conozca el mapa que lo ha enmascarado —y los valores usados para los parámetros involucrados— y sepa cómo sincronizarlo con el emisor. El proceso puede hacerse en la práctica con un ordenador o con un circuito electrónico que reproduzca el comportamiento de la ecuación caótica".[125] Y es que a pesar de lo que puede sugerir su nombre (caos), los sistemas caóticos están sujetos a leyes; esto es, existe una "regularidad" que subyace detrás de cada uno de estos sistemas.

La ubicuidad del caos puede llegar incluso al mismo "centro operativo" de la vida humana. "Es posible", leemos en un texto estándar de caos, "que nuestros cerebros se cuenten entre los sistemas caóticos empíricos presentes en el mundo. El análisis matemático de la propagación de señales en las redes neuronales, junto con algunos trabajos experimentales sugerentes, indica que ciertos estados del cerebro podrían perfectamente evolucionar con una dinámica no lineal, propensa al caos".[126] Si finalmente es realmente así, entonces tal vez podríamos comprender cómo es posible que estados psicológicos aparentemente idénticos (idénticos, claro, a un nivel macroscópico, no en lo que a su estructura fina se refiere) conducen a comportamientos muy diferentes, un hecho éste que a veces se explica basándose en el no comprendido científicamente, pero fundamental para los humanos, "libre albedrío".

A la vista de todo lo mencionado en este capítulo, se hace evidente que para avanzar por los caminos que abren estas técnicas matemáticas se hace necesaria la colaboración entre especialistas de campos diferentes, que se constituyan grupos interdisciplinares.

---

[125] Joaquín Marro, *Física y vida* (Crítica, Barcelona 2008), p. 85.

[126] Peter Smith, *El caos* (Cambridge University Press, Madrid 2001; edición original en inglés de 1998), p. 143.

Capítulo VIII

Física y medicina

"La investigación médica es la más complicada de todas: comprende todos los procedimientos que son propios a las investigaciones anatómicas, fisiológicas, patológicas y terapéuticas, y además, desarrollándose, toma de la química y de la física multitud de medios de investigación, que se convierten para ella en auxiliares poderosos. Todos los progresos de las ciencias experimentales se miden por el perfeccionamiento de sus medios de investigación".

Claude Bernard,
Introduction a l'étude de la médicine expérimentale (1865)[127]

Continuando con la tarea de búsqueda de zonas de encuentro, de lugares en los que se revelan las ventajas que aporta utilizar una

[127] Claude Bernard, *Introducción al estudio de la medicina experimental* (Crítica, Barcelona 2005), p.174.

ciencia en otra, en el presente capítulo me ocuparé de la presencia de la física en la medicina (ya vimos, a propósito de Galvani, Volta y Helmholtz, algo de lo que la medicina ha dado a la física, una relación direccional que también aflorará en este capítulo).

La física es, junto a la química y la matemática, una de las ciencias básicas. No podemos aspirar a conocer y a comprender la naturaleza sin recurrir a ellas. Obviamente, nosotros, los humanos, formamos parte de esa naturaleza; somos una minúscula, transitoria, combinación de elementos químicos que posee unas peculiares propiedades, a una de las cuales denominamos *vida.* Para mantener la vida de los humanos en las mejores condiciones posibles surgió muy pronto en la historia de la humanidad la disciplina que llamamos *medicina,* 'la ciencia y arte de precaver y curar las enfermedades del cuerpo humano', como la define el Diccionario de la Real Academia Española.

Como ciencia, la medicina tiene, en principio, un ámbito menos general que la física y por ello es natural que ésta haya penetrado de muy diferentes maneras en aquélla; que se pueda hablar de "la física en la medicina" y que hayan surgido —a lo largo del siglo XX— especialidades como pueden ser la física médica o la protección radiológica. Incluso que sea posible referirse a la física y la medicina como "universos paralelos", en la medida en que existe una relación entre ambas, en ocasiones muy estrecha.

A continuación, analizaré algunas de las que considero principales manifestaciones de la relación que se ha producido a lo largo de la historia entre física y medicina. Como introducción a ejemplos actuales, me detendré muy brevemente en algunos casos más antiguos, comenzando por un "hijo de la física" que resultó vital para la medicina: el termómetro.

El termómetro

Parece imposible que un sencillo, aparentemente humilde, instrumento pueda haber desempeñado un papel tan importante, pero así es. Y ésta es una lección que no debemos olvidar; con frecuencia nuestro juicio se confunde, arrobado nuestro entendimiento por la luz esplendorosa que emana de las grandes construcciones teóricas, y así tendemos a minusvalorar los instrumentos. Craso error; sin éstos la historia de la ciencia habría sido otra, muy inferior; o mejor, la ciencia tal y como la entendemos no habría existido, como sucedió con la pila eléctrica, que construyó Volta en 1800, fruto de la controversia que mantuvo con un médico, Galvani, y que hizo posible el descubrimiento de que electricidad y magnetismo son dos fenómenos íntimamente unidos.

Pues bien, algo parecido se puede decir del termómetro. Ya en 1612, un coetáneo y conocido de Galileo, Santorio Santorio (1561-1636), profesor de Medicina en Padua, publicó investigaciones sobre la temperatura del cuerpo humano utilizando un termómetro que poseía una escala que tenía como puntos extremos la temperatura de la nieve y la de la llama de una vela. Me interesa señalar que aunque Santorio creía que salud y enfermedad dependen del equilibrio de los cuatro humores clásicos, fue más allá, insistiendo en que ese equilibrio debía ser medido (era, en este sentido, un hijo de la cultura científica que introdujo sobre todo Galileo). Para ello, se esforzó en tomar el mayor número posible de medidas cuantitativas relativas a la "situación" del cuerpo humano, la temperatura entre ellas. "Uno debe creer, primero, en sus propios sentidos y experiencia; luego en el razonamiento, y sólo en tercer lugar en la autoridad de Hipócrates, de Galeno, de Aristóteles y de otros excelentes filósofos", escribió en uno de sus libros, *Methodi vitandorum errorum omnium qui in arte medica contingunt* (1603). Siguiendo esta metodología demostró que no es cierto, como se creía entonces, que el cuerpo humano esté más frío por la noche que por el día.

El microscopio

He mencionado el ejemplo del termómetro para resaltar lo mucho que la física ha dado a la medicina antes de que existiesen dentro de ella —que se pudiese imaginar que semejante cosa pudiese existir— especialidades físicas. Naturalmente, el del termómetro no es el único ejemplo. Pensemos, sin ir más lejos, en el microscopio, que tanto ha dado y continúa dando a la medicina. Interesa saber que las posibles aplicaciones médicas del microscopio ya estuvieron presentes en los primeros momentos de la microscopía. Un ejemplo destacado en este sentido es la *Micrographia*, el espléndido —y bellísimo— libro que el filósofo natural (esto es, físico) Robert Hooke (1635-1703) publicó en 1665. En él, en la "Observación XII", podemos leer:[128] "He observado a menudo la arena o gravilla de la orina, que parece ser una sustancia *tartárica* generada a partir de la sustancia *salina* y *terrestre cristalizada* en forma de *tártaro*, adheriéndose a veces a las paredes del *orinal*, aunque en su mayoría se pegan al fondo, permaneciendo allí en forma de arena común gruesa que al *microscopio* aparece como una agregación de cuerpos pequeños, en parte transparentes y en parte *opacos*". Y a continuación, Hooke describía la forma y tamaños de esa arena y que al "ponerlas en diversos líquidos, hallé que las disolvía el *aceite de vitriolo* [sulfúrico concentrado], el *espíritu de orina* [amoníaco] y otros diversos *menstruos salinos*". Tras lo cual, añadía:

[128] Utilizo la traducción de Carlos Solís: Robert Hooke, *Micrographia* (Alfaguara, Madrid 1989), pp. 287-288.

"Fácil es imaginar cuán notable ventaja sería para quienes sufren el mal de piedra hallar algún *menstruo* que pudiera disolverlas sin dañar la vejiga, pues ciertas *inyecciones* hechas con tales cuerpos podrían disolver asimismo la piedra que parece ser en gran medida de la misma naturaleza. Así pues, quizá valga la pena que algunos médicos investiguen si no habrá algo mezclado con la orina en la que está la gravilla o las piedras y que pueda hacer que se disuelvan de nuevo, pues por su forma regular aquélla parece a veces haber *cristalizado* a partir de ello".

Con el paso del tiempo, el primitivo microscopio que utilizó Hooke dio paso a otros más poderosos, cuya utilización fue especialmente importante en el siglo XIX en dominios como el establecimiento definitivo del paradigma celular, al que tanto debe la obra de Rudolf Virchow (1821-1902), la construcción de la teoría neuronal de Santiago Ramón y Cajal (1852-1934) y de la teoría microbiana de la enfermedad (Pasteur y Koch), así como en el avance notable que experimentó la patología. Pero, aunque mucho mejores que el microscopio que había utilizado Hooke (o el, ya citado anteriormente, Antony van Leeuwenhoek, otro de los grandes pioneros del uso del microscopio), los que emplearon científicos como Virchow o Cajal adolecían de límites en su poder de resolución, derivados del hecho de que se basaban en el uso de la luz visible para iluminar sus objetivos, y ésta es una radiación con un rango determinado de longitudes de onda, que es lo que establece el mencionado límite en la resolución. Fue en el siglo XX cuando, de la mano del desarrollo de la física, se construyeron microscopios significativamente más poderosos. Un hito en este sentido fue la invención, en la década de 1930, del microscopio electrónico, en el que el objeto se observaba no con luz, sino con electrones. El protagonista de este logro fue el ingeniero electrónico alemán Ernst Ruska (1906-1988), que recibió el premio Nobel de Física de 1986, compartido con Gerd Binnig (n. 1947) y Heinrich Rohrer (n. 1933), del Centro de Investigación de IBM en Suiza, responsables de la invención del microscopio túnel de barrido. No es superfluo en la presente ocasión recordar el comunicado de prensa que la Real Academia de Ciencias sueca emitió el 15 de octubre al anunciar su fallo: "La mitad del premio Nobel de Física de este año ha sido concedido a Ernst Ruska por 'su trabajo fundamental en óptica electrónica y por diseñar el primer microscopio electrónico'. La importancia del microscopio electrónico en diferentes campos de la ciencia, como la biología y la medicina, está ahora plenamente establecida; es uno de los inventos más importantes del siglo". Tampoco es irrelevante citar algunos pasajes de la conferencia Nobel de Ruska, que muestran cuán beneficiosa es la alianza entre físicos, ingenieros y médicos. Refiriéndose a la época en que estaba intentando desarrollar el microscopio electrónico, Ruska recordaba que su hermano Helmut, "que casi había completado sus estudios médicos, creía que se producirían avances considerables en las disciplinas biológicas y médicas si tuviésemos éxito. Con su confianza en un resultado favorable, me animó a superar las dificultades que se esperaban".

Un problema que Ruska terminó encontrando es que ir más allá de la teoría y desarrollar un microscopio electrónico (de transmisión, luego llegarían los de barrido) que tuviese un poder de resolución suficientemente elevado como para que fuese de interés práctico, requeriría, según manifestó en su conferencia Nobel, "un período largo de tiempo y costes enormes". Por ello "estaba preparado para una larga travesía del desierto y decidí intentar alcanzar la meta de un instrumento comercial más tarde"; por consiguiente, aceptó un puesto en la compañía Fernseh AG, donde se dedicó inicialmente a otras tareas. Por entonces (1934), se publicaron las primeras micrografías electrónicas de muestras biológicas obtenidas con un instrumento primitivo que el propio Ruska había construido en 1933; los responsables fueron un estudiante de ingeniería electrotécnica, Otto Müller, y otro de medicina, Friedrich Krause (ambos murieron durante la Segunda Guerra Mundial). A pesar de éste y otros trabajos en la misma dirección, a Ruska le costó tres años obtener la financiación necesaria. De nuevo, la "conexión médica" fue esencial, en particular, la evaluación emitida el 2 de octubre de 1936 por el doctor Richard Siebeck, director del Instituto Médico del Hospital de la Charité de Berlín. "No hace falta decir", señalaba Siebeck en su informe, "que si se consiguiese todo esto, los avances en el campo de la investigación en las causas de la enfermedad serían de inmediato interés práctico para el doctor. Afectaría profundamente a problemas reales relativos a enfermedades de creciente relevancia clínica y por consiguiente de gran importancia para la salud pública [...]. Lo considero de tal importancia, y el éxito parece estar tan próximo que estoy dispuesto y deseoso de asesorar en el trabajo de investigación médica y a colaborar poniendo a tal disposición los recursos de mi instituto". Con semejante recomendación, las compañías Siemens de Berlín y Carl Zeiss de Jena apoyaron el programa de Ruska y así pudo construir, en 1939, el primer microscopio electrónico.

Pero estoy avanzando demasiado y tengo que retroceder, volviendo al siglo XIX.

El reino de las imágenes: de Röntgen a la tomografía computarizada por rayos X

El siglo XIX fue fenomenal para la medicina. Como vimos, dio mucho a la física, pero también recibió bastante de ésta y de la química, disciplinas indispensables para cualquier avance en el dominio de la fisiología. Estaba ya a punto de finalizar aquel siglo y parecía que ya no cabía esperar que la física aportase nada más a la medicina. De hecho, no faltaban los físicos que pensaban que su disciplina estaba prácticamente acabada, que quedaba poco por descubrir. ¡Se había avanzado tanto en el siglo de Faraday y Maxwell, de Kelvin, Clausius y Kirchhoff! Un buen ejemplo en este sentido es el del más que notable físico estadounidense Albert Abraham Michelson (1852-1931), el primer estadounidense en recibir el premio Nobel de Física (en 1907), quien el 2 de julio de 1894, durante un acto para celebrar el comienzo del séptimo cuatrimestre de actividades de la Universidad de Chicago, así como la inauguración del Ryerson Physical Laboratory, pronunció las siguientes palabras: "Parece probable que la mayoría de los grandes principios básicos hayan sido ya firmemente establecidos y que haya que buscar los futuros avances sobre todo aplicando de manera rigurosa estos principios". Y añadía, mostrando su acuerdo con semejante manifestación: "Un eminente físico ha señalado que las futuras verdades de la ciencia física se deberán buscar en la sexta cifra de los decimales".[129]

Un año después de que Michelson pronunciase estas rotundas, y equivocadas, palabras, en 1895, se descubrían los rayos X y el año siguiente la radiactividad, que nadie sabía cómo encajar en el aparentemente tan sólido edificio de la física conocida. Su descubridor fue Wilhelm Röntgen (1845-1923), director del Instituto de Física de la Universidad de Wurzburgo, quien los detectó por primera vez el 8 de noviembre de 1895. El 28 de diciembre presentó su célebre primera memoria ("Sobre una nueva clase de rayos") ante la Sociedad Física y Médica de Wurzburgo. El 1 de enero de 1896 ya disponía de separatas, que envió, junto a copias de sus famosas fotografías, en especial la de la mano de su esposa (tomada el 22 de diciembre), a los principales científicos europeos.

---

[129] Albert A. Michelson, "Some of the objects and methods of physical science", *Quarterly Calendar* (The University of Chicago Press, Chicago agosto de 1894), vol. 111, n.º 2, pp. 12-15. No está claro a qué "eminente físico" se refería Michelson; pudo ser Kelvin, pero también, como ha argumentado Robert Lagemann, Maxwell.

Las noticias del descubrimiento circularon con gran rapidez por todo el mundo, recibiendo especial atención entre los médicos. Arthur Schuster (1851-1934), director del Laboratorio de Física de la Universidad de Manchester, quien recibió —fue el primero en Inglaterra— una de las fotografías de la mano, describió la reacción que se produjo en su entorno:[130] "[...] pocos fueron los laboratorios en los que no se intentó enseguida repetir el experimento [...]. Casi inmediatamente, la posibilidad de aplicaciones prácticas atrajo al público y muy especialmente a la profesión médica. Estaba claro que se tenía un método de gran utilidad para el diagnóstico de fracturas complicadas, o para localizar cuerpos extraños en el cuerpo. Para mí, esto tuvo una consecuencia desafortunada. Mi laboratorio se vio inundado por médicos que traían a sus pacientes, de los que se sospechaba que tenían agujas en distintas partes de sus cuerpos, y durante una semana tuve que emplear la mayor parte de tres mañanas en localizar una aguja en el pie de una bailarina de ballet". De hecho, tres meses después del descubrimiento de Röntgen, el 7 de febrero de 1896, en Montreal, John Cox realizaba la primera publicación de una aplicación médica: la localización de una bala en la pierna de un paciente, que no había podido ser identificada quirúrgicamente. Un año después, en 1897, se fundaba en Londres una Roentgen Society, con una revista, *Transactions of the Roentgen Society*, que en 1904 adoptó el nombre de *The Journal of the Roentgen Society*, que en 1928 se integró en una nueva publicación, *The British Journal of Radiology*, órgano del British Institute of Radiology, organización que muestra que el proceso de institucionalización de estas disciplinas físico-médicas estaba en marcha (en 1963 se creaba la International Organization for Medical Physics).

---

[130] Arthur Schuster, *The Progress of Physics During 33 Years (1875-1908)*, (Cambridge University Press, Cambride 1911), p. 75.

El que se descubriese una radiación que permitía observar el interior de un cuerpo significó una de las mayores contribuciones de todos los tiempos a la medicina, abriéndose un nuevo campo: el de las técnicas de imagen, que permiten ver el interior del cuerpo. Pero no todo fue bueno y hermoso, al menos al principio: la baja sensibilidad de las películas fotográficas de las que se disponía en los primeros tiempos de la introducción de los rayos X en medicina hizo que se llegasen a necesitar hasta más de diez minutos de irradiación. Podemos imaginarnos fácilmente lo que esto significaba (en la actualidad se precisan unos pocos milisegundos). Aun así, y no sin razón, el físico estadounidense Arthur Holly Compton (1892-1962), experto en rayos X (su nombre se ha inmortalizado en el "efecto Compton"), afirmaba en un artículo que publicó en 1945 en la revista *Radiology* lo siguiente:[131]

> "Si la ciencia es la gran búsqueda intelectual del mundo moderno, el descubrimiento [de los rayos X] constituye uno de los mayores logros de la época. Existen, no obstante, quienes quieren medir la importancia en dólares, o en la forja del destino nacional, o en términos de la vida humana. Incluso en términos tan prácticos, el descubrimiento de los rayos X debería ser reconocido como un acontecimiento extraordinario en la historia del hombre.
>
> En lo que se refiere a la vida humana, deberíamos recordar que el efecto directo de la utilización de los rayos X y del radio en diagnóstico y terapia ha salvado un número de vidas que es comparable con el número de soldados muertos en una guerra mundial".

[131] A. H. Compton, "Modern Physics and the discovery of X-rays", *Radiology,* vol. 45, pp. 534-538 (1945), reimpreso en Robert S. Shankland, ed., *Scientific Papers of Arthur Holly Compton* (The University of Chicago Press, Chicago 1973), pp. 727-731; pp. 730-731.

Como es natural —sucede con todos los descubrimientos—, con el paso del tiempo se introdujeron nuevas técnicas que mejoraron la aplicación de los rayos X en medicina. La primera fue suministrar al paciente sustancias densas para facilitar el contraste de la imagen obtenida mediante la radiación Röntgen. En 1897, Walter B. Cannon (1871-1945) utilizó materiales pesados (bismuto primero y luego sulfato de bario, menos tóxico que aquél) administrados como papillas para el estudio del aparato digestivo. Otro desarrollo importante fue la introducción, en 1955, del intensificador de imágenes, que sustituía las placas fotográficas por un elemento electrónico. La principal ventaja de este método fue que su rápida respuesta permitía observar y registrar fácilmente imágenes en movimiento, algo muy útil en estudios vasculares y en radiología intervencionista. Además, abría la puerta a la radiología digital, en la que la placa fotográfica es sustituida por un detector electrónico conectado a un ordenador. Un pariente próximo de esta técnica es la tomografía axial computerizada, en la que un tubo emisor de rayos X y un detector giran describiendo un círculo alrededor del paciente. Con la información recogida, un ordenador reconstruye los cortes tomográficos de la zona que se desea.

Fueron un físico y un ingeniero electrónico, Allan Cormack (1924-1988) y Godfrey Hounsfield (1914-2004), los creadores de esta técnica. Precisamente en su conferencia Nobel, Cormack explicó cómo llegó a interesarse por el problema del que surgió la tomografía axial computerizada; resulta pertinente citar lo que dijo en aquella ocasión:[132]

> "En 1955, yo era *Lecturer* de Física en la Universidad de Cape Town (Sudáfrica) cuando el físico del Hospital Groote Schuur dimitió. La ley sudafricana exige que un físico propiamente cualificado supervise la utilización de los isótopos radiactivos, y como yo era el

[132] El texto de la conferencia se puede consultar en la página web de la Nobel Foundation.

único físico nuclear en Ciudad del Cabo me pidieron que pasase un día y medio a la semana en el hospital vigilando el empleo de isótopos, algo que hice durante la primera mitad de 1956. Me ubicaron en el Departamento de Radiología bajo la dirección del Dr. J. Muir Grieve y en el curso de mi trabajo observé la planificación de los tratamientos de radioterapia. Una mujer superponía tablas de dosis de isótopos y producía curvas de dosis que el médico examinaba y ajustaba, un proceso que se repetía hasta que se encontraba una distribución de dosis satisfactoria. Las tablas de dosis de isótopos eran para materiales homogéneos y se me ocurrió que, como el cuerpo humano es bastante inhomogéneo, los resultados se verían deformados por las inhomogeneidades, un hecho del que, por supuesto, los médicos eran muy conscientes. Pensé que para mejorar la planificación del tratamiento tendría que conocerse la distribución del coeficiente de atenuación de los tejidos del cuerpo [la cuantía del haz de radiación que se debilita al atravesar el cuerpo] y que esta distribución tendría que encontrarse realizando medidas externas al cuerpo. Pronto se me ocurrió que esta información sería útil para los diagnósticos y que constituiría un tomograma o series de tomogramas, aunque no aprendí la palabra *tomograma* hasta muchos años después".

Cormack también pensó que si se obtenía el suficiente número de proyecciones con ángulos diferentes, podría lograrse la información necesaria para determinar de manera cuantitativa la estructura interna del organismo y más tarde reconstruir las imágenes de forma que tuvieran utilidad diagnóstica. Aquel mismo año se trasladó a la Universidad de Harvard, donde se dedicó a desarrollar una teoría matemática para la reconstrucción de las imágenes, teoría que sometió a prueba mediante una simulación en el laboratorio el año siguiente, cuando regresó a Ciudad del Cabo. Allí continuó desarrollando su modelo matemático y realizando experimentos de prueba (siempre con fuentes radiactivas), publicando finalmente sus resultados en 1963, pero éstos no atrajeron la atención necesaria.

Diez años después de que Cormack se introdujese en estos dominios, Godfrey Hounsfield, del Departamento de Sistemas Médicos de los Laboratorios Centrales de Investigación de EMI (Electric and Musical Industries), en Londres, comenzó investigaciones parecidas utilizando una fuente de rayos X. Y fue más allá que Cormack, construyendo una máquina real. Primero probó con un cerebro humano conservado en el museo de un hospital cercano, y luego, en 1972, con un paciente; una mujer de la que se sospechaba que padecía una lesión cerebral. La imagen reveló un quiste circular en el cerebro. Nacía así la tomografía axial computerizada. Un ejemplo más de los grandes beneficios que se obtienen cuando se producen "alianzas" entre física y medicina, por mucho que éstas sean tan casuales y temporales como la de Cormack, al que se le ocurrieron sus ideas gracias a encontrarse en un medio diferente (un hospital) al habitual en un físico como él.

En 1979, Cormack y Hounsfield recibían el premio Nobel de Medicina; por entonces el nuevo sistema se aplicaba en alrededor de mil hospitales del mundo.

Radiactividad y medicina

Dando marcha atrás de nuevo en el reloj del tiempo, regresemos al momento en que los rayos X fueron descubiertos. En Francia la noticia de su hallazgo apareció pronto en los periódicos. El 13 de enero, *Le Matin* reproducía una entrevista a Röntgen que había aparecido el día 8 en un periódico vienés, el *Standard*. Por su parte, la Académie des Sciences dedicó su reunión del 20 de enero de 1896 a estudiar el tema. Uno de los asistentes a aquella sesión fue Antoine Henri Becquerel (1852-1908), desde 1891 catedrático de Física en el

Museo de Historia Natural de París. Interesado en el nuevo efecto, y como disponía de sales de uranio que producían fluorescencia, fenómeno que se pensaba tenía que ver con los rayos X, Becquerel se puso a trabajar en el tema, descubriendo finalmente (1896) la radiactividad, dominio en el que pronto profundizaron Marie (1867-1934) y Pierre Curie (1859-1906), identificando en 1898 dos nuevos elementos químicos radiactivos, el polonio y el radio.

Al igual que los rayos X, la radioactividad abrió un mundo nuevo a la física y a la química: ¿cómo era posible que existieran elementos químicos que emitiesen radiaciones sin perder aparentemente peso?, ¿de dónde surgía esa energía? Preguntas como estas serían respondidas con el paso de los años, con la aparición de la denominada física cuántica, y en particular de la mecánica cuántica, pero lo que aquí me interesa señalar es que no fueron sólo la física y la química las disciplinas con las que la radiactividad se relacionó: también lo hicieron la biología y la medicina.

Los efectos biológicos del radio fueron observados muy pronto, en 1900, en Alemania, de manera independiente, por Friedrich Giesel y Otto Walkhoff, que se expusieron ellos mismos a la radiación del radio. En realidad, no era muy difícil pensar en semejante posibilidad: si el radio emitía radiaciones tan potentes, seguramente afectaría a los tejidos biológicos. Pierre Curie se interesó enseguida por los resultados de Giesel y Walkhoff, y en 1901 publicó un artículo conjunto con Becquerel sobre "La acción fisiológica de los rayos del radio".[133] Merece la pena citar algunos pasajes de este trabajo:

> "El Sr. Curie ha reproducido sobre él mismo la experiencia del Sr. Giesel, haciendo actuar sobre su brazo, a través de una hoja del-

[133] Pierre Curie y Henri Becquerel, "Action physiologique des rayons du radium", *Comptes rendus de l'Académie des Sciences,* vol. 132, p. 1.289 (3 de junio de 1901).

> gada de gutapercha y durante 10 horas cloruro de bario radiactivo, de actividad relativamente débil (la actividad era 5.000 veces la del uranio metálico). Tras la acción de los rayos, la piel se ha enrojecido sobre una superficie de seis centímetros cuadrados; la apariencia es la de una quemadura, pero la piel apenas se hace dolorosa. Al cabo de unos días, el enrojecimiento, sin extenderse, aumenta de intensidad; a los veinte días, se forman costras, después una llaga que se ha curado utilizando apósitos; a los cuarenta días, la epidermis comenzó a regenerarse por los bordes, llegando al centro, y cincuenta y dos días después de la acción de los rayos, queda todavía una especie de llaga, que toma un aspecto grisáceo, indicando una mortificación más profunda".

Algo parecido les ocurrió —como se describe en este mismo artículo— a Becquerel y a Marie Curie, aunque estos casos ocurrieron involuntariamente: cuando transportaban pequeños tubos sellados que contenían algunos decigramos de cloruro de bario radiactivo muy potente (de actividad 80.000 veces la del uranio en el caso de Becquerel). En otras palabras: los efectos patológicos del manejo de sustancias radiactivas se hicieron patentes desde el principio a Pierre y Marie Curie. La temprana muerte de Pierre acaso le evitó mayores sufrimientos, aunque por entonces su salud ya se había debilitado mucho. En cuanto a Marie, padeció toda su vida los efectos de sus investigaciones. Especialmente dolorosos fueron sus últimos años. En 1932 se agudizaron las lesiones en sus manos. Finalmente, falleció, en 1934, de anemia perniciosa, resultado de haber estado expuesta durante tanto tiempo a radiaciones. También su hija Irène Joliot-Curie (1897-1956) sufrió los efectos de la radiactividad: murió, en 1956, de leucemia. Desde los 16 años, cuando trabajaba en hospitales o viajaba con su madre en vehículos radiológicos que transportaban aparatos de rayos X por los campos de batalla de la Primera Guerra Mundial, había estado sometida a fuertes dosis de radiación ionizante. Más tarde, su propio trabajo científico había continuado exponiéndola a radiaciones parecidas.

Pierre Curie y Becquerel no fueron los únicos que se interesaron pronto por los efectos médicos de la radiactividad. Las páginas de los primeros tomos de *Le Radium*, la principal revista dedicada a cuestiones de la radiactividad, están llenas de informaciones sobre estos temas. Estudios sobre, por ejemplo, "Un caso de epitelioma vegetativo de la región temporo-maxilar curado por la radioterapia", "Acción del radio sobre algunos tumores particulares: tratamiento de un cáncer epitelieal de oreja", "Acción del radio sobre el sistema nervioso central", "Las sales del radio en el cáncer", "Ensayos terapéuticos con el radio y algunas sustancias fluorescentes". No es extraño, en semejante atmósfera, que también se ofreciesen, en anuncios, productos radiactivos con supuestas ventajas médicas. Así, el Laboratoire Pharmaceutique du Radium del Dr. A. Jabon, de París, anunciaba la preparación de medicamentos radiactivos, como quininas, mercurio, vaselina, lanolina, glicerina o pomada radiactiva.

La popularidad del radio como panacea cuasi universal continuó durante las tres primeras décadas de nuestro siglo. Entre los "milagros" que se adjudicaba al radio se encontraban cremas faciales que contenían radio, y que prometían rejuvenecer el cutis, o baños de radio que devolverían el vigor perdido. Pero semejantes promesas terminaron por conducir a grandes desencantos y acusaciones. En Estados Unidos, un suceso contribuyó notablemente a ello. En 1925, un tal William Bailey, que utilizaba fraudulentamente el título de doctor, patentó y promovió un producto llamado Radithor, que estaba compuesto de agua mezclada con radio; estrictamente, una solución que contenía dos isótopos del radio, el Ra-226 y el Ra-228 (más tarde denominado *mesotorio*), que pretendía curar "la dispepsia, la presión arterial elevada, la impotencia y más de otras 150 enfermedades endocrinológicas". Fuesen cuales fuesen sus virtudes, lo cierto es que el Radithor era letal en grandes cantidades, como se demostró algún tiempo después, cuando un millonario (y campeón de golf *amateur*) de nombre Eben Byers comenzó a tomarlo en 1927, bajo la recomendación de un médico, para tratar un dolor crónico en uno de sus brazos. Inicialmente, Byers manifestó que se sentía rejuvenecido, pero en 1932, después de haber consumido entre 1.000 y 1.500 botellas de Radithor, Byers falleció, víctima de una anemia severa, pérdida de peso, destrucción masiva de los huesos de su mandíbula, cráneo y en general esqueleto, y disfunciones en el riñón. La tragedia fue aireada por la prensa, y la Food and Drug Administration (Agencia encargada de asuntos alimenticios y medicinales) comenzó a tomar cartas en el asunto.

La época dorada del radio como panacea médica fue, de esta manera, terminando, aunque entre las herencias que nos dejó se encuentran algunas tan valiosas como la fundación, poco antes del comienzo de la Primera Guerra Mundial, del Instituto del Radio, constituido básicamente —todo un ejemplo de interdisciplinariedad institucional— por dos departamentos: el Laboratorio Pasteur, dedicado fundamentalmente a estudios radiofisiológicos, y el Laboratorio Curie, centrado en investigaciones físicas y químicas.

Energía nuclear, política científica y los orígenes de la medicina nuclear

Los trabajos de Marie y Pierre Curie abrieron el camino a muchos otros físicos y químicos. Uno de ellos fue Ernest Rutherford (1871-1937), que se especializó en las radiaciones que emitían las sustancias radiactivas. Con el tiempo, aquel camino terminó conduciendo a la física de altas energías, con sus cada vez más grandes aceleradores de partículas, rama de la física que tuvo como uno de sus más conspicuos paladines a Ernest Orlando Lawrence (1901-1958), el "padre" de los ciclotrones, quien se distinguió por construir en

Berkeley, donde era profesor, aceleradores cada vez más potentes y, por consiguiente, más grandes. Y esto era cada vez más caro, por lo que tuvo que ingeniárselas para buscar fondos.

En la primavera de 1931, Lawrence consiguió una ayuda de mil dólares del National Research Council. En febrero de 1932 lograba poner en funcionamiento el primer ciclotrón (de poco menos de 30 centímetros de diámetro) que alcanzaba 1.220.000 voltios (1,2 MeV). En diciembre del año siguiente, Lawrence construyó otro ciclotrón, de 70 centímetros. En 1939, Berkeley ya contaba con un ciclotrón de metro y medio de diámetro en el que los electrones podían alcanzar los 16 MeV. Y en septiembre de aquel año, Lawrence anunciaba planes para construir uno nuevo que llegase a los 100 MeV. En diciembre recibía el premio Nobel de Física por "la invención del ciclotrón", y en abril de 1940 la Fundación Rockefeller donaba 1,4 millones de dólares para la construcción de esa nueva máquina, el último de sus ciclotrones, que iba a tener más de cuatro metros y medio de diámetro. Lo que me interesa señalar ahora es que hasta 1935 la Fundación había rechazado al menos seis solicitudes para la financiación de aceleradores. Para Warren Weaver, director desde 1932 del Departamento de Ciencias Naturales de la Fundación, esta área de investigación era demasiado nueva y demasiado fundamental (o teórica) para los gustos de su institución. Lo que le hizo cambiar de opinión fueron las aplicaciones biomédicas de los ciclotrones.

Y es que Lawrence advirtió pronto que su máquina tenía aplicaciones médicas y que éstas podían serle de utilidad. De hecho, intentó patentar algunos radioelementos con aplicaciones médicas, para así obtener con su venta fondos para su laboratorio. Sin embargo, la solicitud de patentes de producción de radioisótopos mediante el bombardeo con deuterones no fue aceptada, aunque la patente que cubría al ciclotrón, en donde de hecho se producían, habría podido cumplir de alguna manera funciones parecidas, caso de haberse materializado la industria radiofarmacéutica en la década de 1930.

En un informe que Lawrence preparó en 1934, señalaba que el sodio-24, que era capaz de producir con cierta facilidad bombardeando cristales de sal con deuterones, podía tener importantes aplicaciones comerciales. Este elemento recorre, en efecto, el cuerpo humano como el sodio ordinario, pero su vida media, 15 horas, era adecuada para realizar estudios sobre la circulación de la sangre: una vez ingeridas cantidades muy pequeñas se comprobaba con un contador Geiger que, por ejemplo, esta sustancia radiactiva llegaba a una mano en unos pocos minutos. Aunque también se utilizó para diagnosticar algunos desórdenes vasculares, el sodio-24 no hizo, sin embargo, honor a las esperanzas que Lawrence había depositado en él. Otros radioelementos generados en el ciclotrón sí lo harían (a partir de 1936, junto a los físicos, químicos e ingenieros, comenzaron a trabajar en el laboratorio médicos y biólogos: probablemente, la primera alianza de física y medicina en la era nuclear). El fósforo-32 fue utilizado con éxito en el tratamiento de la leucemia y en la enfermedad de Hodgkin; el yodo-131 para combatir problemas de tiroides, el cobalto-60 en la quimioterapia del cáncer y el tecnecio-99 para diagnosticar el cáncer.

Fueron estos nuevos horizontes que se vislumbraban los que hicieron que la Fundación Rockefeller, siempre interesada en los desarrollos médicos, venciese sus reparos. Entre 1935 y 1945 apoyó nueve proyectos de acelerador, lo que significa uno de cada seis de los que se construyeron. Los primeros ciclotrones para los que aportó dinero fueron para los laboratorios de Niels Bohr en Copenhague y de Frédéric Joliot-Curie en París, en los que la parte física y la biomédica estaban equilibradas. A estos proyectos europeos, los siguieron, a finales de los años treinta cuatro en Estados Unidos, con fines predominantemente biomédicos: en las universidades de Washington, Minnesota, Rochester y California.

¿Existe alguna lección que extraer de los anteriores hechos? Creo que sí, una al menos. La de que la interdisciplinariedad puede verse impulsada "desde fuera" por agentes (como, en el caso anterior, la Fundación Rockefeller) que obliguen a ir más allá de las fronteras en las que se mueven habitualmente grupos de científicos, los físicos de altas energías en este caso. Se trata de "política científica", un elemento a tomar en cuenta cuando se habla de ciencia. De hecho, no sólo es legítimo, sino recomendable también, implementar medidas de política científica para orientar hacia direcciones determinadas la investigación científica, bien por consideraciones de interés social o de otro tipo. En el caso de los estudios interdisciplinares, si —como sucede en mi opinión— los claustros universitarios se resistiesen a incorporarlos en los programas de estudio, sin más razón última que la formación especializada que en el pasado ellos recibieron, entonces los políticos responsables de controlar los sistemas educativos deberían introducir las oportunas reformas para adecuar la formación de las nuevas generaciones a las necesidades del tiempo, interdisciplinar, en el que viven.

La influencia de elementos externos en el desarrollo de la ciencia —un tipo, al fin y al cabo, de interdisciplinariedad, en este caso una confluencia de ciencia y política— puede ser, de hecho, de muy diversos tipos. Otro ejemplo, particularmente importante en la historia política de la segunda mitad del siglo XX y que tuvo entre sus consecuencias la creación de una nueva especialidad médica, la "medicina nuclear", fue fruto del descubrimiento realizado, en diciembre de 1938, por Otto Hahn (1879-1968) y Fritz Strassmann de la fisión del uranio y su subsiguiente aplicación en la fabricación de bombas atómicas.

La conciencia de los peligros que para la salud implicaba manipular materiales fisionables fue desarrollándose según avanzaba el Proyecto Manhattan, establecido por Estados Unidos en 1942, inmediatamente después de que este país entrase en la Segunda Guerra Mundial, para aplicar el descubrimiento de Hahn y Strassmann fabricando bombas atómicas, algo que se consiguió en 1945, lanzándose poco después (agosto de 1945) sobre las ciudades japonesas de Hiroshima y Nagasaki. Digo "desarrollándose" porque en realidad ya antes se habían iniciado los trabajos en semejante dirección. En 1935, John Lawrence (1904-1991), hermano de Ernest, el director del Laboratorio de los Álamos, donde se ultimaron las bombas atómicas del Proyecto Manhattan, continuando experimentos que el año anterior había iniciado H. F. Blum, del Departamento de Fisiología de Berkeley, demostró que los haces de neutrones eran considerablemente más letales biológicamente que los rayos X. Como los científicos que utilizaban los ciclotrones estaban expuestos continuamente a la emisión de neutrones, se redujo la dosis permitida de exposición a las radiaciones y se realizaron estudios sobre las formas de atenuarlas. De hecho, en 1935 el Laboratorio de Lawrence comenzó a contratar biólogos y médicos, lo mismo que ya había hecho antes con químicos que completasen a los físicos.

Una vez en marcha el Proyecto Manhattan, la conciencia del peligro aumentó aún más, como muestran los diarios de uno de los científicos más destacados del grupo de Berkeley, Glenn T. Seaborg (1912-1999), premio Nobel de Química en 1951 y descubridor de varios elementos transuránidos de la serie del actinio. En ellos, en la entrada correspondiente al 5 de enero de 1944, Seaborg reproducía unas notas que envió a Robert Spencer Stone:[134]

> "Se me ha ocurrido que los riesgos fisiológicos de trabajar con el plutonio y sus compuestos pueden ser muy grandes. Debido a que emiten radiación alfa y a su larga vida, puede suceder que el almacenaje permanente en el cuerpo de incluso cantidades muy pequeñas, digamos un miligramo o menos, resulte ser muy dañino.

[134] *The Plutonium Story. The Journals of Professor Glenn T. Seaborg, 1939-1946* (Battelle Press, Columbus 1994), p. 368.

La ingestión de cantidades tan extraordinariamente pequeñas como unas pocas decenas de microgramos puede ser desagradable, si se sitúa en una posición permanente. Como pronto comenzarán a manejarse aquí y en el Sitio Y [una de las plantas de producción de uranio 235] cantidades relativamente grandes, es posible imaginar muchos métodos por los que cantidades de este orden puedan introducirse [en los que se relacionen con ellas] salvo que se tomen las mayores precauciones.

Además de ayudar a que se establezcan medidas de seguridad en su manejo para evitar que tengan lugar tales accidentes, querría sugerir que se iniciase lo antes posible un programa para trazar el recorrido del plutonio en el cuerpo. En mi opinión, tal programa debería constituir una alta prioridad".

Un nuevo paso en la dirección de acercar, y ampliar sus perspectivas, física y química nucleares a la medicina, lo dio Dwight David Eisenhower (1890-1969), el mismo año, 1953, en que fue elegido para la presidencia de Estados Unidos. Me estoy refiriendo al Programa Átomos para la Paz, que presentó en un discurso ante la Asamblea General de la Organización de Naciones Unidas (ONU) el 8 de diciembre de aquel año. En su autobiografía, Eisenhower escribía que "el núcleo del discurso, después de un recital del terrible horror al que se enfrentaba todo el mundo en un guerra nuclear" se incluía en los siguientes párrafos:[135]

"Para hacer que llegue antes el día en el que el miedo al átomo comenzará a desaparecer de las mentes de la gente [...] existen ciertos pasos que podemos tomar ahora.

---

[135] Dwight D. Eisenhower, *The White House Years. A Personal Account. 1953-1956: Mandate for Change* (Doubleday, Nueva York 1963), p. 253.

En consecuencia, propongo lo siguiente:

Los gobiernos principalmente implicados, en la medida que lo permita la elemental prudencia, comenzarán ahora y continuarán haciendo contribuciones comunes de sus depósitos de uranio normal y materiales fisionables a una Agencia Internacional de Energía Atómica. Desearíamos que tal agencia fuese establecida bajo el patrocinio de las Naciones Unidas. [...] La responsabilidad más importante de esta Agencia de Energía Atómica sería establecer métodos mediante los cuales este material fisionable se asignaría para servir a las empresas pacíficas de la humanidad. Se movilizarían expertos para aplicar la energía atómica a las necesidades de la agricultura, medicina y otras actividades pacíficas. Un propósito especial sería proporcionar abundante energía eléctrica en las regiones del mundo más pobres en la generación de energía".

Efectivamente, la medicina nuclear —especialidad que utiliza compuestos radiactivos que, en el caso del diagnóstico, se incorporan de forma inocua a las rutas metabólicas del organismo— y la protección radiológica se vieron favorecidas por el Programa Átomos para la Paz de Eisenhower. Durante la Primera Conferencia Internacional sobre los Usos Pacíficos de la Energía Nuclear, celebrada en Ginebra en 1955 —fue todo un acontecimiento— los temas biológicos y médicos fueron objeto de diez sesiones. En el ámbito terapéutico se presentaron 27 comunicaciones sobre tratamiento con yodo radiactivo y fósforo-32; mientras que en el del diagnóstico se leyeron 54 comunicaciones, una buena parte de ellas sobre el desarrollo de nuevos aparatos de registro. Entre los participantes se encontraba Hal O. Anger (1920-2005), quien estaba culminando entonces su prototipo de cámara gamma, que completó en 1956. La cámara gamma es un aparato que funciona, en principio, como una cámara fotográfica que, en vez de detectar luz visible, ve radiación gamma, obteniendo imágenes que reflejan la distribución del trazador (el isótopo radiactivo) en el organismo. Junto a los isótopos-trazadores, utilizados en las cámaras gamma, en medicina nuclear también se emplean otros que emiten positrones, producidos en aceleradores de partículas (ciclotrones) de baja energía y utilizados en medicina nuclear en otra maravillosa técnica de imagen: la tomografía por emisión de positrones (PET), otro ejemplo más, junto a otros métodos, como la resonancia magnética nuclear —fenómeno identificado por los físicos Felix Bloch (1905-1983) y Edward Purcell (1912-1997) en 1946 (por ello recibieron el premio Nobel de Física en 1952) y llevada a la medicina como técnica de imagen en la década de 1970 (la primera imagen topográfica por resonancia magnética nuclear de un cuerpo humano se obtuvo en 1976; necesitó cuatro horas de exposición)— de lo que la física puede dar a la medicina.

Más allá de la biología: física y química en el descubrimiento de la estructura del ADN

En los ejemplos que he estado estudiando hasta ahora en este capítulo la "conexión física o química" es transparente. Pero existen otros casos que muestran la participación de técnicas propias de la física y de la química en avances biomédicos. Entre éstos, se encuentra uno de los grandes descubrimientos de la historia de la ciencia de todos los tiempos, un descubrimiento, además, con profundas repercusiones sociales que aún están por explorarse y explotarse totalmente: el descubrimiento de la estructura del ADN, llevado a cabo por James Watson (n. 1928) y Francis Crick (1916-2004) en 1953. Aparte del hecho, que ya nos dice algo, de que Watson era biólogo y que Crick era físico de formación, aunque después de trabajar como físico durante la Segunda Guerra Mundial se pasó a la biología, quiero recordar que en el proceso que condujo a la identificación de los patrones helicoidales de la molécula de la herencia intervinieron más ciencias que la biología. Participó, por supuesto, la bioquímica, como su propio nombre indica, una ciencia interdisciplinar, mestiza. Y también la física, a través de la técnica de difracción de rayos X, de la que de manera magnífica se sirvió Rosalind Franklin (1920-1958) —que había estudiado Física y Química en la Universidad de Cambridge— al tomar en 1952 fotografías de cristales de ADN que aportaron una pista decisiva a Watson y a Crick para producir su histórico artículo publicado en el número del 25 de abril de 1953 de la revista *Nature*: "Estructura molecular de los ácidos nucleicos. Una estructura para el ácido desoxirribonucleico".[136]

La difracción de rayos X es una técnica física introducida por Walther Friedrich y Paul Knipping, quienes en 1912 y siguiendo la propuesta de Max von Laue (1879-1960), dirigieron un haz de rayos X hacia un cristal, comprobando que se difractaba al atravesarlo, lo que indicaba que los rayos X eran ondas. Con este resultado y con las técnicas que a partir de 1913 introdujeron en el análisis teórico de tales difracciones William Henry Bragg (1862-1942) y William Lawrence Bragg (1890-1971), fue posible estudiar la estructura atómica de los cristales sometidos a la radiación X (se deducía esa estructura analizando la posición e intensidad de las imágenes de difracción obtenidas).[137]

---

[136] J. D. Watson y F. H. C. Crick, "Molecular structure of nucleid acids. A structure for deoxyribose nucleid acid", *Nature,* vol.171, pp. 737-738 (1953).

[137] W. Friedrich, P. Knipping y M. Laue, "Interferenz-Erscheinungen bei Röntgenstrahlen", *Sitzungsberichte der Bayerischen Akademie der Wissenschaften (München) mathematisch-physikalische Klasse,* vol. 42, pp. 303-322 (1912). Max von Laue, "Eine quantitative Prüfung der Theorie für die Interferenz-Erscheinungen bei Röntgenstrahlen", *Sitzungsberichte der Bayerischen Akademie der Wissenschaften (München) mathematisch-physilalische Klasse,* vol. 42, pp. 363-273 (1912). W. L. Bragg, "On the spectral reflection of X rays", *Nature,* vol. 93, pp. 410 (1912), "The structure of some crystals as indicated by their diffraction of X-rays", *Proceedings of the Royal Society* A 89, pp. 248-277 (1913); W. H. Bragg y W. L. Bragg, "The reflection of X-rays by crystals", *Proceedings of the Royal Society* A, vol. 88, pp. 428-438 (1913).

Y todos los hombres que acabo de citar eran físicos y trabajaban en centros de física.

De hecho, el descubrimiento de la estructura del ADN pudo, y debió de, realizarse en el lugar en el que Franklin tomó sus fotografías: en el Departamento de Física del King's College de Londres, donde trabajaba —en una Unidad de Investigaciones Biofísicas— el físico Maurice Wilkins (1916-2005), y no en el Laboratorio Cavendish de Cambridge, aunque no es irrelevante para la presente ocasión señalar que este laboratorio era de física (su primer director fue James Clerk Maxwell, al que siguieron después lord Rayleigh, J. J. Thomson, Ernest Rutherford y W. L. Bragg). Si el descubrimiento no se realizó en las dependencias de Física del King's College, es porque las relaciones personales entre Franklin y Wilkins eran malas. Y no hay interdisciplinariedad fecunda, ni nada, si no hay colaboración sincera y generosa.

En realidad, incluso si no se hubiese dispuesto de las medidas obtenidas con las técnicas físicas de difracción de rayos X, existían suficientes indicaciones procedentes de la química que habrían bastado para deducir la estructura de la molécula de ADN. Al menos esto es lo que ha sostenido James Watson en su autobiografía. "Incluso sin los rayos X del King's", manifestó allí, "existían suficientes pistas en la bibliografía química que nos habrían podido conducir a proponer una doble hélice como estructura física del ADN".[138] Y si no fueron químicos los que llegaron a resolver el problema, perdiendo de esta manera una oportunidad única de pasar a la historia, fue probablemente porque carecían de los estímulos interdisciplinares a los que Watson y Crick sí fueron sensibles. Es desde semejante perspectiva que se debe leer el siguiente pasaje de la autobiografía de Watson:[139]

---

[138] James D. Watson, *Prohibido aburrirse (y aburrir)* (Tusquets, Barcelona 2010; edición original en inglés de 2007), p. 116.

[139] Ibídem, p. 122.

"La solución de la doble hélice constituyó, en todos los sentidos, un problema de química. Alex Todd me dijo en broma que Francis y yo éramos buenos químicos orgánicos, para no reconocer que uno de los grandes objetivos de la química había quedado resuelto por dos individuos que no eran químicos. En realidad, Francis y yo no habríamos sido los primeros en ver la estructura si los colegas químicos de Todd no se hubieran dedicado a hacer chapuzas. Linus [Pauling] disponía de todas las claves para descifrar la estructura del ADN, pero inexplicablemente no las usó aquel otoño de 1952. Rosalind Franklin habría sido la primera en ver la doble hélice si se hubiera sentido capaz de entrar en la carrera de confección de modelos y si se hubiera prestado a interaccionar más con otros científicos. Si hubiera aceptado a Maurice [Wilkins] como colaborador, en lugar de rechazarlo, entre ambos habrían reparado sin duda en el significado del grupo espacial monoclínico. En tal caso, el desprecio que como cristalógrafa Rosalind suscitaba en Dorothy Hodgkin no le habría asestado el golpe fatal que ahora pareció ser, visto en retrospectiva.

En cambio, Francis y yo estábamos lejos de poder lograrlo solos. En el piso de arriba se encontraba el sagaz Bill Cochran, quien introdujo las funciones de Bessel sobre la teoría de difracción helicoidal en el vocabulario de trabajo de Francis, y de éste pasaron al mío. Más importante aún fue que la espartana mesa de Jerry Donohue no distara más de cuatro metros de la mía y la de Francis, lo que permitió que sus conocimientos de química cuántica acallaran mis intenciones iniciales de construir una doble hélice basada en pares iguales (como A-A y T-T). El Cavendish resultaba por aquella época un imán para mentes deseosas de aceptar los retos que les plantearan otras igual de capaces. En cambio, el Caltech de Linus Pauling era un jardín químico de mortales sobre los que se cernía un dios que no veía ninguna necesidad de asimilar las ideas y actuaciones de otros".

Capítulo IX

La interdisciplinariedad, instrumento para salvar la Tierra

"La sostenibilidad medioambiental debería estar en el centro de las materias que se enseñan, un tema que une la física, la biología, el arte y la historia".

Richard Rogers (1997)[140]

En uno de mis libros denominé el XX el "Siglo de la Ciencia", por la cantidad de descubrimientos y desarrollos científicos que se produjeron en él y por la importancia que éstos tuvieron en la sociedad, la política y la economía. No es posible, sostuve, comprender la historia general de esa centuria que hace poco nos abandonó dejando al margen su ciencia. Instalados ya en el siglo XXI, y siendo testigos de un caudal constante de avances que tiene como protagonistas principales las ciencias biomédicas, podríamos pensar que el pre-

[140] Richard Rogers, *Cities for a Small Planet,* Philip Gumuchdjian ed. (Faber and Faber, Londres 1997), p. 18.

sente siglo será considerado, cuando llegue la hora de ponerle etiquetas, como otro Siglo de la Ciencia, aunque en este caso de las Ciencias Biomédicas. Ahora bien, ¿será realmente así?

Hasta hace poco pensé que sí. De hecho, no hace falta ser un científico para llegar a semejante conclusión: prácticamente todos los días los medios de comunicación nos informan de nuevos descubrimientos que tienen que ver con la vida; descubrimientos, además, que no nos pueden dejar indiferentes, ya que afectan, o pueden afectar, a dominios que nos son especialmente queridos, como son la lucha contra enfermedades y discapacidades, o los mecanismos de reproducción. Sin embargo, cada vez con mayor intensidad, va creciendo en mí la convicción de que acaso esta centuria nuestra termine siendo recordada como el Siglo del Medio Ambiente. Y es que cada vez son más numerosas y más frecuentes las evidencias de que nuestras conductas están modificando la naturaleza y el clima en formas tales que afectan profundamente nuestras vidas, siendo tarea prioritaria la de reaccionar ante los desastres que esto produce.

Las evidencias de que el clima está cambiando no dejan de aumentar: basta con echar un vistazo a esas fotografías tomadas con apenas una década de diferencia en la que se ve como han retrocedido glaciares, modificando radicalmente el paisaje. Aunque no sea imposible suponer que lo que ahora observamos sean fenómenos pasajeros, es cada vez más difícil continuar pensando en términos semejantes. Estamos modificando (por no emplear la expresión, más adecuada, *destruyendo*) la naturaleza, el medio ambiente, el producto, larga y lentamente edificado, de la historia de nuestro planeta. Y no podemos cerrar los ojos ante este hecho. Japón, un país no siempre ejemplar a la hora de respetar los recursos naturales del planeta (recordemos su comportamiento con respecto a la pesca de ballenas), decidió hace pocos años limitar el uso de los aires acondicionados en edificios oficiales, lo que ha conducido, inevitablemente, a una relajación en las vestimentas exigidas.

Si el clima está realmente cambiando, ¿qué consecuencias producirá? ¿Se mantendrá, por ejemplo, la Corriente del Golfo, sin la cual el clima mundial sería muy diferente? ¿Sobrevivirán las pluvisilvas del Amazonas? ¿Serán cada vez más frecuentes huracanes como el famoso Katrina? Son éstas preguntas fundamentales, en las que nos va, por decirlo de alguna forma, la vida, o al menos el tipo de vida al que estamos acostumbrados, y en este sentido el futuro. Nos encontramos frente a la punta de un inmenso iceberg que nos tendrá ocupados y al que tendremos que dedicar recursos, de todo tipo, cada vez mayores.

Los problemas científicos implicados en cuestiones como las anteriores son muy variados. Así, los mecanismos que intervienen en los fenómenos meteorológicos son diversos y complejos, una situación que hace que nos planteemos todo tipo de posibilidades y preguntas, muchas sin contestar todavía. Es difícil de cuantificar, por ejemplo, el movimiento de las corrientes profundas o la emisión directa o indirecta del calor desde la superficie del mar. Ni siquiera sabemos cuál es la capacidad de los mares para absorber dióxido de carbono, uno de los principales responsables del efecto invernadero (aumento de la temperatura de la atmósfera), del que me ocuparé enseguida. Tampoco entendemos bien cuál es el orden de magnitud de la energía que intercambian, a largo plazo, las aguas del planeta en superficie con las aguas profundas, y también con el aire y con las superficies terrestres.

Y no es sólo lo que ignoramos. Sabemos que los procesos meteorológicos son un arma de doble filo. Las nubes, por ejemplo, pueden actuar como elementos que frenan el efecto invernadero, actuando durante el día como pantallas que impiden la llegada de la radiación del Sol a la Tierra, pero, por otro lado, acumulan calor en las noches, enfriando menos por estar el cielo cubierto.

Afortunadamente, durante los últimos tiempos se está hablando mucho, con frecuencia e intensidad creciente, de los problemas asociados al clima y medio ambiente, aunque algunos —cada vez menos, cierto es— insisten en lo que todavía desconocemos sobre los procesos que rigen el clima, y que, en cualquier caso, aún tenemos tiempo. No sé si es cierto que aún tenemos tiempo: Al Gore, convertido en uno de los grandes misionarios en la defensa del medio ambiente, cree que no tenemos más de unos diez años para tomar medidas que eviten el cambio climático, pero otros piensan que ya hemos cruzado la frontera, el punto de no retorno, y que lo único que podemos hacer es minimizar las consecuencias y prepararnos y preparar a nuestros hijos para lo que habrá de venir. Pero aunque todavía tengamos tiempo, aunque existan incógnitas científicas, con los datos de los que ya disponemos sería criminal no tomar medidas. Absolutamente criminal para el futuro.

El punto que me interesa resaltar aquí es que no podremos aspirar ni a entender, ni a combatir, los problemas medioambientales que aquejan a nuestro planeta si no nos imbuimos totalmente del "espíritu interdisciplinar". La justificación de semejante afirmación debería ser evidente; los procesos que subyacen en los fenómenos atmosféricos involucran todo tipo de disciplinas científicas: intercambios energéticos y gradientes de temperaturas, radiación que se recibe del Sol, reacciones químicas, composición de la atmósfera, desplazamiento de corrientes atmosféricas y marinas, biología animal y de plantas para entender el comportamiento y reacciones de especies animales y vegetales, procesos industriales, modos y mecanismos sociales de transporte y un largo etcétera. En pocos lugares, si es que en alguno, nos encontramos con una manifestación tan amplia, transparente e importante como la que proporciona el medio ambiente y la situación de la vida (animal y vegetal) en la Tierra, para apreciar el valor de la interdisciplinariedad.

Se trata, además, de una interdisciplinariedad que no se limita a las ciencias de la naturaleza y a la tecnología, implicando asimismo a la política y a la economía. De esta última, recordaré que la difusión a finales de 2006 del denominado Informe Stern sobre la economía del cambio climático intensificó la discusión del problema en los medios de comunicación. En este informe nos encontramos con pasajes del tipo:[141]

> "La evidencia científica es ya abrumadora: el cambio climático es una amenaza global y exige una respuesta global urgente [...].
>
> El cambio climático afectará a los elementos básicos para la vida de todas las personas del mundo: acceso al agua, producción de alimentos, salud y medio ambiente. Cientos de millones de personas podrían sufrir hambre, escasez de agua e inundaciones en las costas según aumente el calor.
>
> Utilizando los resultados de modelos económicos formales, este informe estima que si no actuamos, los costes y riesgos totales del cambio climático serán equivalentes a perder cada año al menos el 5% del PIB [Producto Interior Bruto], ahora y siempre. Si tomamos en cuenta el rango más amplio de los riesgos e impactos, las estimaciones del daño podrían ascender al 20% del PIB o más.
>
> Por el contrario, el coste de actuar —reducir las emisiones de gases de efecto invernadero para evitar los peores impactos del cambio climático— se pueden limitar a alrededor del 1% del PIB global anual.
>
> Las inversiones que se realicen en los próximos 10-20 años tendrán un profundo efecto en el clima de la segunda mitad de este siglo y en el siguiente. Nuestras acciones ahora y en las próximas décadas podrían generar riesgos de una profunda alteración de la actividad social y económica, en una escala similar a la asociada con las grandes guerras y depresión económica de la primera mitad del siglo XX. Y será difícil o imposible revertir estos cambios.

[141] Nicholas Stern, *The Economics of Climate Change. The Stern Review* (Cambridge University Press, Cambridge 2007), p. XV.

> Una rápida y enérgica reacción es, por tanto, claramente necesaria. Debido a que el cambio climático es un problema global, la respuesta debe ser internacional".

Como vemos, un lenguaje y análisis económico para un problema relacionado con el uso de la tecnología, cuya comprensión requiere de estudios científicos.

Esta "línea económica" ha ido adquiriendo un nuevo carácter. En un informe publicado en el número del 16 de abril de 2007 de la revista *Newsweek* se analizaba la *cuestión* (ya no necesariamente un *problema*) del calentamiento global desde el punto de vista de las consecuencias económicas. Una de las conclusiones a las que se llegaba es que los países que se beneficiarán más del cambio climático serán, por este orden, Noruega, Finlandia, Suecia, Suiza y Canadá, mientras que los más perjudicados serán Sierra Leona, Bangladesh, Somalia, Mozambique y Etiopía; esto es, los ricos se harán más ricos y los pobres más pobres. Puede que no sea posible mantener las estaciones de esquí de los Alpes, pero en su lugar se podrán construir *spas* con vistas maravillosas. Y la Costa del Sol se verá sustituida por la Costa del Norte escandinava.

Para actuar sobre estos problemas, o situaciones, es precisa —dejo al margen ahora el conocimiento científico y la innovación tecnológica— la política, la acción política. Recordaré en este sentido la celebración en 2006 —el mismo año en el que se hizo público el Informe Stern— de una Conferencia del Clima en Nairobi, cuyo resultado no fue demasiado alentador, aunque fuese en la dirección correcta. Los países desarrollados pactaron allí que en el futuro reducirán un 50% sus emisiones de gases de efecto invernadero. El calendario se debía empezar a discutir dos años después y se esperaba comenzar a actuar hacia 2012, con el 2050 como horizonte para lograr esa anunciada reducción a la mitad de las emisiones. Efectivamente, se siguió hablando sobre el problema en diversos foros internacionales, pero la crisis económica que surgió en 2009 y que aún no nos ha abandonado, ha ralentizado el ya de por sí lento y complicado programa de actuación, que implica una "interdisciplinariedad internacional", esto es, que se actúe en base plurinacional, globalmente.[142]

Este punto, el de la necesidad de actuar globalmente, es importante. En la Era de la Globalización es esencial tomar decisiones políticas aplicables globalmente e informadas desde un punto de vista interdisciplinar. Es esencial, pero todavía no disponemos ni de los instrumentos ni de la tradición que permita hacerlo. Lo más parecido a un instrumento de este tipo es la ONU, pero su poder global es inadecuado para afrontar los problemas a los que nos enfrentamos. Además, no se trata únicamente de poseer la capacidad de actuar globalmente, es preciso hacerlo rápidamente, un tipo de actuación a la que la tradición política internacional, la diplomacia, no está acostumbrada. La situación se complica aún más por otra circunstancia: la de la emergencia de "poderes" que compiten con el otrora cuasi todopoderoso poder político. Me estoy refiriendo al poder económico, un poder que sí ha sabido adaptarse bien a la Era de la Globalización, siendo capaz de actuar por encima de las fronteras, y de una manera que le permite eludir muchos de los controles o cortapisas nacionales (lo que quiere decir eludir los sistemas de control de la ciudadanía, establecidos sobre la base de una democracia); de hecho, de esa adaptación surge su capacidad actual de competir, de erigirse como alternativa al poder político. Únicamente una alian-

[142] A pesar de que han aumentado las evidencias del cambio climático, Estados Unidos, nación líder en consumo energético, no ha incrementado los fondos gubernamentales que dedica a este apartado: en términos reales, en 2008 los presupuestos que dedica a la I+D en el campo de la energía representaban menos de una quinta parte de la cuantía en 1980. Y aunque en 2009 experimentaron un importante aumento, la I+D para la energía es muy inferior a la de áreas como la sanidad y el espacio; ciertamente, mucho menos importante de la que dedican países como Canadá, Dinamarca, Finlandia, Francia, Japón, Corea, Noruega y Suecia.

za de ámbito global de los poderes políticos nacionales, alianza en la que éstos cedieran muchas de sus competencias, podría competir con este nuevo y elusivo poder económico global.

El efecto invernadero, ejemplo de problema global

Como he señalado, el efecto invernadero y el calentamiento asociado a él constituyen un ejemplo, actual y acuciante, de problema que afecta globalmente a la humanidad. Me detendré en él, tratando de hacer hincapié en su dimensión plural, que requiere una comprensión y una capacidad de actuación que involucren disciplinas diferentes.

El efecto invernadero es consecuencia de, sobre todo, la actuación de una serie de gases presentes en la atmósfera. El principal gas de esta clase es el dióxido de carbono (CO_2), aunque también producen efectos semejantes otros, como el metano (CH_4), el óxido nitroso (N_2O) y el vapor de agua, al igual que un grupo de gases producidos en la industria (el hexafluoruro de azufre, por ejemplo, generado en los sistemas de transmisión y distribución eléctrica). Lo que estos gases tienen en común es que si bien permiten que la luz que proviene del Sol atraviese la atmósfera, no dejan salir una parte de la radiación infrarroja rebotada de la Tierra, con lo que se produce un aumento de la temperatura del aire. En principio, los gases de efecto invernadero no son necesariamente malos. De hecho, una cierta presencia de ellos es necesaria para la existencia de la vida, o al menos de nuestra vida: sin ellos, la temperatura promedio de la superficie de la Tierra rondaría los 18° C bajo cero. Con ellos, esa temperatura es, o debería ser en condiciones naturales, de 15° C sobre cero. El problema es que, debido a nuestras actividades la presencia de estos gases, en especial del dióxido de carbono —responsable de en torno al 80% del total de las emisiones de gases de efecto invernadero— ha aumentado de manera extraordinaria. Cuando quemamos combustibles fósiles (petróleo, gas natural y carbón) en nuestras casas, automóviles, fábricas y plantas eléctricas, o cuando producimos cemento, liberamos CO_2 a la atmósfera. Es preciso, por consiguiente, estudiar todos estos dominios, conocer sus características. Si, por ejemplo, se quiere reducir o eliminar la parte que le corresponde a los medios de transporte en el calentamiento global, los fabricantes de coches deben incluir en sus equipos técnicos no sólo a especialistas en mecánica o motores, sino también a otros (químicos o especialistas en la atmósfera, por ejemplo) que puedan interaccionar con aquéllos para dar con tipos de vehículos que no contribuyan al efecto invernadero. De hecho, ya existen en el mercado automóviles con motores eléctricos, coches pequeños que gastan menos de 4 litros de combustible en 100 kilómetros, y coches híbridos que consumen y contaminan menos. Y si esos 4 litros fuesen de un biocombustible —combustibles orgánicos procedentes, por ejemplo, de cultivos intensivos de colza, girasol o de otras plantas, al igual que del alcohol obtenido de la caña de azúcar o de la remolacha—, mucho mejor, ya que en su combustión se produce menos dióxido de carbono, entre otras razones porque en su crecimiento estas plantas lo han absorbido antes. Aunque, claro, ya sabemos de las perniciosas consecuencias sociales que está teniendo la utilización de cosechas para la producción de biodiésel.[143]

[143] Sin duda, la transformación a un tipo de automóviles distintos a los actuales tardará, pero lo que no tiene por qué tardar es la reciente tendencia absurda a poseer esos coches todoterreno, los cuatro por cuatro (que sin embargo en su inmensa mayoría únicamente se utilizan para transitar por las ciudades o por carreteras bien acondicionadas, si no por autopistas). Ocupan más espacio, son más peligrosos, si no para sus ocupantes, sí para los otros, y, lo más importante, consumen más (un coche de gasolina de más de 2.000 cm^3 tiene un gasto energético —índice que se mide a partir del gasto de energía primaria por kilómetro recorrido y viajero— de entre 4 y 5,4, frente a 1-1,8 de un coche diésel de 1.400 cm^3, o los 2-2,8 de uno de gasolina de la misma cilindrada; un avión Boeing 747, por cierto, tiene un gasto energético de 2,9). Impuestos o prohibición constituyen el mecanismo más fácil para reducir drásticamente la presencia de estos armatostes.

El de los transportes no es un ejemplo tomado al albur; constituye la fuente de emisiones de dióxido de carbono que crece más rápidamente, tanto en el mundo rico como en los países en vías de desarrollo. El transporte por carretera, los automóviles que utilizan derivados del petróleo, es el mayor responsable, con más del 75%, de las emisiones totales del sector, mientras que el transporte aéreo participa con un 15%, aunque crece rápidamente (entre un 2 y un 3% anual). Es imposible mantener durante mucho tiempo esta tendencia. Olvidándonos por un instante de su aportación al calentamiento global, a nivel biológico los gases que se emiten contribuyen a aumentar la contaminación atmosférica —la suspensión de partículas de, por ejemplo, plomo en la atmósfera—, lo que redunda en una mayor proliferación de las enfermedades respiratorias y cardiovasculares, así como de las alergias. De esta manera, llegamos a la conclusión de que es necesaria también la participación de profesionales de la medicina y salud pública, para que valoren los riesgos y participen en el desarrollo de nuevos modelos y modos de transporte, tareas éstas que, evidentemente, deben estar tuteladas por los poderes públicos.

Otro de los gases de efecto invernadero es el metano, que de hecho es un gas invernadero 24 veces más potente que el dióxido de carbono, aunque, afortunadamente, menos abundante que él, por lo que su efecto es menor por el momento. El 60% del que hay en la atmósfera procede de los vertederos, fermentación generada en el sistema digestivo del ganado, tratamiento de aguas residuales, producción y distribución de gas natural y de la quema de combustibles fósiles. En la cría de ganado a gran escala, los desechos líquidos se almacenan en gigantescos tanques que emiten metano. Existe, además, el riesgo de que la presencia de metano aumente de manera significativa. Por ejemplo, en los cristales de hielo hay grandes depósitos de metano dentro de nichos moleculares denominados *clatratos*. Son estables sólo con el frío o a altas presiones. Al calentarse la

Tierra, hay un riesgo mayor de que estos clatratos se fundan liberando grandes cantidades de metano.

Ante evidencias y problemas como éstos, son muchas las cuestiones que surgen. Una de ellas es si no sería posible hacer algo para que disminuya la presencia de dióxido de carbono en la atmósfera. En este sentido hay que comenzar recordando que no hay mejor consumidor de dióxido de carbono que las plantas, que lo recogen a través de la fotosíntesis. Y hablar de plantas, significa recurrir a especialistas en botánica o biología de vegetales.

La fotosíntesis, no está de más recordarlo, es la base de la vida actual en la Tierra. Consiste en una serie de procesos mediante los cuales las algas, plantas y algunas bacterias utilizan la energía de la luz para transformar la materia inorgánica de su medio externo en materia orgánica que utilizarán para su crecimiento y desarrollo. Los organismos capaces de llevar a cabo este proceso se denominan autótrofos. Salvo en algunas bacterias fotoautótrofas, el proceso de fotosíntesis produce liberación de oxígeno molecular (proveniente de moléculas de H_2O) hacia la atmósfera. Uno de los pasos de la fotosíntesis, el que interesa mencionar aquí, es aquél en el que se asimila el CO_2 atmosférico para producir hidratos de carbono, e indirectamente el resto de las moléculas orgánicas que componen los seres vivos (aminoácidos, lípidos, nucleótidos).

En consecuencia, cuánta más vegetación exista, más dióxido de carbono se consumirá. Y, sin embargo, resulta que una de las actividades a las que los humanos nos hemos dedicado con más intensidad desde hace siglos es la destrucción de bosques y selvas. Está, por ejemplo, la deforestación que sufre la Amazonía. Son familiares esas imágenes aterradoras de vastas extensiones que antes eran frondosas selvas y que ahora son eriales despojados de cualquier tipo de vegetación, tras la tala indiscriminada, salvaje, de sus árboles. Hace no mucho se descubrió que el Instituto Brasileño del Medio Ambiente había estado implicado, durante años, en la destrucción ilegal de importantes áreas de la selva amazónica, concediendo licencias a madereros para talar árboles (se estima que han conseguido extraer de Mato Grosso unos dos millones de metros cúbicos de madera). Semejante destrucción tiene además otras consecuencias: en la atmósfera que recubre los bosques se produce una mayor evaporación de agua que sobre praderas o superficies desprovistas de vegetación, con el resultado de que el aire que rodea a éstas últimas contiene menos vapor de agua que el de bosques y selvas, lo que significa menos lluvia. Asimismo, un bosque refleja entre un 12 y un 15% de la luz solar que cae sobre él, mientras que una pradera refleja el 20% y un desierto el 40%. Ahora bien, la mayor energía solar que absorbe una zona con abundante vegetación tiende a estimular corrientes de convección y otras actividades dinámicas en la atmósfera, conduciendo a la producción de lluvia. Así que cuando desaparecen los bosques, se reduce la lluvia, lo que ha llevado a cada vez más investigadores a pensar que a finales del siglo XXI regiones como la Amazonía se verán convertidas en regiones semiáridas.

Como he indicado, también las algas marinas utilizan dióxido de carbono, pero resulta que a medida que los océanos se calientan, el área cubierta por aguas pobres en nutrientes crece, convirtiendo el océano en un lugar inhóspito para las algas, lo que da lugar a que disminuya el ritmo de reducción de dióxido de carbono en la atmósfera.

Energía nuclear y cambio climático

El aumento de la presencia de dióxido de carbono en la atmósfera terrestre ha hecho que la cuestión de la utilización de energía nuclear de fisión (la de fusión es por el momento una esperanza en un horizonte lejano) para la producción de energía eléctrica haya experimentado en los últimos años un cambio importante en la percepción que muchas personas tienen de esta fuente energética. Y ello por la sencilla razón de que esta fuente energética no implica emisión del temible dióxido de carbono.

La evidencia de esto ha hecho, efectivamente, que algunos distinguidos defensores del medio ambiente hayan cambiado de opinión con respecto a la energía nuclear. En 1989, ante una audiencia de 1.500 estudiantes del Instituto de Tecnología de Virginia, el biólogo de poblaciones y ecólogo Paul Ehrlich (n. 1932), uno de los más firmes y constantes enemigos de la energía nuclear durante décadas, anunció que, en vista del efecto invernadero, estaba dispuesto a apoyar la energía nuclear si ésta se basaba en nuevas tecnologías intrínsecamente seguras (a veces las convicciones son producto de la necesidad). De la misma manera, más recientemente, James Lovelock (n. 1919), el imponente científico más conocido como el padre de la teoría de Gaia, ha escrito en un libro titulado *The Revenge of Gaia* (2006):[144]

> "Yo soy un verde, y me cuento entre sus filas, pero ante todo soy un científico; por eso es por lo que ruego a mis amigos ecologistas que reconsideren su ingenua fe en el desarrollo sostenible y las energías renovables y que abandonen la creencia de que con ellas y con políticas de ahorro de energía basta para solucionar el problema al que nos enfrentamos. Más importante todavía es que abandonen su obstinado rechazo de la energía nuclear. Incluso si tuvieran razón acerca de sus peligros —y no la tienen—, usarla como fuente de energía segura y fiable representaría una amenaza insignificante comparada con las incomparables y letales olas de calor y la subida del nivel del mar que amenazan todas las ciudades costeras del

[144] James Lovelock, *The Revenge of Gaia* (Allen Lane, Londres 2006), p. 11. Existe versión al español: *La venganza de la Tierra* (Planeta, Barcelona 2007).

> mundo. El concepto de energías renovables suena bien, pero hasta ahora son poco eficaces y muy caras. Tienen futuro, pero no tenemos tiempo para experimentar con ellas: la civilización se enfrenta a un peligro inminente y tiene que recurrir a la energía nuclear o resignarse a sufrir el castigo que pronto le infligirá un planeta indignado. La política de ahorro de energía de los verdes es correcta, aunque sospecho que, igual que perder peso, es algo que resulta más fácil de decir que de hacer [...].
>
> No estoy diciendo que la energía de fisión nuclear sea lo ideal a largo plazo para nuestro planeta enfermo, o que vaya a solucionar todos nuestros problemas, pero hoy por hoy es la única medicina eficaz de la que disponemos".

Una magnífica manifestación de que los tiempos han cambiado con respecto a nuestra percepción de los peligros de la energía nuclear es el número correspondiente a enero y febrero de 2007 de la histórica revista *Bulletin of the Atomic Scientists*. Fundado por un grupo de físicos atómicos en 1947, una característica de esta publicación es un reloj que aparece en su cabecera, que marca el tiempo, los minutos que según sus responsables nos separan de un cataclismo nuclear, que correspondería a la medianoche. Al aparecer, la distancia estimada a esas 12 de la noche era de 7 minutos. Desde entonces, el minutero ha cambiado de posición 17 veces más, con un mínimo de 2 minutos en 1953, cuando Estados Unidos y la Unión Soviética realizaron, separadas sólo por nueve meses, sus primeras pruebas con bombas de hidrógeno, y un máximo de 17 minutos en 1997, cuando esas mismas naciones firmaron el Tratado Estratégico de Reducción de Armamento Nuclear. En el mencionado número de enero-febrero de 2007, el reloj, que marcaba 7 minutos desde 2002 (cuando Estados Unidos rechazó una serie de tratados de control de armamento nuclear y anunció que abandonaba el Tratado de Misiles Antibalísticos), se adelantó 2 minutos, dejando la distancia a la medianoche en 5 minutos. Se trata de la quinta distancia más pequeña que nos separa de esa terrible medianoche en la historia de la revista. Ahora bien, la novedad, la absoluta novedad, es que se trata de la primera vez que el desplazamiento horario tiene lugar en relación con un suceso no nuclear. El motivo en esta ocasión es el cambio climático. "Las armas nucleares", se lee en uno de los titulares, "todavía plantean la amenaza más poderosa a la humanidad, pero el cambio climático y las tecnologías emergentes han acelerado nuestra capacidad de autodestrucción".

Visto desde esta perspectiva, la utilización de la energía nuclear de fisión en la producción de energía adquiere un carácter nuevo. Un carácter que afecta incluso al aspecto más controvertido, y peligroso, de esa energía: la larga vida de los residuos. En efecto, si el cambio climático llegase a producirse, la duración de éste sería también muy larga, comparable acaso, tal vez incluso superior, a la de los residuos en cuestión. Y no podríamos hacer nada por modificar semejante secuencia; la naturaleza es, no lo olvidemos, un compañero de viaje que transita a su propio ritmo, en otros órdenes de magnitud.

Vemos con este último comentario, otra aparición de la interdisciplinariedad: lo que inicialmente era un dominio, el nuclear, ligado a la física nuclear, armamento atómico, producción de energía y relaciones internacionales, ha ampliado ahora su ámbito, introduciéndose en la discusión del calentamiento global. Una discusión en la que, evidentemente, es necesaria la participación de especialistas de muchas otras disciplinas y mundos, como biólogos, médicos, ecólogos, economistas, urbanistas y, naturalmente, políticos.

Medio ambiente y ciencia: agujeros en la capa de ozono

Que las temperaturas medias aumentan, que los glaciares se derriten, que las especies desaparecen, que la polución atmosférica y de las aguas aumenta, o que proliferan las alergias es algo que la mayoría de nosotros podemos percibir fácilmente, de forma directa. Y al darnos cuenta de su existencia, sin que para ello necesitemos en principio apenas de recursos científico-tecnológicos, podemos —y debemos— exigir que se tomen medidas, medidas globales, para resolverlos. Pero no siempre los problemas medioambientales graves se pueden percibir directamente, sin necesidad de la ciencia. Un ejemplo esclarecedor en este sentido se halla en el descubrimiento de los agujeros de ozono en la atmósfera.

El ozono es una molécula formada por tres átomos de oxígeno (O_3), que desempeña un papel importante en la atmósfera de la Tierra, a pesar de que constituye una parte muy pequeña de ella (se encuentra entre los 10 y los 40 kilómetros sobre el nivel del mar, alcanzando su concentración más alta en la denominada ozonosfera, a unos 25 kilómetros de altura). Para la vida en la Tierra, el ozono es especialmente importante ya que absorbe radiación ultravioleta procedente del Sol, que si incidiera directamente en macromoléculas esenciales para la vida, como, por ejemplo, proteínas y ácidos nucleicos, las dañarían gravemente. Precisamente por este hecho, preocupó tanto lo que se descubrió a comienzos de la década de 1970 sobre los daños en la capa de ozono.

En la década de 1920 se produjeron en los laboratorios de uno de los gigantes de la industria química, la estadounidense Du Pont, unos nuevos compuestos químicos conocidos como clorofluorocarbonos (CFC). Los químicos idearon un nuevo propelente —mezcla de dos gases, dos compuestos de cloro, flúor y carbono— que podía ser almacenado en pequeñas latas de metal. Sólo faltaba que se inventase una válvula que pudiese facilitar la salida del contenido de la lata —por ejemplo, pulsándola—, algo que se desarrolló en la década de 1950. A partir de entonces, los llamados *sprays*, o aerosoles, inundaron los mercados, conteniendo todo tipo de productos químicos muy solicitados (desde desodorantes hasta insecticidas), que eran expulsados, atomizados, por el CFC que contenían. Se fabricaron millones y millones de aerosoles, y cada uno contribuía con una modesta, pero no nula, cantidad de CFC a la atmósfera. Nadie, no obstante, vio un problema en ello. Hasta que tres científicos, un ingeniero holandés, Paul Crutzen (n. 1933), y dos químicos, el estadounidense Sherwood Rowland (n. 1927) y su estudiante posdoctoral, el mexicano Mario Molina (n. 1943), mostraron el serio problema que se estaba ocasionando (por sus contribuciones, Crutzen, Rowland y Molina recibieron el premio Nobel de Química correspondiente a 1995).

Lo que estos científicos explicaron es que, cuando los gases de CFC contenidos en la atmósfera reciben radiación ultravioleta, se descomponen en dos partes, una de las cuales es cloro (Cl), que de esta forma queda libre en la atmósfera. Este cloro se combina con el ozono atmosférico según varios ciclos. En el más sencillo, se produce primero la reacción química, $Cl + O_3 \rightarrow ClO + O_2$; a continuación, el ClO se combina con un átomo de oxígeno dando lugar a cloro más una molécula de oxígeno. El saldo neto de estas reacciones es, por un lado, que el ozono se convierte en oxígeno normal, por lo que su cantidad se reduce, y, por otro, que el cloro continúa libre, con lo que puede reanudarse el ciclo, destruyéndose aún más ozono.

En otro ciclo interviene el óxido nítrico (NO), que produce un efecto similar al de la reacción que acabo de explicitar cuando se combina con el ozono. La presencia del óxido nítrico, que como el cloro se regenera en este ciclo, no debe pasar desapercibida. El nitrógeno es, con mucho, el constituyente más abundante de la atmósfera (forma el 79% de ella), de manera que es fácilmente disponible para la formación de óxidos que contribuyan a hacer desaparecer el ozono (una manera de producir NO es a través de la combustión que tiene lugar en aviones supersónicos, así como en vehículos espaciales).

Que estos fenómenos se producen realmente en la atmósfera terrestre es un hecho que comenzó a hacerse especialmente patente en 1985, cuando un equipo dirigido por Joseph Farman detectó sobre la Antártida una rápida, e importante, disminución de ozono cuando en la primavera el Sol vuelve a alumbrar aquella región, poniendo fin a la larga noche polar. Investigaciones posteriores demostraron que este "agujero" en la capa de ozono se debía, efectivamente, a la presencia de átomos de cloro en la estratosfera, procedentes de la ruptura de CFC. Como reacción ante estos hechos, en 1987 la ONU redactó el denominado Protocolo de Montreal, que reclamaba una reducción del 50% en las emisiones de CFC para 1999. Pero ante el aumento de las evidencias en 1992 se acordó el 1 de enero de 1996 como fecha para la prohibición de su producción. Las mediciones realizadas con posterioridad confirmaron que la emisión de CFC había cesado casi por completo, aunque ello no evita que se estime que se ha perdido entre el 10 y el 15% de la capa de ozono.

Sin la ciencia, sin las investigaciones de Crutzen, Rowland y Molina, no habríamos sido capaces de darnos cuenta de que el tan necesario ozono atmosférico estaba desapareciendo, con las terribles consecuencias que esto hubiera implicado. La lección es clara: la defensa del medio ambiente necesita de la interdisciplinariedad; para que la Tierra no se deteriore más, así como para intentar que se recupere de las heridas que ya ha sufrido, es imprescindible una alianza interdisciplinar entre ciencia, sociedad y política.

Capítulo X

Ciencia, arquitectura y urbanismo

"Una ciudad sostenible requiere de una disciplina holística en su planificación, que considere todos los factores que contribuyen a las necesidades económicas, físicas y sociales de una comunidad, y que las relacione con el conjunto del medio ambiente".

Richard Rogers (1997)

La atmósfera, superficies terrestres, océanos, ríos, lagos y casquetes polares condicionan nuestras vidas, y las de todos los tipos de vida que existen en la Tierra, pero no nos debemos limitar a tratar de cómo las diversas disciplinas (científicas, tecnológicas o humanísticas) se relacionan con estos medios, es obligado también considerar otros "objetos" que empleábamos para vivir, o, mejor, en los que pasamos una parte muy importante de nuestras vidas: los edificios y las ciudades. Y hablar de edificios y ciudades es hablar también de arquitectura y de urbanismo.

Arquitectura y ciencia: Wren y Hooke, científicos polifacéticos y arquitectos

En algunos aspectos, la arquitectura se asemeja a la medicina. Ésta se mueve entre la ciencia y la técnica, pero no se puede reducir a ambas, ya que al ser su objeto las personas, su salud, debe adentrarse también en los alambicados territorios de la psicología, e, incluso, en los de la ética. Algo del estilo se puede decir de la arquitectura, en la que su innegable dimensión artística se fundamenta en bases tecnológicas (a su vez informadas, o dependientes, de la ciencia), pero también en la sociología, la geografía o la estética, todo al servicio de las personas que son los destinatarios últimos de las construcciones que producen los arquitectos. Algo de esto, supongo, es lo que quería decir Charles-Édouard Jeanneret-Gris (1887-1965), más conocido como Le Corbusier, cuando escribió:[145] "La casa es un *útil*, dominio de pura técnica. Pero un sentimiento siempre presente, a veces desbordante, ha hecho inmediatamente de ella el objeto de una solicitud especial: homologar la casa a *uno mismo*, hacerla decir 'yo existo', *irradiar*. Manifestación del *yo sensible*: arquitectura. En este tránsito de un fin a otro, de la función *servir* a la función *irradiar*, se sitúa la arquitectura".

Estando como está la arquitectura destinada a servir un objetivo fundamental para los humanos —proporcionarles un cobijo sólido y lo más cómodo posible, así como facilitar su vida social y cultural—, su historia casi se confunde con la propia historia de éstos, al menos

[145] Le Corbusier, "Arquitectura de época maquinista", publicado inicialmente en francés en el *Journal de Psychologie Normale et Pathologique*, n.º 13 (15 de enero-15 de marzo de 1926, París), y luego, traducido al castellano en *Revista de Occidente*, n.º 59 (mayo de 1928, Madrid). Incluido en *Maestros de la arquitectura moderna en la Residencia de Estudiantes*, Salvador Guerrero, ed. (Publicaciones de la Residencia de Estudiantes, Madrid 2010), pp. 249-285; cita en p. 253.

con su historia desde hace milenios. La cuestión que ahora quiero considerar es si en esa historia ocupa algún lugar la ciencia.

Y sí, ocupa algún lugar. Cuando se mira al pasado no es difícil encontrar puntos de encuentro notables entre arquitectura y ciencia, entre arquitectos y científicos. Dos ejemplos distinguidos en este sentido son Christopher Wren (1632-1723) y Robert Hooke, con el que ya nos hemos encontrado en estas páginas.

Wren es conocido como uno de los arquitectos ingleses más importantes de la historia. He dicho arquitecto, y no me he equivocado, pero Wren fue también, y antes, un filósofo natural. Estudiante en el Wadham College de Oxford, donde se graduó en 1649, entre los primeros intereses de Wren figuraron la fisiología (realizó diversos experimentos sobre la transfusión de sangre), la tecnología (construyó algunos instrumentos topográficos y una máquina para elevar agua), la matemática (entre sus aportaciones se cuentan la determinación de la longitud de un arco de cicloide, y la resolución del problema de Kepler: cortar un semicírculo según una proporción dada por una línea a través de un punto determinado de su diámetro) y la astronomía, materia en la que fue nombrado profesor en el Gresham College de Londres en 1657, el mismo *college* en el que se constituyó en 1660 la Royal Society, de la que Wren fue uno de los miembros fundadores (llegó a ser su presidente entre 1680 y 1682). Y de Londres pasó en 1661 a Oxford, para ocupar la cátedra de Astronomía de su alma máter. Fue, por consiguiente, uno de los filósofos de la naturaleza de aquel maravilloso período que llamamos Revolución Científica. Y la conclusión es sencilla: si luego destacó como arquitecto, algo le debieron ayudar sus conocimientos científicos.

En lo relativo a los comienzos de su carrera como arquitecto, seguramente fue determinante que en 1663, cuando Wren tenía 31 años, su tío le encargase diseñar una nueva capilla para el Pembroke College de Cambridge; encargo que constituyó su verdadera introducción en la arquitectura. Pero su dedicación definitiva a la arquitectura llegó algo más tarde, a través de una gran desgracia: el Gran Incendio que asoló Londres en 1666. La magnitud del incendio, el número de edificaciones que quedaron destruidas, hizo que la profesión de arquitecto, tal y como hasta entonces se había entendido, cambiase de manera muy significativa, casi radicalmente. Hasta entonces el arquitecto tenía una relación que podríamos denominar exclusiva con las edificaciones que construía, ocupándose en general solamente de un edificio, que diseñaba y cuya construcción dirigía personalmente en todos sus detalles. En el diezmado Londres de 1666 esto ya no pudo hacerse; tan numerosas eran las obras pendientes. Y así surgió el arquitecto moderno, que diseñaba el edificio y controlaba los trabajos, pero no de la forma tan directa y comprometida como lo hacían sus precursores, que incluso asumían en ocasiones la responsabilidad financiera de la construcción.

De hecho, Wren fue nombrado por el rey director general de la reconstrucción de la ciudad. Una de las obras que dirigió entonces fue la catedral de San Pablo (St Paul), aún hoy uno de los edificios más representativos de Londres.[146] Entre las maravillas de esta catedral, no es la menor su espléndida cúpula. Para que pudiese ser construida, se necesitaron no sólo las habilidades del arquitecto sino también las del, como diríamos hoy, ingeniero de estructuras. Un profesional de este tipo debe poseer habilidades matemáticas notables, y Wren, el astrónomo y filósofo natural, las poseía. No obstante, la tarea era tan compleja que necesitó ayuda, y es muy interesante saber de quién la recibió, en un tiempo en el que no existían centros educativos como las Escuelas de Ingenieros de Caminos, ni tampoco esta profesión: de otro filósofo natural, Robert Hooke, uno de los científicos más importantes

[146] Otras obras de Wren fueron el teatro Sheldonian de Oxford, la biblioteca del Trinity College de Cambridge, el observatorio astronómico de Greenwich y los hospitales de Chelsea y Greenwich.

de la Revolución Científica, que también desempeñó tareas de arquitecto, aunque no con el éxito de Wren. De hecho, Hooke desempeñó el cargo de supervisor de Londres durante los trabajos de reconstrucción de la ciudad tras el incendio. No se encontró a nadie mejor que él, un hombre que se movió por muy diversos dominios, incluyendo, además de la física y la arquitectura, la geología y la microscopía (ya mencioné este apartado de su obra), de la que fue uno de sus fundadores a través de su *Micrographia*, libro en el que, por cierto, se puede comprobar el interés que Hooke tenía por los materiales (véanse, por ejemplo, las Observaciones XV y XVI, dedicadas a, respectivamente, la piedra de Kettering y el carbón o vegetales quemados).[147]

La principal contribución de Hooke para la cúpula de San Pablo fue a través de la teoría de construcción de arcos arquitectónicos que desarrolló. La solución que propuso se basó en que la forma de un arco estable debería tener la forma invertida de una cuerda o cadena que colgase libremente de dos puntos; esto es, la forma de una catenaria invertida. Pero no recurrió únicamente a los análisis matemáticos de estructuras (de hecho, no pudo resolver todos los problemas de esta manera), también se ocupó del estudio de la resistencia de materiales, un apartado que figura de manera prominente en un libro del que ya me ocupé en el capítulo 1, los *Discursos y demostraciones matemáticas*

[147] La obra arquitectónica de Hooke incluye construcciones como: un nuevo edificio para el Real Colegio de Médicos, la Montagu House en la zona londinense de Bloomsbury, en el lugar en que más tarde se construiría el Museo Británico, y el hospital de Bethlehem (o Bedham House, como era conocido), el mayor hospital construido hasta entonces en Inglaterra. Todos estos han desaparecido en la actualidad, sobreviviendo únicamente la iglesia parroquial de Santa María Magdalena en Willen, que diseñó en 1680. También sobrevive el monumento al Gran Incendio, una columna dórica acanalada que se erigió en Londres, para cuyo diseño es importante un apartado de la física y teoría de materiales: el pandeo y, en general, el estudio de la carga crítica que puede soportar una columna sometida a un peso en su extremo, un tema al que contribuyeron, además de Hooke, científicos como Jacques Bernoulli (1654-1705) y Leonhard Euler (1707-1783).

sobre dos nuevas ciencias relativas a la mecánica y movimientos locales (1638) de Galileo.[148]

Arquitectura y nuevos materiales

Los materiales en arquitectura cobraron una nueva dimensión con el Gran Incendio: se introdujeron nuevas normas de edificación que obligaban a utilizar materiales incombustibles, como los ladrillos o la piedra, siendo desterrados de las construcciones las hasta entonces dominantes vigas de madera y los techos de paja. La formación de Hooke como físico, sin duda facilitó su participación en los trabajos que se realizaron a partir de entonces, que en el caso suyo fueron aún más intensos al ser nombrado inspector urbanístico principal de la ciudad.

Hemos entrado así en la ciencia de los materiales, un apartado básico de la arquitectura, probablemente uno de los responsables de que los edificios con los que podían soñar los arquitectos de siglos como el de Wren y Hooke no se parezcan en nada a los que se construyeron a partir de finales del siglo XIX y más aún en las últimas décadas, en las que el desarrollo de la ciencia de los materiales ha sido tal que se dispone de nuevos materiales estructurales y funcionales. Ya en 1926, Le Corbusier expresó con claridad las consecuencias que para la arquitectura representaba la presencia de nuevos materiales:[149]

> "Antes un muro tenía diferentes funciones. Servía para guardarse de los malhechores: los muros de las poblaciones, de las fortalezas, de las casas obedecían a una idea de defensa. Desaparecida esta

[148] En la Jornada Primera Galileo trataba con cierta extensión de "un cilindro o prisma, de madera o de cualquier otra materia sólida, sujeto en la parte de arriba y colgado a plomo, mientras que al otro extremo se le ata un peso".

[149] Le Corbusier, "Arquitectura de época maquinista", óp. cit., pp. 271-273.

finalidad, los muros persistieron porque tenían otra función: soportar los techos. Las paredes habían de ser gruesas porque estaban construidas de piedras que se juntaban difícilmente, porque no se disponía de argamasa, de mortero que agarrase con fuerza. El mortero no ha sido conocido hasta fines del siglo XIX; no se disponía más que de barro, arcilla, cal débil. Era preciso, por tanto, hacer unos muros gruesos para que fueran bastante sólidos.

En cuanto aparecieron los cementos artificiales, más duros que la piedra, se pensó enseguida en construir paredes menos espesas. El descubrimiento del cemento armado hizo considerar enseguida la posibilidad de suprimir incluso los muros soportes. Con los postes de cemento, empleados actualmente, tengo derecho a decir que el muro ha sido suprimido. No tengo más que tapar el intervalo entre dos postes para defenderme del frío, del calor, de los intrusos, y observar que un muro delgado, pero doble, es más eficaz que un muro sencillo y grueso.

Gracias a los materiales modernos, el muro está formado solamente por una fina membrana de ladrillos u otro producto formando tabique, doblado por una segunda membrana interior. Lo que antes era un órgano soportador del edificio se convierte en simple relleno; extremando las cosas hasta el absurdo, podría, sin dificultad y sin peligro, hacer muros de papel. La solidez del edificio no sufriría daño alguno.

He aquí, por tanto, un fenómeno nuevo en arquitectura: puedo prescindir de los grandes espesores y de las grandes superficies de muro que implicaban un sistema estético determinado".

Y de forma parecida, en 1930 Walter Gropius (1883-1969) manifestaba:[150]

[150] Walter Gropius, "Arquitectura funcional", conferencia pronunciada en la Residencia de Estudiantes (Madrid, 5 de noviembre de 1930) y publicada en el n.º 142 de la revista *Arquitectura* (enero de 1931). Reproducida en *Maestros de la arquitectura moderna en la Residencia de Estudiantes*, óp. cit., p. 333.

> "¿De qué posibilidades técnicas dispone la arquitectura de hoy comparada con la de los tiempos pasados? La evolución técnica en el mundo de la construcción depende hoy, más que nunca, del influjo de la ley clásica: alcanzar un efecto máximo con medios mínimos. El desarrollo rápido de la técnica facilita la tendencia a ahorrar espacio, peso y carga móvil. Los nuevos materiales aventajan en cualidades a los materiales antiguos. El acero, por ejemplo, es treinta veces más resistente que el ladrillo. La ligereza de estos materiales nuevos —hierro, vidrio, hormigón— tiene por consecuencia una liberación cada vez mayor de la gravedad de la tierra".

Nuevos materiales, producidos gracias a las investigaciones de físicos, químicos e ingenieros, han hecho posible la construcción de edificios de innovadoras geometrías y de gigantescos rascacielos. Mastodontes como la Torre Willis (antigua Torre Sears; finalizada en 1974, 108 plantas, 442 metros) de Chicago, las Torres Petronas de Kuala Lumpur (1998; 88 plantas, 452 metros), el Centro Mundial de Finanzas de Shangai (2008; 101 plantas, 492 metros) o, el más alto a fecha de hoy, el Burj Khalifa (2010, 160 plantas, 828 metros), situado en Dubai, la ciudad más poblada de los Emiratos Árabes. Otro ejemplo más cercano es el Museo Guggenheim de Bilbao, de Frank Gehry (n. 1929), construido entre 1991 y 1997. Junto a elementos tradicionales como la piedra y el cristal, el titanio es uno de los principales constituyentes de este edificio. Se trata de un material tan resistente como ligero, y aunque es el cuarto metal más abundante en la corteza terrestre, tras el aluminio, el hierro y el cesio, no fue producido por primera vez en forma metálica hasta 1896 por Henri Moissan (1852-1907). No obstante, aquella primera versión de titanio —obtenida en un horno eléctrico— era muy frágil, no obteniéndose titanio de alta pureza hasta 1925 (Van Arkell y De Boer), siendo a partir de entonces cuando se vislumbró la posibilidad de utilizarlo comercialmente. No pudo, por consiguiente, existir una "arquitectura del titanio" (que, de hecho, es muy cara) hasta el siglo XX.

Ante esta dimensión tecnológica de la arquitectura, podría preguntarse alguien cuáles son las fronteras que separan a ésta de la tecnología, a un arquitecto de un ingeniero. No faltan, por ejemplo, quienes acusan a Santiago Calatrava de ser un ingeniero y no un arquitecto. En la era de la interdisciplinariedad, semejantes acusaciones carecen, en mi opinión, de sentido. Las estaciones de ferrocarriles, museos o puentes de Calatrava son, es cierto, obras de ingeniería, pero también lo son de arquitectura. Si algo se puede decir de los arquitectos-ingenieros actuales es que se mueven con maestría a través de la fronteras disciplinares de arquitectura e ingeniería, haciendo que se difuminen.

Otras dimensiones científicas de la arquitectura: Le Corbusier y Buckminster Fuller

Existen otras dimensionas científicas, aparentemente más ocultas, en la arquitectura. Tomemos, por ejemplo, de nuevo a Le Corbusier, y su célebre *modulor*, la unidad arquitectónica —o módulo— basada en las proporciones humanas que introdujo en 1948. Muy importante es la dimensión matemática del modulor, que se convirtió de esta manera en un nexo entre matemáticas y arquitectura. Y es que dos de las series que manejó Le Corbusier tenían parcialmente que ver con la altura de las principales posiciones de una persona de 183 centímetros de estatura: 27, 43 y 70 cm para tres posiciones sentada, 86 cm si estaba de pie pero con las palmas de las manos apoyadas sobre una superficie, 113 también de pie pero ahora con los codos apoyados y 140 cm con éstos aún más elevados, y 226 cm con los brazos extendidos. Las series en cuestión (denominadas roja y azul) son las siguientes:

6, 5, 11, 16, 27, 43, 70, 113, 183, 296...
12, 10, 22, 32, 54, 86, 140, 226, 366...

Lo curioso, y significativo, es que estas series son series de Fibonacci (aquéllas en las que la suma de dos términos consecutivos da el siguiente: la "canónica" es 1, 2, 3, 5, 8, 13, 21, 34...), que *albergan* lo que se conoce como "número de oro" o "relación áurea", el número límite que se obtiene dividiendo un elemento de la serie por el siguiente (Fibonacci, por cierto, es el nombre con el que se conoce a Leonardo de Pisa, que vivió entre 1170 y 1240). Se pueden encontrar relaciones áureas en construcciones como el alzado del Partenón o en dibujos como el *Hombre de Vitrubio* de Leonardo, en el que el cociente, entre el lado del cuadrado y el radio de la circunferencia que tiene por centro el ombligo, es el número de oro.

El *modulor* de Le Corbusier —que utilizó en proyectos suyos como la sede de las Naciones Unidas de Nueva York, la unidad de vivienda de Marsella o la oficina de la calle Sèvres de París— constituyó una noble iniciativa, o más bien, un manifiesto para recordar que la arquitectura no debería ser ajena a las necesidades y dimensiones de los seres humanos, por mucho que la técnica nos permita ir mucho más allá.

Más simbólico todavía para la relación ciencia-arquitectura son las cúpulas geodésicas inventadas por el ingeniero y diseñador estadounidense Richard Buckminster Fuller (1895-1983). Se trata de una estructura semicircular poliédrica generada normalmente a partir de un icosaedro o un dodecaedro, aunque también puede construirse a partir de cualquiera de los sólidos platónicos. Buckminster Fuller presentó la solicitud de patente de esta estructura estable y ligera en 1951, construyendo después algunas; pero lo sorprendente, aquello que quiero resaltar aquí, vino más tarde con el descubrimiento de un macrocompuesto químico del carbono, apropiadamente denominado fulereno (o fullereno) por la similitud geométrica de su estructura con las cúpulas geodésicas. El primer fulereno, una molécula con 60 átomos de carbono (C_{60}), dispuestos a modo de un balón de fútbol, fue descubierto en 1985 por Hans Kroto, entonces en la Universidad de Sussex, y James Heath, Sean O'Brien, Robert Curl y Richard Smalley, de la Universidad de Rice. Por su trabajo, Kroto, que se convirtió en un auténtico "apóstol" de los fulerenos, recibió en 1996, junto a Curl y Smalley, el premio Nobel de Química.

Arquitectura y urbanismo para un mundo sostenible

Pero no quiero continuar por sendas como las anteriores. Lo que me interesa ahora es señalar que para combatir algunos de los grandes males que acechan a la humanidad, como son el cambio climático, las limitaciones energéticas, la contaminación atmosférica o la aglomeración en gigantescas urbes, es imperativo ahondar en la colaboración entre arquitectura, urbanismo, ciencia y técnica, sin olvidar que también habrá que tener en cuenta otras disciplinas, como la psicología y sociología, vinculadas al estudio del carácter de los humanos. Debemos construir edificios que minimicen las pérdidas de energía, procurando aproximarse a la autosuficiencia energética, a la *sostenibilidad*, una de las palabras de moda en los últimos años. Junto a materiales con novedosas propiedades térmicas y acústicas, disponemos de elementos, frutos también de la ciencia y la tecnología, como paneles solares, y también la posibilidad del reciclaje de desechos orgánicos.

Hace ya más de una década, el Club de Roma presentó un informe titulado *Factor 4*, en el que se llamaba a multiplicar la productividad de los recursos mediante el procedimiento de incrementar su rendimiento y evitar desperdicios; en otras palabras: doblar la cantidad del producto, pero conservando su calidad, y reducir a la mitad, como mínimo, el consumo de materias primas, energía y transporte. A través de 50 ejemplos, se mostraba que ya existían las tecnologías adecuadas para cumplir con semejante proyecto. Trece años después, podemos decir que, como cabía esperar, la tecnología ha mejorado, que disponemos de materiales, motores o procedimientos como para que el consumo energético y la producción de desechos hubiera disminuido, pero que no es esto lo que ha sucedido: a pesar de que esas tecnologías han producido aparatos que necesitan menos energía para funcionar, en conjunto consumimos más energía, producimos más desechos, ha aumentado el número y el tamaño de las grandes ciudades, estando además su aire más contaminado.[151] "La transformación estival de los edificios estadounidenses", se podía leer en el informe en cuestión, "que de estufas solares pasan a ser frigoríficos eléctricos, devora cerca del 16% de la electricidad disponible en el país, considerado por muchos el más fresco del verano [...] en el interior de las casas, claro está".[152] Y lejos de que esta situación haya disminuido, lo que realmente ha sucedido es que se ha extendido a otros lugares del mundo, España incluida, en un proceso de retroalimentación que hace que la temperatura de la atmósfera de las ciudades sea en verano cada vez más elevada, lo que conduce a que crezca el empleo de acondicionadores de aire.

Las posibilidades de la tecnología actual son inmensas, pero no las aprovechamos, bien por ignorancia, por mala gestión o por la gran desigualdad que existe en la distribución de la riqueza, lo que

---

[151] Un ejemplo de las consecuencias positivas de la innovación tecnológica es que en 1990 el uso medio anual de energía de los frigoríficos estadounidenses (uno de los instrumentos de uso más extendido) se redujese a un tercio del valor de 1975. A su vez, el precio medio de venta al público de un frigorífico nuevo bajó a la mitad, a pesar de que el tamaño medio de las nuevas unidades aumentó. Esto significó que disminuyó la demanda de electricidad en este dominio.

[152] Ernst Ulrich von Weizsäcker, L. Hunter Lovins y Amory B. Lovins, *Factor 4: duplicar el bienestar con la mitad de los recursos naturales (informe al Club de Roma)* (Galaxia Gutenberg-Círculo de Lectores, Barcelona 1997), p.111.

lleva a que no haya disminuido, ni en número ni en proporción, la población mundial cuyo nivel de pobreza es tal que no le es posible acceder a productos o sistemas basados en ciencia y tecnología "limpias". Disponemos de los conocimientos necesarios para que nos libremos de los desechos que producimos, en general ricos en nutrientes, de manera diferente a la que lo hacemos; esto es, en concentraciones y de maneras tales que envenenan el medio. Podríamos, por ejemplo, reciclarlos para producir combustible de metano y fertilizantes. Y el agua —un bien escaso ya, y más aún en el futuro— que ya hemos utilizado podría ser filtrada utilizando sistemas naturales y reutilizada para irrigar el medio urbano o para restaurar los acuíferos locales.

Los avances en la ciencia e ingeniería ecológica están produciendo nuevas generaciones de arquitectos, o, si se prefiere, condicionarán los trabajos de las nuevas generaciones de arquitectos, aunque en realidad, las raíces de este tipo de arquitectura se hunden en el pasado. "Que la arquitectura debería basarse en la ciencia", leemos en un libro sobre la historia del diseño ecológico, "representa la principal continuación del legado de la Bauhaus, como en el trabajo de Buckminster Fuller. Bajo rótulos como *estilo internacional, modernismo* o simplemente *diseño contemporáneo,* la nueva generación de arquitectos continúa determinando la funcionalidad con la ayuda de la ciencia y la tecnología. Mientras que el lenguaje estético cambiará a lo largo del tiempo, el recurso a la ciencia permanecerá en el núcleo de su trabajo. Éste ha sido el caso especialmente entre los diseñadores inspirados por las ciencias ecológicas. Por consiguiente, para comprender los cambios en la arquitectura ecológica, uno tiene que investigar las transformaciones y desarrollos clave en la investigación ecológica".[153]

[153] Peder Anker, *From Bauhaus to Ecohouse. A History of Ecological Design* (Louisiana State University Press, Baton Rouge 2010), p. 5.

Los edificios podrían ser no sólo mucho más eficientes para no despilfarrar energía ni desechos (según una estimación realizada en 1985, en Estados Unidos la mitad de la energía obtenida a partir de combustibles fósiles se consumía en los edificios), sino también "inteligentes"; esto es, capaces de explotar las posibilidades que ofrece la electrónica actual. Podríamos utilizar minúsculos microprocesadores que detectasen nuestra presencia (sensores de rayos infrarrojos, por ejemplo, lo harían por el calor que despedimos), y que se anticipasen a nuestros deseos —que conocerían tras una cierta "educación"—, interpretando incluso nuestras emociones (también, y aunque esto ya pertenezca a un dominio diferente al de "lo ecológico", cuartos de aseo inteligentes supervisarían nuestra salud, realizando, por ejemplo, análisis químicos de orina o tomándonos el pulso simplemente cuando nos sentamos en el asiento del retrete).

Y, sobre todo, jamás debemos olvidar que los edificios son alojamientos —de trabajo, de vivienda o de ocio— para personas, lo que obliga a tomar en consideración una ciencia poco conocida: la ergonomía, que pretende que los humanos vivan y trabajen en armonía con los objetos que emplean y los lugares en los que viven o trabajan. Sillas que utilizamos, máquinas que manejamos, iluminación artificial que empleamos, ruidos o vibraciones a las que estamos sometidos, estructuras de los vehículos con los que nos desplazamos son algunos ejemplos de temas ergonómicos, para los cuales, es evidente, es necesaria la colaboración entre científicos, ingenieros, médicos, arquitectos, urbanistas y psicólogos.

No podemos ni debemos, naturalmente, considerar los edificios aislados, como si existiesen en un limbo autónomo. Todo lo contrario, la mayoría existen en esas aglomeraciones que llamamos ciudades. En 1900, únicamente una décima parte de la población mundial vivía en ciudades. En la actualidad, ese 10% ha aumentando dramáticamente, superando el 50% y dirigiéndose hacia las tres cuartas partes. Y en lugar de crecer el número de ciudades, lo que ha sucedido es que han aumentado de tamaño, especialmente algunas.

Posiblemente en ningún lugar como en el urbanismo, en la planificación y gestión de las ciudades, se haga más presente potencialmente, más necesaria, la interdisciplinariedad. Deberíamos, en primer lugar, combatir la tendencia —hija de la codicia, la especulación y la mala, o ignorante, gestión— a que las ciudades crezcan y crezcan, disminuyendo, además, el espacio entre los edificios y los lugares públicos. Ciudades que parecen diseñadas para que vivan en ellas los automóviles y no las personas. Junglas de asfalto y hormigón, desprovistas de vegetación (y no olvidemos que un árbol de tipo medio absorbe dióxido de carbón, produce oxígeno, transpira 380 litros de agua diarios y purifica el aire de su entorno), en las que aumenta el espacio para que los coches circulen y disminuyen los lugares, cercanos a los domicilios, para que las personas puedan llevar una cierta vida social, comunal, con todo lo que esto significa. Proliferan los grandes espacios comerciales, alejados de las viviendas, a los que únicamente se puede llegar en automóviles privados. "Una ciudad sostenible", sostiene el arquitecto Richard Rogers (n. 1933), "requiere de una disciplina holística en su planificación, que considere todos los factores que contribuyen a las necesidades económicas, físicas y sociales de una comunidad, y que las relacione con el conjunto del medio ambiente".[154] Y una "disciplina holística" necesita de la interdisciplinariedad informada y consciente de las necesidades, de todo tipo (materiales, pero no sólo materiales) de los seres humanos. En la Era de la Globalización es necesario ir más allá de la especialidad, de lo local. Recurriendo de nuevo a Rogers:[155] "Ya se acepta que la planificación urbana es tanto interdisciplinar como no limitada por fronteras metropolitanas. Cada vez con mayor intensi-

[154] Richard Rogers, *Cities for a Small Planet,* Philip Gumuchdjian ed., óp. cit., p. 53.
[155] Ibídem, p. 170.

dad, los planificadores urbanos están considerando la ciudad, las ciudades que están cerca de ellas, así como el contexto regional. En muchos casos, la planificación urbana se ha expandido tomando en cuenta regiones urbanas —por ejemplo, el eje Portland-Seattle-Vancouver, o el Ámsterdam-Rotterdam— en las que se consideran en paralelo las ciudades, la agricultura y el medio ambiente, y centrando la planificación en objetivos estratégicos a largo plazo".

Al igual que en otros casos que he mencionado, disponemos de un gran arsenal de conocimientos científico-tecnológicos que pueden y deben ser utilizados en la acción urbanística. Pensemos, sin ir más lejos, en la importancia que tiene la circulación de corrientes de aire dentro de las ciudades, algo, por supuesto, bien conocido desde hace, seguramente, milenios. Pero las ciudades que construimos ahora son muy diferentes a las del pasado. Ni el tamaño de los edificios, ni la anchura de las calles o la circulación de vehículos se parece a, digamos, la de la Sevilla clásica o la Roma imperial. Existen expertos del medio ambiente y de la meteorología que están colaborando con científicos de otras disciplinas para estudiar los procesos medioambientales de las ciudades y determinar lo "verdes" que éstas deben ser con el fin de evitar que se conviertan en "islas de calor urbanas", en las que el área que cubre la ciudad está a mayor temperatura que su entorno. Aplicando los conocimientos que proporciona la física (como procesos de radiación, reflexión, convección y evaporación), es posible establecer la disposición que debe seguir el arbolado, o la situación de los parques, al igual que utilizar materiales específicos para las paredes de los edificios, incluso recubrirlas con vegetación.[156] Además en la actualidad disponemos de progra-

[156] Ver en este sentido un artículo publicado en la revista del Instituto de Física Británico (British Institute of Physics): Roland Ennos, "Urban cool", *Physics World,* vol. 23, pp , 22-25 (agosto de 2010).

mas de ordenador que se han desarrollado en las industrias aeronáutica y automovilista para estudiar el flujo de aire a través y alrededor de edificios, y en consecuencia en una ciudad. De hecho, Frank Ghery (su estudio, Frank O. Ghery & Associates) utilizó para el cálculo de la compleja estructura del Museo Guggenheim de Bilbao, así como para el diseño para el corte y ensamblaje de las placas de titanio, un sofisticado programa tridimensional denominado CATIA (Computer Aided Three Dimensional Interactive Application) desarrollado por Dassault Systèmes, inicialmente destinado para su uso en la industria aeronáutica.[157] Y la experiencia resultó gratificante para Ghery:[158] "Esta tecnología me proporciona una manera de estar más cerca de la estructura. En el pasado, había muchas etapas intermedias entre mi boceto y la construcción final, y el espíritu del diseño podía perderse antes de que llegara a materializarse. Era como hablar un idioma extranjero, pero ahora, de repente, los que llevan a la práctica mis diseños me entienden. En este sentido, el programa no es deshumanizante, hace de intérprete".

---

[157] Dassault Systèmes es una empresa creada en 1990 por Avions Marcel Dessault, con una importante participación de IBM.

[158] http://www.foga.com. Citado en Jesús Idefonso Díaz, "Matemáticas que sustentan columnas, torres y rascacielos", *Revista de la Real Academia de Ciencias,* vol. 103, pp. 247-267 (2009), p. 248.

Capítulo XI

Ciencias y humanidades

"Además de escritores, pintores, músicos, sociólogos, historiadores, hay en este encuentro un grupo de científicos esclarecidos. Es decir: nos hemos atrevido a desafiar el contubernio tan temido de las ciencias y las artes; a mezclar en el mismo crisol a los que todavía confiamos en la clarividencia de los presagios y los que sólo creen en las verdades verificables: la muy antigua adversidad entre la inspiración y la experiencia, entre el instinto y la razón".[159]

Gabriel García Márquez, discurso en la sesión de apertura
del II Encuentro de Intelectuales por la Soberanía
de los Pueblos de Nuestra América
(La Habana, 29 de noviembre de 1985)

[159] Reproducido en Gabriel García Márquez, *Yo no vengo a decir un discurso* (Mondadori, Barcelona 2010), pp. 35-42; cita en p. 38.

Hasta ahora he estado tratando sobre todo con asuntos que tienen que ver especialmente con las ciencias de la naturaleza (en su concepción más amplia) y con la tecnología, con la interdisciplinariedad entendida como unión o relación de esas disciplinas. Es cierto que han hecho su aparición la economía, la música, la sociología, la política o las creencias religiosas de Newton, pero, salvo en el caso de la economía, una de las denominadas "ciencias sociales", su presencia ha sido casi marginal. No obstante, este tipo de disciplinas —llámenselas "humanísticas" o "sociales"— no puede faltar en una obra como la presente, aunque ésta se centre en las ciencias de la naturaleza y la tecnología. Forman parte muy prominentemente del "escenario del mundo" y sería deseable que se pudiese hablar de una interdisciplinariedad que no fuese ajena a ellas; que existiese una hermandad activa y profunda entre ciencias de la naturaleza y humanidades. Y esto es conveniente no sólo porque la realidad en la que nos movemos y existimos sea también el objeto de materias como la filosofía, el derecho, la literatura o la historia, sino porque si deseamos que se entienda que la ciencia y la tecnología constituyen un conjunto interrelacionado e imbricado en la sociedad, es necesario que la común de las personas, ciudadanos más del reino de las humanidades que del de la ciencia, se sienta también miembro de éste.

Humanidades es, evidentemente, un término engañoso por lo amplio. Tal y como lo voy a emplear aquí, abarca un espectro muy extenso de materias, desde la filosofía a la literatura, pasando por la lingüística, el derecho, la pintura, la música, la historia, la sociología o la economía. Y, como apuntaba antes, en esta escueta y un tanto aleatoria lista se incluyen disciplinas que habitualmente clasificamos más que como "humanísticas" como "ciencias sociales". No es necesario, sin embargo, para mis propósitos entrar en semejantes distinciones, que no afectan al fondo de lo que se quiere tratar aquí. Sí es conveniente señalar que las relaciones posibles de esas materias con la ciencia, o su dimensión científica, son diferentes. Ya nos encontramos, por ejemplo, a propósito de Helmholtz, con una de las facetas científicas de la música, pero el énfasis que entonces hice en la música entendida como conjunto armónico de sonidos es sólo una forma de entender la música. Interesantes son, en este sentido, las siguientes palabras de un distinguido compositor, Tomás Marco:[160]

> "El problema es que la música es una materia muy polivalente. Es ahora tratada como un arte, pero en otras épocas fue considerada una ciencia. Tiene una cercana relación con la matemática y con la física pero, al mismo tiempo, desde su nacimiento está vinculada estrechamente con el lenguaje. De hecho, es muy probable que música y lenguaje nacieran juntos y que en un primer estadio apenas se diferenciaran. Ello se desprende de algunos estudios recientes sobre el lenguaje no sólo fónico, sino también musical y gestual de los *neardenthales.* Pero, dado que se trata de una especie afín pero no directamente nuestra propia especie, nos circunscribiremos a constatar que en nuestros propios albores la música está ligada al lenguaje y que las primeras literaturas eran musicales".

Fonética y ciencia

Y puesto que estamos hablando del lenguaje, recordaré que la lingüística incluye diversos apartados, como, por ejemplo, la gramática, la ortografía o la fonética. De estas tres, la fonética es la que

[160] Tomás Marco Aragón, "Música y ciencia", en *La Ciencia: otras miradas,* José M. Sánchez Ron, coord. (Instituto de España, Madrid 2008), pp. 49-64; cita en pp. 49-50.

se puede relacionar más íntima y fácilmente con la ciencia.[161] Para ilustrar esa dimensión interdisciplinar, recurriré a uno de los grandes fonéticos hispanos: Tomás Navarro Tomás (1884-1979), distinguido miembro de uno de los esfuerzos más notables, y nobles, por intentar que España se convirtiese en un país mejor, más capaz en todas las ciencias, las de la naturaleza al igual que las sociales: la Junta para Ampliación de Estudios e Investigaciones Científicas, institución fundada en 1907 y abolida por un decreto de los vencedores de la Guerra Civil, firmado por Francisco Franco el 19 de mayo de 1938, antes, por consiguiente, de que terminase la guerra. Fue, en efecto, en el Centro de Estudios Históricos de aquella Junta, donde trabajó Navarro Tomás, y donde creó y dirigió un avanzado Laboratorio de Fonética.

El 1 de febrero de 1913, desde Montpellier, donde ampliaba estudios con una pensión de la Junta, Navarro Tomás escribía a Ramón Menéndez Pidal (1869-1968) una carta que me sirve de manera magnífica para mostrar que disciplinas científicas y humanísticas también pueden aliarse en el objetivo común de la búsqueda de un mejor entendimiento de todo aquello que nos rodea o de lo que nos servimos, como, en este caso, el lenguaje:[162]

> "Querido D. Ramón: Verá V. por qué me encuentro aún en Montpellier.

[161] Está también la lingüística matemática, entre cuyas aplicaciones se encuentra la de ser un instrumento de formalización de datos lingüísticos con fines informáticos y estadísticos, pero resultaría demasiado complejo entrar en este campo aquí. Para más información, véase, por ejemplo, el libro de José Fernando Domene Verdú, *Lingüística y matemáticas* (Servei de Publicacions de la Universitat d'Alacant, Alicante, 2010).

[162] El original se encuentra depositado en la Fundación Ramón Menéndez Pidal (Madrid). Citado en José M. Sánchez Ron, "Tomás Navarro Tomás y los orígenes de la fonética experimental en la JAE", *Asclepio,* vol. 59, pp. 63-86 (2007); pp. 76-77.

Para hacer un ensayo sobre las vocales españolas me señalé un pequeño programa: 1° Las vocales consideradas en los órganos de la voz; trabajo de la laringe para cada una de ellas; posición de los labios y de la lengua; separación de las mandíbulas; manera de determinar el punto de articulación. 2° Las vocales como sonidos, no como función fisiológica sino como resultado fonético de esa función; altura musical, cantidad, intensidad y timbre; manera de estudiar las vocales bajo cada uno de estos aspectos.

Una de las cosas que aquí he aprendido es la aplicación de la fonética experimental al estudio del ritmo y entonación del lenguaje; la idea que V. me anunció sobre el tonillo provinciano me afirmó en el interés que esto había empezado a despertarme. Nuestros aparatos no sólo servirán para analizar la naturaleza de cada articulación, su cualidad característica de sonora o sorda, explosiva o continua, palatal, labial, etc.; servirán también para determinar el contenido musical de esas articulaciones señalando los principios de ritmo y de armonía que dan a cada lenguaje una entonación particular.

Entre la voz hablada y la voz cantada no hay diferencia esencial; una de las cosas que con nuestros aparatos pueden estudiarse es esa diferencia, y un día la estudiaremos: el lenguaje es una manera de hablar de canto que se ajusta a medidas de tiempo y de sonido más complejas que las que componen una canción. Los músicos dividen el sonido en tonos y semitonos: en el lenguaje hay que apreciar sonidos intermedios; dividen el tiempo matemáticamente en compases con 2/4, 3/4, 6/8, compasillo, etc., y emplean una infinidad de palabras sin significación exacta: *lento, allegro, ritardando*; todos estos matices pueden medirse en el lenguaje por centésimas y milésimas de segundo; los músicos indican la intensidad demasiado vagamente con las palabras, *fuerte, piano, crescendo,* y hasta con signos: < >; en el lenguaje esta intensidad debe precisarse exactamente con arreglo a una escala de fuerza; la fonética, en fin, puede *pautar* una conversación o un discurso de manera más científica y más exacta que se *pauta* en música una canción.

Una cosa es la función de los órganos que producen el sonido, y otra el sonido producido; la *fonética experimental* comprende estos dos aspectos, el primero como *fonética fisiológica* y el segundo como *fonética musical*; aún queda otro aspecto que debiera estudiar una *fonética psicológica*, acaso la más interesante de las tres; los músicos escriben de vez en cuando: *dulce, expresivo, lánguido*; ¿por qué no ha de llegar la fonética a estudiar también la *expresión* de las palabras, la relación entre el sonido y los sentimientos o las ideas? Como verá V. por todo esto, mis ideas sobre la aplicación de nuestro laboratorio y de todas nuestras herramientas han ensanchado un poco el horizonte; también han aumentado mis ganas de trabajar".

¿*Ciencias* sociales? Historia y ciencia

La historia ocupa un lugar prominente en el universo de las humanidades y ciencias sociales. Es una disciplina antigua, algo que no es difícil de entender: al igual que nosotros, nuestros antepasados lejanos debieron sentir deseos de componer crónicas del pasado, de conocer el camino que habían seguido los que les precedieron. Y como la reflexión científica también es antigua, tiene sentido preguntarse si en algún momento los caminos de la ciencia y la historia se aproximaron. Ahora bien, esta cuestión tiene dos dimensiones. Y aunque, en principio, la primera no es la que más me interesa, es oportuno que nos detengamos un momento en ella, puesto que se trata de una cuestión que afecta a otras disciplinas humanísticas: la de si es posible considerar la historia como una ciencia.

De hecho, esta cuestión no se limita a la historia, sino que abarca todas las disciplinas humanísticas y, sobre todo, las denominadas *ciencias* sociales, habiéndose planteado numerosas veces en el pasado. En su discurso de entrada en la Académie Française, pronunciado el 21 de febrero de 1782, el marqués de Condorcet mostraba su fe en que esas disciplinas se convertirían pronto en ciencias propiamente dichas:[163]

> "Estas ciencias, cuyo objeto es el propio hombre y cuyo fin directo es la felicidad del hombre, están ahora casi establecidas y su desarrollo será tan seguro como el de las ciencias físicas. La querida idea de que nuestros nietos nos superarán en sabiduría, ya no es una ilusión. De hecho, cualquiera que reflexione acerca de la naturaleza de las ciencias morales, no podrá sino aceptar que, apoyadas por la observación factual del tipo de la que se da en las ciencias físicas, ellas deben seguir el mismo método, adquirir un igualmente preciso y exacto lenguaje, y alcanzar el mismo grado de certidumbre".

Ya en el siglo siguiente, John Stuart Mill (1806-1873) analizó en uno de sus libros, *a System of Logic Ratiocinative and Inductive* (1843), más concretamente en una de sus secciones, "On the Logic of the Moral Science" *(Sobre la lógica de la ciencia moral),* la cuestión de si "las leyes de la mente y, en grado aún mayor, las de la sociedad [...] son capaces de llegar a ser objetos de ciencia en el sentido estricto del término", defendiendo, de forma parecida a Condorcet, que sí, y que las "las acciones humanas están sujetas a la ley de causalidad", aunque no sea posible predecir "con precisión científica las acciones de los individuos" porque "las impresiones y las acciones de los seres humanos no son solamente el resultado de sus circunstancias actuales, sino el resultado conjunto de esas circunstancias y de los caracteres de los individuos; y los agentes diversos que determinan el carácter humano son tan numerosos y variados (nada

---

[163] M. J. A. N. de Caritat, marqués de Condorcet, "Discours prononcé dans l'Académie Française le jeudi 21 février 1782", en *Oeuvres de Condorcet,* A. Condorcet-O'Connor y F. Arago, eds., vol. 1 (París 1847), pp. 539-573; p. 392.

de lo que le ha ocurrido a una persona a lo largo de toda su vida se quedaría sin tener su parcela de influencia), que en la situación agregada nunca hay dos casos similares".[164]

Pero como continuar por esta senda, la de considerar en toda su generalidad, histórica y disciplinar, el tema de si las ciencias sociales son ciencias como las de la naturaleza, y en qué sentido, me llevaría demasiado lejos, la abandonaré para limitarme a algunas consideraciones relativas a esta cuestión en el caso concreto de la historia, a la que está dedicada la presente sección. Para ello recurriré en primer lugar a las conferencias que el historiador holandés Johan Huizinga (1872-1945) dictó en la Universidad Internacional de Verano de Santander en julio de 1934, editadas posteriormente bajo el título *Sobre el estado actual de la ciencia histórica*. Escribió allí Huizinga:[165]

> "En lo ilimitado de la materia histórica está encerrada una consecuencia de suma importancia que quiero poner como tercer punto; a saber: la incognoscibilidad, más aún, la imposibilidad de que existan leyes históricas.
>
> Sobre esto se ha disputado muchísimo. Siempre se ha vuelto a hacer a la Historia esta amonestación: si de veras quieres ser digna del nombre de ciencia, debes mostrar tu facultad de calcular lo venidero mediante la regularidad de lo anteriormente sucedido, o al menos, de señalar esa regularidad legal en el pasado.
>
> Hablando de esta exigencia tengo que limitarme a unas pocas observaciones. A propósito de ello quiero dejar a un lado que en las ciencias naturales mismas, desde el tiempo en que estalló por vez pri-

---

[164] John Stuart Mill, *La lógica de las ciencias morales* (Consejo Superior de Investigaciones Científicas, Madrid 2010), pp. 52, 55 y 68.

[165] Johan Huizinga, *Sobre el estado actual de la ciencia histórica* (Revista de Occidente, Madrid 1934), pp. 58-62.

mera la contienda sobre las leyes de la Historia, se ha hecho mucho menos rigurosa la concepción de legalidad de lo que estaba en vigor generalmente por los alrededores de 1900. Sigamos aferrados al sistema: una legalidad en ciencia se hace constar en esta forma: si *A* y *B* se presentan, ha de presentarse *C* también. ¿Puede elevarse la Historia a tales sentencias? Para esto sería menester que, en primer lugar, *A* y *B*, pero *C* también, representasen magnitudes históricas, completamente determinadas y exactamente definidas, de modo que se pudiera demostrar con los términos *A, B, C* la composición constante de cierta relación histórica en una serie de casos entre sí completamente parecidos. Tal cosa, empero, es imposible, como resulta claro para todo el que se haga bien presente la índole de representaciones generales históricas, como éstas a que nos referimos. Sea lo que fuere, una organización del Estado, un movimiento popular u otra cosa, siempre la conexión o conjunto en relación con el cual se concibe el fenómeno será de índole difusa y abierta. La reducción del fenómeno a un factor bien definido en los sucesos está absolutamente excluida [...]. Solamente se puede someter a prueba el carácter conforme a ley de tal o cual fenómeno social cuando se lo saca de la relación histórica, que aconteció, para apreciarlo como mero caso económico o sociológico, es decir, despojado de toda la viva particularidad en la cual lo ve la Historia".

"El espíritu del tiempo moderno", añadía, "está hasta tal punto bajo el influjo de las ciencias exactas, que le cuesta trabajo reconocer su incapacidad para aproximarse con cálculo y fórmula a todos los dominios; que hay formas de penetración intelectual en las cuales se emiten las conclusiones sin un análisis completo de datos aislados y exactamente determinados. Repetidamente se oye expresar la exigencia y las esperanzas —*también* por historiadores científicos— de que al fin y al cabo llegará la Historia a establecer leyes [...]. ¡Vana ilusión! [...] No, la sabiduría de la Historia reside en otra parte que no en establecer leyes generales, las cuales, en las condiciones más desfavorables, suenan como los acordes finales de una sinfonía, altos, pero insignificantes".

Otro distinguido historiador que se ocupó de esta cuestión fue José Antonio Maravall (1911-1986) en su libro *Teoría del saber histórico* (1958), un texto en el que abundan las citas a científicos. Merece la pena, para completar las tesis de Huizinga, detenerse un momento en lo que señalaba Maravall:[166]

> "Esta voluntad de predicción nos lleva al principio en que se apoya la concepción del mundo, propia de la ciencia clásica, y en el cual se resumen y articulan todos los demás principios: *el principio del determinismo*. Reducido a sus más estrictos términos, De Broglie lo define así: 'Existe determinismo cuando el conocimiento de un cierto número de hechos observados en el presente o en instantes anteriores, junto al conocimiento de ciertas leyes de la Naturaleza, hacen posible prever rigurosamente que tal o tal otro fenómeno observable tendrá lugar en un momento posterior'. Pero este principio, saltando sobre los estrechos límites formales en que la anterior definición pretende encerrarlo, ha jugado un papel mucho más grave, mucho más amplio, viniendo a constituir toda una concepción de la realidad, del hombre y de las cosas, todo un tipo de concepción del mundo. Esta concepción se expresa por primera vez en las conocidas palabras de Galileo: el mundo está escrito en lenguaje matemático. Y el sueño de las ciencias todas, de la física a la química y de éstas a la economía, la sociología, la política, etc., ha sido sentirse un día capaces de encerrar sus conocimientos en fórmulas, cuyos términos representen

---

[166] José Antonio Maravall, *Teoría del saber histórico* (Revista de Occidente, Madrid 1958). Yo he utilizado la edición de Francisco Javier Caspistegui e Ignacio Izuzquiza (Urgoiti Editores, Pamplona 2007), pp. 102-103.

mediciones. El fenómeno es conocido por los cultivadores de las ciencias sociales. ¿Y en la Historia?

Fijémonos en que ya el esquema epistemológico de la Historia que hallamos formulado en Tucídides se fundaba en un sistema cerrado de causación, constante y uniforme: los acontecimientos humanos son siempre iguales, se repiten a través de siglos y generaciones porque las mismas causas engendran siempre los mismos efectos. Los hechos históricos constituyen una cadena recurrente de causas y efectos, una cadena cerrada, fija, inalterable, como la Naturaleza [...]. Tal fue durante siglos una idea de la Historia que, si hoy es insostenible, tuvo el mérito de habituar a ver aquélla como un proceso dotado de sentido. La teoría de 'una Historia genética', de Bernheim, depende todavía de la misma fundamentación. Y cuando en el campo de la ciencia esa noción de causa se transformó [...] en la noción formal y matemática de la ley, no menos en Historia ha habido ensayos correspondientes. Por la extremosidad con que intentó llevar a cabo la adaptación merece citarse el caso de un positivista francés, Bourdeau, quien pretendió escribir la Historia por medio de cifras y fórmulas, sin servirse de palabras, porque las palabras debían quedar para la literatura".

Ciertamente Maravall no compartía semejante punto de vista:[167]

"Si conocer los hechos históricos es conocerlos en conexiones, en conjuntos, hemos de construir estos, y para ello hemos de establecer entre sus miembros una relación. Ciertamente, esta relación no puede tener el carácter legal de la física clásica. Las conexiones de los hechos en Historia no tienen un carácter legal en el sentido clásico de ley; no hallaremos nunca una clase de hechos que suceda,

[167] Ibídem, p. 118.

ni forzosamente, ni siquiera con regularidad estadística, a otra clase de hechos. Tampoco podemos nunca afirmar que a un hecho dado corresponda otro, como el efecto a la causa. Nunca habrá posibilidad de aislar esas relaciones para comprobar que, efectivamente, se dan. La Historia, entiéndase, el conocimiento histórico que nos es accesible, no puede ni establecer conexiones lineales de un hecho a otro, ni correspondencias de paralelismo entre dos series de hechos, de modo que en el primer caso podamos enunciar una relación causal, y legal en el segundo".

Y un poco más adelante concluía:[168] "Eso hace que no podamos contemplar la Historia como un desenvolvimiento de sistemas de relaciones causales".

La historia, en resumen, es una disciplina definida, con tradiciones, métodos y problemas propios, en la que la reconstrucción lógica y causal desempeña por supuesto un papel central, pero se distingue con claridad de las ciencias de la naturaleza. No podemos, por consiguiente, considerar la historia como una ciencia del estilo de las ciencias de la naturaleza. En cualquier caso, sea cual sea la naturaleza de la historia, se la pueda considerar como una ciencia o no, existe otro tipo de relaciones —la segunda dimensión a la que me refería antes— entre historia y ciencia que son las que me interesa resaltar por lo que significan para la interdisciplinariedad.

Por una parte, hay un punto que debería ser obvio, aunque a la postre parece que no lo es: resulta imprescindible que los desarrollos científicos figuren en las reconstrucciones históricas. Una carencia importante en la literatura histórica es la de monografías que incluyan como un elemento más —en ocasiones un elemento extremadamente importante— a la ciencia. A pesar de que

[168] Ibídem, 119.

parecen lejanos los tiempos en los que la investigación histórica estuvo centrada en la política, siguiendo la pauta expresada en la célebre frase que unos atribuyen a Herbert Baxter Adams (1850-1901) —pero que parece que éste aprendió de Edward A. Freeman (1823-1892)— y otros a *sir* John Seeley (1834-1895), *Regius professor* de Historia en Cambridge, "la historia es la política del pasado y la política es la historia del presente",[169] en lo que a la ciencia se refiere, su papel en las monografías históricas es, en general, escasa.[170] Y, sin embargo, es francamente difícil o —imposible en numerosos casos— extraer una visión adecuada del devenir histórico sin tomar en consideración la ciencia y, claro está, es aún más evidente, la tecnología. Consideremos, por poner un ejemplo, la Primera Guerra Mundial: ¿cómo se puede entender que en 1913, Alemania —cuya población había crecido de 25 millones en 1800 a 55 millones en 1900— consumiera 200.000 toneladas de nitrógeno al año, de las que 110.000 eran importadas en forma de nitrato procedente sobre todo de Chile, aunque también de Perú y Bolivia, mientras que entre mayo de 1921 y abril de 1922, con una extensión geográfica menor que en 1913, utiliza-

---

[169] Robert William Fogel, "Historia 'científica' e historia tradicional", en R. W. Fogel y G. R. Elton, *¿Cuál de los caminos al pasado? Dos visiones de la historia* (Fondo de Cultura Económica, México 1989; versión original en inglés de 1983), pp. 15-114; Peter Burke, "Obertura: la nueva historia, su pasado y su futuro", en P. Burke, ed., *Formas de hacer historia* (Alianza Editorial, Madrid 1993), pp. 11-37; p. 14.

[170] Esta falta de comunicación entre historia general e historia de la ciencia no es sino una manifestación más de un fenómeno —en cuya base se halla la ausencia de un sentimiento interdisciplinar— que señaló Peter Burke cuando escribía: "Aunque la expansión del universo de los historiadores y el diálogo creciente con otras disciplinas, desde la geografía a la teoría literaria, deberán ser, sin duda, bien recibidos, estos procesos tienen su precio. La disciplina de la historia está ahora más fragmentada que nunca. Los historiadores de la economía son capaces de hablar el lenguaje de los economistas, los historiadores del pensamiento, el de los filósofos, y los historiadores sociales, los dialectos de sociólogos y antropólogos sociales. Pero a estos grupos de historiadores les comienza a resultar cada vez más difícil conversar entre sí". P. Burke, "Obertura", óp. cit., p. 35.

se 290.000 toneladas, y toda esa cantidad fuese producida dentro de su territorio? Esta pregunta no se debe entender únicamente de forma literal; ahí mucho más detrás. El nitrógeno, habitualmente en forma de nitratos, es un elemento químico indispensable en agricultura: para que un terreno pueda producir cosechas sucesivas, y para que Alemania fuese capaz de continuar alimentando a sus ciudadanos durante la Gran Guerra tenía que disponer de estos abonos. Y siendo como era incapaz de importarlos, no sólo dispuso de ellos sino que aumentó su producción. ¿Cómo? Por la habilidad de sus químicos, y en particular de dos: Fritz Haber (1868-1934) y Carl Bosch (1874-1940), que desarrollaron el denominado proceso de Haber-Bosch para producir amoniaco (NH_3) utilizando nitrógeno atmosférico (N).[171]

¿Y qué decir de la Segunda Guerra Mundial, con la utilización del radar y de las bombas atómicas? ¿O lo que la "medicina científica" decimonónica —la de los Virchow, Pasteur, Koch o Lister— aportó a la sociedad de entonces (y de después), a la salud pública? ¿Y de la sociedad de la información, hija directa de avances en el dominio de la ciencia y técnica electromagnéticas, así como que de la física cuántica (telegrafía, radio, transistor, chips, ordenadores, Internet)?

Utilizando ahora como muestra el caso hispano, es complicado formarse una idea del reinado de Felipe II y de la España del siglo XVI sin ocuparse de las necesidades científico-técnicas (entonces era difícil separar ambas, ciencia y técnica) del imperio hispano. ¿Existe, por ejemplo, alguna relación entre la decadencia de la ciencia hispana a partir del siglo XVII y el ocaso del imperio español? Para intentar enfrentarse a esta pregunta es obligado tomar en consideración cuestiones como: el que las capas medias de las ciuda-

[171] La reacción química que subyace en este proceso es: $N_2 + 3H_2 \rightarrow 2NH_3$.

des españolas, presumiblemente uno de los focos del avance científico, no encontrasen en el siglo XVI las condiciones favorables para irse convirtiendo en burguesía propiamente dicha; las persecuciones que sufrieron grupos como los judeoconversos, el colectivo más numeroso de cultivadores de la ciencia; las actitudes del estamento clerical, el núcleo más fuerte de la resistencia a la renovación; o el predominio de la ciencia aplicada, debido a las necesidades del Estado (recordemos que si algo caracterizó la Revolución Científica fue precisamente ir más allá de lo aplicado, buscando las leyes fundamentales que rigen los fenómenos naturales). Cuestiones como las anteriores se analizan en *Ciencia y técnica en la sociedad española de los siglos XVI y XVII*, obra de un historiador de la ciencia y la medicina, José María López Piñero (1933-2010), siendo el texto "histórico" que más se le acerca en planteamientos el de José Antonio Maravall, *Estado moderno y mentalidad social. Siglos XVI al XVII*.[172]

Podría continuar enumerando ejemplos, especial pero no únicamente de los siglos XIX y XX, pero no es, creo, necesario para entender que no podemos reconstruir la historia sin incluir como un elemento destacado la ciencia; esto es, desde una interdisciplinariedad que no se limite únicamente a considerar, como suele ser el caso, disciplinas como la economía. Para concluir esta sección, voy ahora a referirme a otro de los usos que de la ciencia deben hacer los historiadores: aprovechar como elementos imprescindibles para entender ciertos episodios históricos, hechos que las ciencias naturales nos enseñan. Pensemos, por ejemplo, en el papel que los cambios climáticos, o simplemente variaciones significativas, aunque tal vez episódicas, del tiempo meteorológico, pudieron desempeñar en

[172] José María López Piñero, *Ciencia y técnica en la sociedad española de los siglos XVI y XVII* (Labor, Barcelona 1979); José Antonio Maravall, *Estado moderno y mentalidad social. Siglos XVI al XVII* (Alianza Editorial, Madrid 1986; primera edición de 1972).

hambrunas, desplazamientos de población, creación de ciudades y, acaso consecuencia de todo lo anterior, en rebeliones o luchas por el poder. Muchos historiadores se familiarizaron con la historia del clima a través de un discípulo de Fernand Braudel (1902-1985), Emmanuel Le Roy (n. 1929), autor de una *Histoire du climat depuis l'An Mil (Historia del clima desde el año mil*; 1983) que seguía los esquemas de periodización histórica introducidos por Braudel. Pero queda aún mucho por hacer, aprovechando especialmente todo lo que han avanzado en los últimos tiempos las ciencias geofísicas y atmosféricas.[173]

Una muestra extraordinaria del papel que la interdisciplinariedad con una fuerte presencia de la ciencia puede desempeñar en las reconstrucciones históricas la proporciona Jared Diamond (n. 1937) y el libro que este profesor de Geografía de la Universidad de California, en Los Ángeles, publicó en 1997, *Guns, Germs, and Steel (Armas, gérmenes y acero),* por el que recibió el premio Pulitzer. Se trata de un libro que describe —nada más y nada menos— 13.000 años de historia humana, comenzando con los cazadores-recolectores de la Edad de Piedra y continuando con temas tan fundamentales como los orígenes de la agricultura y la ganadería, la relación de la producción de alimentos con las características climáticas y geográficas, o el efecto (y algunas causas) de las enfermedades. Más aún, y mucho más innovadoras, son las descripciones que Diamond realiza de las rutas que los humanos tomaron para colonizar el planeta, de cómo se diversificaron los lenguajes y nacieron las escrituras, tareas éstas en las que le resultó imprescindible las comparacio-

---

[173] Ver, por ejemplo, los comentarios realizados por Christian Pfister, "Little Ice Age-type impacts and the migration of social vulnerability to climate in the Swiss canton of Bern prior to 1800", en Robert Costanza, Lisa J. Graumlich y Will Steffen, eds., *Sustainability or Collapse?* (The MIT Press, Cambridge, Massachusetts, en cooperación con Dahlem University Press, Berlín 2007), pp. 197-212.

nes de los acervos genéticos de poblaciones humanas, siguiendo la senda que había abierto, en especial, el genetista de origen italiano Luca Cavalli-Sforza (n. 1922).[174]

La lectura del "Prólogo" de *Armas, gérmenes y acero* resulta particularmente instructiva en lo que concierne a la dimensión interdisciplinar del esfuerzo de Diamond:[175]

> "Están dadas las circunstancias para dedicar una mirada nueva a estas cuestiones debido a la nueva información proveniente de disciplinas científicas aparentemente alejadas de la historia humana. Estas disciplinas son, sobre todo, la genética, la biología molecular y la biogeografía en su aplicación a los cultivos y sus antepasados silvestres; las mismas disciplinas más la ecología del comportamiento, en su aplicación a los animales domésticos y sus antepasados salvajes; la biología molecular de los gérmenes humanos y los gérmenes relacionados de los animales; la epidemiología de las enfermedades humanas; la genética humana; la lingüística; los estudios arqueológicos sobre todos los continentes y las islas importantes; y los estudios de historia de la tecnología, la escritura y la organización política".

Ahora bien, cumplir con semejante programa plantea grandes dificultades, como reconocía a continuación Diamond: "El autor debe poseer una serie de conocimientos que abarquen las disciplinas mencionadas, para que los avances pertinentes puedan ser

[174] Junto a Paolo Menozzi y Alberto Piazza, Luca Cavalli-Sforza es autor de una extensa monografía fundamental para todos aquéllos que pretendan aplicar los estudios genéticos a la historia: *The History and Geography of Human Genes* (Princeton University Press, Princeton 1994). Para un texto particularmente claro del enfoque de Cavalli-Sforza, véase el libro que publicó con su hijo: Luca y Francesco Cavalli-Sforza, *Chi siamo: la storia della diversità umana* (Mondadori, Milán 1993; versión al español en Crítica 1994: *Quiénes somos: historia de la diversidad humana*).

[175] Jared Diamond, *Armas, gérmenes y acero* (Debate, Madrid 1998), p. 24.

resumidos. La historia y la prehistoria de cada continente también deben ser sintetizadas. La materia objeto del libro es la historia, pero el enfoque es el de la ciencia, en particular el de ciencias históricas como la biología y la geología evolutiva. El autor debe comprender de primera mano la experiencia de una serie de sociedades humanas, desde las sociedades de cazadores-recolectores hasta las civilizaciones modernas de la era espacial".

Exigencias como éstas parecerían requerir la colaboración de múltiples autores, y bien podría ser así: la interdisciplinariedad exige, en principio, semejantes empresas colectivas. Pero Diamond pudo continuar en solitario, gracias a lo variado, a lo interdisciplinar, de su formación:[176]

> "Mi formación me condujo a varias de estas disciplinas [...]. Mi madre es profesora y lingüista; mi padre, médico especializado en la genética de las enfermedades infantiles. Debido al ejemplo de mi padre, pasé por la escuela esperando llegar a ser médico. También me convertí en un fanático observador de aves a la edad de 7 años. Supuso, pues, una fácil decisión, en mi último año de la universidad, pasar de mi meta inicial de la medicina a la de la investigación biológica. Sin embargo, durante mis años en la escuela y la universidad, mi formación fue principalmente en lenguas, historia y escritura. Incluso después de haberme decidido a obtener el doctorado en fisiología, casi abandoné la ciencia durante mi primer año de cursos graduados para hacerme lingüista.
>
> Desde que terminé mi doctorado, en 1961, he dividido mis actividades de investigación científica entre dos campos: la fisiología molecular por una parte, y la biología evolutiva y la biogeografía por otra. Como ventaja imprevista para los fines de este libro, la biología evolutiva es una ciencia histórica obligada a usar métodos diferentes de las ciencias de

---

[176] Ibídem, p. 25.

> laboratorio. Esa experiencia me ha familiarizado con las dificultades de la elaboración de un enfoque científico de la historia humana. El hecho de vivir en Europa de 1958 a 1962, entre amigos europeos cuyas vidas habían sido brutalmente traumatizadas por la historia europea del siglo xx, me hizo comenzar a pensar de manera más seria en cómo las cadenas de causas funcionan en el desarrollo de la historia".

En resumen, Jared Diamond es un ciudadano de pleno derecho de la Nueva Ilustración de la que trata este libro. De hecho, más que un "ciudadano de pleno derecho" es uno de sus ciudadanos más prominentes.

Derecho y ciencia

La historia ilumina nuestra comprensión del pasado, ayudándonos de esta manera a entender el presente y a orientar el futuro, pero la realidad, el presente, la vida —de todos los días y de todos— en sociedad, impone innumerables tipos de pautas de comportamiento y obligaciones. Pautas de comportamiento que, aunque impregnadas por tradiciones, son a la postre dúctiles ante las transformaciones tecnocientíficas, que inciden fuertemente en lo que podemos o no hacer. Y en estos puntos aparece el Derecho, el producto largamente elaborado del que las sociedades se sirven para organizarse.

Pues bien, el derecho también necesita de la interdisciplinariedad informada por la ciencia y la tecnología. ¿Podría ser de otra forma en un mundo dominado —o al menos empapado hasta la médula— por ellas, por continuos descubrimientos e inventos que amplían y modifican nuestras posibilidades de actuación?

La cuestión se plantea en varios ámbitos: el del legislador que introduce regulaciones, y el de los jueces y policías que controlan el cumplimiento de tales regulaciones. En el primero, el del establecimiento de regulaciones, tenemos, por un lado, que salvo la existencia de algunos supuestos amparados por la libertad de investigación, siempre que cualquier técnica o invento científico empieza a tener aplicación o aprovechamiento social o económico, es —o debería ser— objeto de regulación, más o menos inmediata, por el legislador. Y para ello es necesario, por supuesto, la ayuda de los especialistas; el especialista, en primer lugar, en la técnica o descubrimiento en cuestión, que es quien conoce sus características, pero también profesionales de otros campos, para así poder evaluar sus posibles efectos en otros dominios.

Precisamente por esto, los poderes político y legislativo necesitan expertos en ciencia y tecnología. Para que les informen de esas nuevas posibilidades de actuación, y para que les contesten a las preguntas que les puedan surgir. ¿Quién, si no el científico, puede dar los detalles que se necesitan para legislar acerca del aborto, de los posibles efectos de la contaminación electromagnética, de la llamada terapia genética, de la posibilidad de algún tipo de clonación terapéutica o de patentar genes?

Ahora bien, la necesidad de contar con el asesoramiento de profesionales de la ciencia y la tecnología plantea, en el fondo, un complejo problema, relacionado con esa regla elemental en una democracia según la cual es el pueblo quien decide a través de sus políticos, el pueblo y no los expertos, los técnicos. El catedrático de la Facultad de Derecho de la Universidad de Barcelona, José Esteve Pardo ha escrito en este sentido:[177]

> "La cuestión que se plantea en torno a quién decide, o interviene de manera relevante en la adopción de decisiones, es del todo cru-

[177] José Esteve Pardo, *El desconcierto del Leviatán. Política y derecho ante las incertidumbres de la ciencia* (Marcial Pons, Madrid 2009), p. 99.

> cial en estos ámbitos. En principio parece unánime la opinión de que la decisión no corresponde a los científicos, sino a la autoridad legítimamente habilitada en una materia de su competencia. Pero igualmente se reconoce sin ambages que la complejidad científica y técnica que envuelve esas materias desborda con mucho la capacidad de conocimiento del órgano político de decisión que se vería así en la tesitura de tener que decidir a ciegas. Necesita la colaboración de la autoridad científica que ilumine su espacio de decisión. La cuestión es entonces hasta qué punto decide el poder político y hasta dónde el poder científico".

En realidad, la necesidad de que la Administración Pública cuente con profesionales que la asesoren en materias técnicas no es, en modo alguno, nueva. Aunque fuese en un tipo muy concreto de apartado tecnológico, es por esto que desde principios del siglo XIX la Administración española (y de otros países) se empeñó en contar con buenos técnicos que se ocupasen de los proyectos y de ejecutar grandes obras, creándose escuelas técnicas para formar a los futuros miembros de los cuerpos de ingenieros de caminos, canales y puertos, de minas, y a otros altos funcionarios especializados al servicio de la Administración. De esta manera, se puede decir que la técnica, los conocimientos técnicos, los poseía entonces la Administración, frente al desvalimiento de la sociedad civil; los métodos para la mejor intervención en la economía, las infraestructuras, los servicios financieros o la explotación de los recursos, se concentró en la Administración. Sin embargo, la complejidad de las nuevas relaciones económicas, la cesión de toda la iniciativa del desarrollo tecnológico a las grandes corporaciones con presencia mundial, la rapidez en el cambio de métodos y sistemas, la vertiginosa innovación, la competencia que se desarrolla ahora en escalas territoriales que superan el ámbito del poder de los Estados han determinado un cambio radical en la detentación del dominio sobre los procesos económicos complejos y, sobre todo, sobre las nuevas tecnologías. De esta manera el Estado queda compelido a buscar la colaboración de las corporaciones y organizaciones privadas, cuyas regulaciones propias alienta como las mejores posibles, aunque es obvio que éstas estarán influidas por los intereses de la empresa en cuestión, por lo que deberían incluirse en la toma de decisión final tanto especialistas de otras empresas como los representantes de la sociedad, del "público".

En una época caracterizada, por un lado, por una revolución tecnocientífica en el mundo biomédico, en general, y biológico-molecular en particular, el mundo del conocimiento del genoma, de la terapia génica, de las células madre, de la clonación, terapéutica o no, y, por otro, por una revolución en el ámbito de la comunicación y la información, la necesidad de regulaciones en ambos dominios resulta evidente. Al fin y al cabo, de lo que este mundo científico y tecnológico trata es de la vida, sobre cuyas diferentes facetas —privadas y públicas— el Estado tiene la ineludible obligación de legislar, protegiendo a la ciudadanía no sólo frente a daños reales o efectivos y actuales, sino también frente a daños eventuales, potenciales o inciertos. En consecuencia, el Estado debe introducir regulaciones que eviten el sometimiento de la población a los riesgos que pueda producir una determinada tecnología. Aunque, no obstante, existen múltiples problemas.

Consideremos uno de ellos, la velocidad a la que se mueve la investigación biomédica, que hace posible lo que hace poco era acaso inimaginable. Representativo de esta característica de la biomedicina actual es un ejemplo que planteó James Watson en una conferencia que pronunció en Milán en 1994:[178] "Incluso en el caso de que

[178] James Watson, "Implicaciones éticas del Proyecto del Genoma Humano", reproducida en J. Watson, *Pasión por el ADN* (Crítica, Barcelona 2002; versión original en inglés de 2000), pp. 214-223; p. 220.

existan leyes y normativas satisfactorias, todavía habrá muchos dilemas que no podrán tratarse fácilmente con estos medios. Por ejemplo, ¿qué responsabilidad tiene una persona de conocer su constitución genética antes de decidirse a procrear un hijo? En el futuro, ¿se nos considerará de manera general moralmente negligentes cuando, a sabiendas, permitamos el nacimiento de niños con defectos genéticos graves? Y las víctimas de tales enfermedades, ¿tendrían posteriormente base legal contra sus padres, que no habrían emprendido ninguna acción para evitar que llegaran al mundo con pocas oportunidades de vivir una vida sin dolor y sin sufrimiento emocional?".

Ante la incertidumbre asociada al desarrollo científico-técnico, una buena guía es el denominado Principio de Precaución. Relevante en este sentido es recordar que el Tribunal de Justicia de la Unión Europea tiene afirmado reiteradamente que, en general, las disposiciones legales deben interpretarse con arreglo al Principio de Precaución o de Cautela, conforme al cual, "cuando subsisten dudas científicas sobre la existencia de riesgos para la salud humana o sobre su alcance, las instituciones comunitarias pueden adoptar medidas de protección sin tener que esperar a que se demuestren plenamente la realidad y la gravedad de tales riesgos" (sentencia del Tribunal de Justicia de 5 de mayo de 1998).

Se trata, por supuesto, de aquellos supuestos en los que se desconoce el alcance real del riesgo existente para determinados derechos (esencialmente el derecho a la salud) como consecuencia de la utilización por terceros de determinados resultados científicos o tecnologías. Por ejemplo, la modificación genética de los alimentos, o la exposición a campos electromagnéticos, especialmente tendidos de alta tensión y antenas de telefonía móvil.

El caso de la exposición a campos electromagnéticos constituye un buen ejemplo de la relación entre el derecho y la ciencia, en la medida en que ante las demandas provenientes de colectivos locales, que argumentaban que los campos electromagnéticos a los que estaban expuestos en su vecindad eran responsables de algunas enfermedades, las autoridades han necesitado recurrir a científicos y técnicos para evaluar los riesgos. Ya en 1996 la Organización Mundial de la Salud (OMS) estableció el Proyecto internacional CEM (Campos Electromagnéticos) con vistas a coordinar los trabajos científicos sobre el tema, en cuyo programa intervinieron diferentes organizaciones internacionales, organizaciones colaboradoras de la OMS y más de 45 autoridades nacionales. El 4 de junio de 1997, la Unión Europea adoptó una propuesta para un programa de acción comunitaria 1999-2003 sobre enfermedades relacionadas con la contaminación, que contemplaba los peligros para la salud, incluidos los debidos a la exposición a campos electromagnéticos, y el 29 de julio de 1997 nombró a ocho científicos como miembros del Comité Director Científico, con objeto de ayudar a las instituciones proporcionándoles "los más recientes conocimientos científicos disponibles sobre cuestiones científicas". En abril de 1998 la Comisión Internacional de Protección contra las Radiaciones No Ionizantes publicó sus "Directrices para limitar la exposición a campos eléctricos, magnéticos y electromagnéticos que varían en función del tiempo: hasta 300 GHz". Este informe enumeraba un conjunto básico de restricciones y niveles de referencia de acuerdo con los mejores datos científicos disponibles, con objeto de asegurar un elevado nivel de protección contra la exposición del público en general a los campos electromagnéticos. Utilizando las directrices de la Comisión Internacional de Protección contra las Radiaciones No Ionizantes como base científica, la Comisión presentó al Consejo Europeo el 11 de junio de 1998 una propuesta de recomendación, aprobada posteriormente. Entre las conclusiones se subrayaba que "el conjunto de pruebas científicas no ha demostrado en ningún momento que existan riesgos asociados con la exposición a campos electromagnéticos a los bajos niveles a los que el público se ve sometido en su vida cotidiana".

En España, un Real Decreto (1.066/2001) señaló que en nuestro país se asumen los criterios de protección sanitaria frente a campos electromagnéticos procedentes de emisiones radioeléctricas establecidos en la Recomendación del Consejo de la Unión Europea de 12 de julio de 1999 relativa a la exposición del público en general a campos electromagnéticos. Sin embargo, el decreto en cuestión fue recurrido en noviembre de 2001 ante la Sala de lo Contencioso-Administrativo del Tribunal Supremo por la Asociación de Estudios Geobiológicos Gea. Uno de los argumentos que se esgrimían en el recurso es que el Real Decreto 1.066/2001 no cumplía con el Principio de Precaución antes mencionado, acusación que se intentaba sustanciar citando normas de derecho comparado en otros países (como Suiza e Italia), al igual que tres sentencias nacionales y una extranjera que, a juicio de los demandantes, "tienen en cuenta el potencial peligro de las radiaciones de telefonía móvil".

La lectura de la sentencia del Tribunal Supremo, emitida el 19 de abril de 2006, en la que se rechazó el recurso presentado, nos muestra algunos rasgos que interesan para el tema del presente libro. Así, se hacía mención a la intervención de especialistas en el establecimiento de criterios normativos; en concreto, se recordaba que el contenido del informe realizado por el Ministerio de Sanidad y Consumo sobre la aplicación del Real Decreto 1.066/2001, "a petición de esta Sala, aportado para mejor proveer [...] resulta ser coincidente con el elaborado en septiembre de 2003 por el Comité de Expertos (Evaluación actualizada de los Campos Electromagnéticos en relación con la Salud Pública)". Entre dichos expertos de carácter pluridisciplinar se encontraban, además de los responsables de las respectivas áreas afectadas de la Dirección General de Salud Pública y del Ministerio de Sanidad y Consumo, un ingeniero, un epidemiólogo, una investigadora científica del CSIC, jefa del Departamento de Radiación Electromagnética del Instituto de Física Aplicada, un jefe del Servicio de Epidemiología del Cáncer del Centro Nacional de Epidemiología, Instituto de Salud Carlos III; un catedrático de la Facultad de Medicina de Valladolid; un catedrático de Electromagnetismo, de la Facultad de Ciencias Físicas de la Universidad Complutense de Madrid, y un investigador del Servicio de Bioelectromagnetismo, Departamento de Investigación del Hospital Ramón y Cajal de Madrid.

Aun así, a pesar de todos los esfuerzos realizados, persisten incertidumbres, una característica ésta frecuente en algunos de los dominios que exigen estudios interdisciplinares. Así, en un texto reciente dedicado a estudiar los efectos de las radiofrecuencias en la salud, en cuyas páginas aparecen discusiones de cuestiones tan diversas como, por ejemplo, los efectos en el sistema nervioso en el flujo sanguíneo cerebral o su posible relación con la aparición de tumores cerebrales, se lee:[179]

> "Gracias al empleo de nuevos materiales y al desarrollo de las tecnologías digitales y computacionales, durante el último decenio del siglo XX, y lo que va del presente siglo, se han realizado avances significativos en metrología y dosimetría computacional de RF [radiofrecuencias], que han permitido estudiar con mayor precisión la exposición de modelos humanos, animales y celulares a señales RF simples. No obstante, todavía queda mucho trabajo por hacer en la caracterización de las propiedades eléctricas de diversos tejidos y órganos, en dosimetría de sistemas in vitro o de organismos completos (en movimiento, con un metabolismo que genera calor y con una circulación

[179] Alejandro Úbeda Maeso, "Introducción a un debate científico sobre radiofrecuencias y salud", en Antonio Hernando y Alejandro Úbeda Maeso, *Radiofrecuencias y salud* (Consejo Superior de Investigaciones Científicas, Madrid 2010), pp. 47-89; cita en pp. 48-49. El doctor Úbeda es jefe de la Sección de Biolectromagnética del Hospital Ramón y Cajal de Madrid, mientras que el doctor Hernando es catedrático de Magnetismo de la Universidad Complutense de Madrid y director del Instituto de Magnetismo Aplicado.

sanguínea que disipa el calor), en entornos heterogéneos o en exposiciones a señales con modulaciones complejas (pulsos cortos e intensos), o en exposiciones simultáneas a más de una señal. Estas carencias hacen que nuestros conocimientos sobre los efectos de algunas condiciones de exposición a la RF de potencias o tasas de absorción específica (SAR) térmicas sean todavía parcialmente limitados. Sobre todo cuando la hipertermia inducida es leve, no muy por encima de 1° C, sea porque la potencia de la señal es débil o porque su duración es muy breve".

Abandonando el dominio de las radiaciones y también el de la legislación, es bien conocido —son numerosas, por ejemplo, las series de televisión que explotan este mundo— todo lo que las modernas técnicas de análisis genético han dado a jueces y políticos. El ADN es, recordemos, algo así como un carné de identidad personal e intransferible (llegará el día en que todos dispongamos del nuestro). Y gracias a este hecho podemos, por ejemplo, averiguar relaciones familiares entre personas, o identificar al responsable de un crimen.

Una técnica que ha contribuido a que se hagan realidad posibilidades como éstas, así como al gran desarrollo comercial de la biología molecular, es la reacción en cadena de la polimerasa, conocida por sus siglas inglesas: PCR *(Polymerase Chain Reaction).* Fue inventada por un personaje complicado, Kary Mullis (n. 1944), doctor en bioquímica por la Universidad de California en Berkeley, mientras trabajaba para Cetus Corporation, a la que se había incorporado en 1979. La PCR se basa en copiar, in vitro, una y otra vez, en un proceso que se convierte en exponencial y que no lleva más que unas pocas horas, una muestra significativa, no importa que sea pequeña y algo degradada, de ADN utilizando la polimerasa, una enzima capaz de catalizar una reacción biológica. Aunque se tardó cerca de cuatro años hasta que los especialistas apreciaron realmente las posibilidades de la nueva tecnología, las aplicaciones de la PCR se han terminado extendiendo a múltiples dominios, tanto científicos como prácticos. Entre éstos, son particularmente conocidos la determinación de la paternidad y su aplicación en la medicina forense, al utilizarse en los tan conocidos como celebrados análisis de muestras de ADN para resolver —me acabo de referir a ello— algunos delitos: se consigue una muestra de ADN y utilizando los procesos ya automatizados basados en la PCR, se obtiene una cantidad lo suficientemente grande como para analizar y comparar la muestra con la de los sospechosos o con las existentes en los (cada vez mayores) bancos de datos. Todo muy parecido a lo que se hace con las huellas dactilares.

El mero hecho de que podamos plantearnos cuestiones como éstas, indica cuán necesario es que exista un diálogo, un diálogo constructivo, entre ciencia, técnica y derecho.

Filosofía y ciencia

La filosofía es otra de las ciencias sociales; una particularmente importante (¡cuánto ha influido la filosofía, y los filósofos, en el historia de la humanidad!). Es bien sabida, además, la íntima relación que la filosofía tuvo en sus comienzos con las ciencias de la naturaleza; de hecho, fue de la filosofía de donde surgió la ciencia en su sentido moderno, como un sistema estructurado en el que los "hechos", las observaciones, tomaban sentido dentro de un contexto argumentativo. Luego, cuando se abandonó el suelo heleno y la humanidad siguió su camino, con las ciencias ya más establecidas de manera autónoma, la relación entre ambas, entre ciencias naturales y filosofía, mostró su fecundidad. Continuaron dándose situaciones en las que consideraciones o ideas filosóficas influyeron en el avance científico, pero también comenzaron a proliferar situaciones inversas, situaciones en las que desarrollos científicos obligaban a repensar apartados de la filosofía. El siglo xx constituye un magnífico ejemplo en este sentido. La influencia de las dos teorías de la relatividad einsteinianas y de la mecánica cuántica en la filosofía fue grande, hasta el punto de que la filosofía de la ciencia, en general, y la metodología científica, en particular, destacaron entonces dentro del conjunto de la filosofía. Uno de los grandes objetivos de aquella centuria, que persiguieron con afán hombres como Karl Popper (1902-1994), Thomas Kuhn (1922-1996) o Imre Lakatos (1922-1974), fue el de descubrir cuál es la esencia de la ciencia, qué la caracteriza, cómo se puede definir, para así distinguir lo que es ciencia de lo que no lo es. La idea era que si se encontraba esa "piedra filosofal" que asegurase lo que es la ciencia, entonces se podría aplicar la receta a cualquier disciplina, comenzando por la filosofía. Se conseguiría así una "filosofía científica", tan segura y exitosa como, por ejemplo, la mecánica newtoniana, la teoría de la relatividad general, la física cuántica, la genética o la teoría del enlace químico. Y también una economía o sociología verdaderamente científicas.

La vinculación entre ciencias y filosofía ha sido tan larga y evidente que no es preciso elaborar más sobre ella. Sí quiero, no obstante, referirme a una cuestión que implica a la filosofía y que tiene interés desde el punto de vista institucional; una cuestión relevante a la hora de cómo alcanzar conexiones verdaderamente interdisciplinares.

Fue el filósofo Manuel Sacristán (1925-1985) quien elaboró —en un libro titulado *Sobre el lugar de la filosofía en los estudios superiores* (1968)— la propuesta que quiero tratar aquí. Tras recordar los orígenes de la especialidad filosófica, entendida como licenciatura en Filosofía, orígenes ligados al modelo universitario alemán, que el modelo francés no modificó sustancialmente, Sacristán pasaba a tratar la cuestión de la subsistencia de la filosofía como especialidad universitaria, argumentando que las razones de tal subsistencia se componían de varios elementos, "como la dinámica —y la estática— del gremio universitario y la introducción de la filosofía como asignatura en la enseñanza media, cosa imprescindible para garantizar una demanda de licenciados. Pero, como suele ocurrir en el mundo al revés de la burocracia, el órgano creó la función, lo que quiere decir que la usurpó: la filosofía académica se arrogó [...] la satisfacción de las necesidades ideológicas especulativas".[180] En consecuencia, argumentaba, la "sabiduría de las secciones de filosofía es ya sobre todo interna; consta, principalmente, del elemental saber ir tirando; la cálida aceptación por los colegas no amenazados en sus perspectivas de oposición o concurso hace agradable la cosa, y la imperturbable lealtad burocrática a las partidas ya consagradas en el presupuesto la hace vivible al garantizar, con las cátedras de Filosofía en los institutos y las escuelas de Magisterio, la modesta demanda de licenciados necesarios y suficientes".[181]

Y ¿cuál era su propuesta? Pues, la siguiente:

> "La opción que se desprende de las anteriores consideraciones críticas es: suprimir las secciones de filosofía de las facultades de letras —suprimir, esto es, la licenciatura en Filosofía—, y eliminar, consiguientemente, la asignatura de Filosofía de la enseñanza media [...]. Suprimida la Filosofía como especialidad, hay que restablecerla como universalidad. Dicho con el lenguaje del decreto ley: suprimida la licenciatura en Filosofía, hay que reorganizar el doctorado en Filosofía. Suprimida la sección particular, hay que crear el Instituto general, no parte de ninguna facultad, sino proyección de todas ellas

---

[180] Manuel Sacristán, *Sobre el lugar de la filosofía en los estudios superiores* (Editorial Nova Terra, Barcelona 1968); reproducido en Manuel Sacristán, *Papeles de filosofía. Panfletos y materiales II* (Icaria Editorial, Barcelona 1984), pp. 356-380; cita en pp. 358-359.

[181] Ibídem, p. 361.

> [...]. [El] instituto no cubre un período de licenciatura; recibe principalmente a licenciados, sin prohibir el acceso a estudiantes, los cuales, sin embargo, no pueden obtener título en él [...]; la 'enseñanza' del Instituto no puede ser sino asistencia a la investigación; por tanto, las plazas de 'profesores' (más adecuadamente llamables miembros del instituto) tienen que instituirse y cubrirse con criterios distintos de los pseudo-didácticos que sirven hoy para aposentar vitaliciamente a catedráticos o agregados en sus tronos enfrentados a veinte filas de treinta asientos cada una; aparte de los 'metafilósofos' y de los investigadores de historia de la cultura superior, ese personal debe incluir científicos teóricos y de laboratorio, investigadores de campo y metodólogos, tecnólogos, artistas y hasta profesionales de actividades prácticas; es obvio que parte de ese personal puede tener funciones docentes o de investigación en otros lugares. En cualquier caso, el único título expedido por el instituto —el de doctor en Filosofía— presupone la obtención de otro —señaladamente la licenciatura en alguna especialidad— que el instituto no puede suministrar".[182]

Se hace evidente, creo, el porqué he desempolvado la vieja propuesta de Sacristán (que otros filósofos rechazaron de plano en su momento): porque me sirve como una buena posibilidad a considerar a la hora de promover la interdisciplinariedad. Si la filosofía —u otras materias tan distinguidas, tan universales, como ella, por ejemplo, la matemática— pudiese encontrar acomodo institucional en otros nichos universitarios, seguramente se evitarían, o reducirían, los problemas de incomunicación con los que nos hemos encontrado en las páginas precedentes. Podríamos decir que se recuperaría algo del espíritu que llevó al político, filósofo y metodólogo de la ciencia inglés Francis Bacon (1561-1626) a reclamar

[182] Ibídem, pp. 364-369.

en su programático libro *Instauratio Magna* (1620), "la necesidad de extender la filosofía natural y reconducir a ella las ciencias particulares con el fin de que no se produzca una escisión o intervalos entre las ciencias, pues de otra manera las esperanzas de progreso serán menores".[183]

¿Dos culturas?: ciencia y humanidades

Podría continuar intentando desvelar más escenarios interdisciplinares en otras áreas de las humanidades, pero no añadiría probablemente mucho de nuevo al fondo de los temas que estoy abordando aquí. Hay, sin embargo, una cuestión que considero importante, en algún sentido central, y con la que deseo terminar este libro. Se trata de cómo acercar ciencias y humanidades, porque si se encuentran separadas, ¿qué sentido tiene hablar de interdisciplinariedad? Más aún, es absolutamente imprescindible que la ciencia se integre en la cultura general, la cultura de la gente de la calle, de la gente común. De no ser así, la ciencia continuará siendo una cultura extraña para la mayor parte de la sociedad, algo que, en última instancia, dificultará la propia interdisciplinariedad dentro de las propias ciencias de la naturaleza, o de éstas con los mundos humanísticos.

Ya me referí en el capítulo 5 a la conferencia de mayo de 1959 en la que C. P. Snow difundió la idea de que existen dos culturas, una científica y otra humanística. "La vida intelectual de toda sociedad occidental", afirmó en aquella ocasión, "se divide cada vez más en dos grupos [...]. Los intelectuales literarios en un polo, y en el otro los científicos, con los físicos como los más representativos de

[183] Francis Bacon, *La gran Restauración* (Alianza Editorial, Madrid 1985), p. 161.

éstos. Entre los dos grupos existe un golfo de mutua incomprensión, en ocasiones (especialmente entre los jóvenes) de hostilidad y antipatía, pero sobre todo de falta de entendimiento".[184]

Para que Snow llegase a tales ideas fue esencial su propia biografía y circunstancia: el hecho de que hubiese seguido durante un tiempo la carrera de físico en Cambridge —trabajó en el Laboratorio Cavendish— y que más tarde, tras sufrir un contratiempo en sus trabajos científicos (se equivocó en lo que argumentaba en uno de sus artículos), se convirtiese en escritor, vocación que ya sentía antes de cumplir 20 años, y que también ocupase su tiempo durante alguna época en la política científica. Snow se consideraba a sí mismo como una rareza, como una persona que vivía algo semejante a una vida esquizofrénica, participando de dos mundos que casi sólo él frecuentaba. En *Las dos culturas* señaló que "han sido muchos los días que he pasado las horas de trabajo con los científicos y luego, por la noche, he ido con algunos de mis colegas escritores".[185]

Seguramente es cierto que en la época de Snow eran muy pocos —no sé, de hecho, si hubo alguno— con su currículum interdisciplinar. El astrofísico y físico teórico Arthur Eddington (1882-1944), por ejemplo, fue un hábil escritor, autor de varios libros de divulgación que tuvieron bastante éxito, pero en última instancia no traspasó los confines de la ciencia (no es lo mismo divulgación que literatura, o incluso que un ensayo que pretende transmitir algún tipo de lección de relevancia social). Ni siquiera Bertrand Russell (1872-1970), quien poseía todos los atributos para hacer añicos la barrera entre ciencia y humanidades, se dedicó realmente a ello. Sin embargo, el tiempo ha pasado para bien en este aspecto y las fronteras entre ciencia y literatura ya no son tan impermeables como antaño.

---

[184] C. P. Snow, *The Two Cultures*, óp. cit. en cap. 5, pp. 3-4.
[185] Ibídem, p. 2.

Tenemos, en efecto, que cada vez son más las novelas cuya trama depende del mundo científico. Obras como *Entre dinosaurios*, del muy distinguido paleontólogo estadounidense George Gaylord Simpson (1902-1984);[186] *El tío Petros y la conjetura de Goldbach*, de Apostolos Doxiadis; *Pensamientos nocturnos de un físico clásico*, de Russell McCormmach; *El teorema del loro*, de Denis Guedj; *Parque Jurásico*, de Michael Crichton; *La medida de todas las cosas*, de Ken Alder; *Sueños de Einstein* y *El universo de un joven científico*, del astrofísico Alan Lightman; *Las confidencias del conde de Buffon*, de Martí Domínguez; *El hijo del centauro*, del historiador de la ciencia hispana Javier Puerto Sarmiento; *Notas a Fritz*, del biólogo molecular Francisco García Olmedo, o *En busca de Klingsor* y *No será la tierra*, del mexicano Jorge Volpi. La primera de estas dos últimas novelas depende, en un grado pocas veces alcanzado, de la historia de la física nuclear en Alemania durante la Segunda Guerra Mundial. Precisamente, en la contraportada de una de sus ediciones Guillermo Cabrera Infante, uno de los miembros del jurado que adjudicó a esta obra el premio Seix Barral, escribió: "*En busca de Klingsor* es una muestra ejemplar del arte que quiero llamar la ciencia-fusión. Fusión de la ciencia con la historia, la política y la literatura para conformar eso que llamamos cultura". *Ciencia-fusión* como un antídoto frente a las dos culturas, como un reclamo interdisciplinar, constituye una buena receta.

Y no se trata sólo de novelas. Recordemos, por ejemplo, la fascinante biografía novelada de John Nash, *Una mente prodigiosa*, de Silvia Nasar, posteriormente llevada al cine, con Russell Crowe en el papel de Nash. Y también la obra de teatro de Michael Frayn, *Copenhague*, que desde su estreno en mayo de 1998 en el Royal National Theatre

[186] El título original en inglés de esta novela póstuma era bastante diferente al que se utilizó en su traducción al español: *The Dechronization of Sam Magruder* (1996).

de Londres ha dado la vuelta al mundo. O *Longitud*, de Dava Sobel, que fue un éxito de ventas hace unos pocos años. Existen, asimismo, autobiografías de científicos que son pura literatura. El mejor ejemplo que conozco es *La statue intérieure (La estatua interior*, 1987), del premio Nobel de Medicina François Jacob (n. 1920). De menor altura literaria, pero igualmente fascinante es *Elogio dell'imperfezione (Elogio de la imperfección*, 1987), de otro premio Nobel de Medicina, la italiana Rita Levi Montalcini (n. 1909).

Que la ciencia penetre en la literatura es fundamental para salvar la sima que separa las dos culturas de las que hablaba Snow, para luchar contra unas ideas —y hechos— como las que expresó con maestría y belleza Aldous Huxley (1894-1963) en uno de sus escritos:[187]

> "El mundo al que se refiere la literatura es el mundo en el que los hombres son engendrados, en el que viven y en el que, al fin, mueren; el mundo en el que aman y odian, en el que triunfan o se les humilla, en el que se desesperan o dan vuelos a sus esperanzas; el mundo de las penas y las alegrías, de la locura y el sentido común, de la estupidez, la hipocresía y la sabiduría; el mundo de toda suerte de presión social y de pulsión individual, de la discordia entre la pasión y la razón, del instinto y de las convenciones, del lenguaje común y de los sentimientos y sensaciones para los que no tenemos palabras. [... Por el contrario] el químico, el físico, el fisiólogo son habitantes de un mundo radicalmente diverso; no del mundo de los fenómenos dados, sino del mundo de estructuras inferidas, no del mundo experiencial y de los fenómenos únicos y de las propiedades múltiples, sino del mundo de las regularidades cuantificadas".

---

[187] Aldous Huxley, *Literature and Science* (Harper & Bow, Nueva York 1963), pp. 8-9.

¿Cómo negar que la literatura nos acerca mejor a la vida, a la realidad cotidiana y universal, a los sentimientos y pasiones, que la ciencia? Pero es posible tomar algo de ella, del arte de Cervantes y de Shakespeare, de Dante y de Thomas Mann, para promover la ciencia.

Adviértase que me estoy refiriendo a la *literatura*, a la auténtica literatura, entendiendo por este término algo más que la mera (aunque ciertamente importante) publicación de libros de divulgación científica. Este último género, que cuenta tras de sí con una larga tradición, se ha desarrollado de una manera extraordinaria en los últimos años, de la mano de la cada vez mayor penetración de los artilugios y dispositivos tecnocientíficos en prácticamente todas las sociedades. Sin duda, semejante hecho, la existencia de buenos divulgadores científicos, favorece la integración de la ciencia en la cultura. Gracias a los escritos de semejantes autores (los, por ejemplo, Paul Davies, John Gribbin, John Barrow, Stephen Hawking, Brian Greene, Lynn Margulis, Ian Stewart o Brian Greene) nos vemos introducidos en mundos fascinantes, poblados por temas u objetos como la creación y expansión del universo, el origen de la vida, los agujeros negros o la posibilidad de inteligencia artificial. Su éxito es innegable, comprensible y merecido, pero es necesario algo más. Comparto, en este sentido, lo que hace tiempo señaló el entomólogo Edward Wilson en uno de sus más celebrados libros, *On Human Nature*:[188] "Con raras excepciones, ellos son los científicos dóciles, los emisarios elegidos de lo que debe ser considerado por sus huéspedes como una cultura bárbara todavía no agraciada por el lenguaje escrito. Se les degrada con la etiqueta que ellos aceptan con demasiada facilidad: popularizadores. Muy pocos de los grandes escritores, aquéllos que pueden perturbar y movilizar las capas más

---

[188] Edward Wilson, *Sobre la naturaleza humana* (Fondo de Cultura Económica, México 1980; edición original en inglés de 1979), p. 282.

profundas de la mente, llegan a dirigirse a la ciencia verdadera en sus propios términos".

Pocos son, efectivamente, los casos de científicos-divulgadores cuyos escritos llegan a conmover realmente nuestros espíritus. Y si no lo logran, ¿sorprenderá que la ciencia sea para tantos un ejercicio, un conjunto de conocimientos, extraño y ajeno?

Para superar tal abismo, para reunir esas dos culturas, para avanzar en la interdisciplinariedad más difícil históricamente de conseguir, una que hermane mundos humanísticos como los literario-artísticos con los tecnocientíficos, un instrumento esencial es la educación: enseñar a los legos qué es la ciencia y cuáles son sus contenidos. Educar a todos y a todas las edades, aunque sobre todo a los más jóvenes, a las niñas y niños de enseñanza primaria y secundaria. Y divulgar la ciencia también. Pero probablemente no baste con esto. Si sólo enseñamos los métodos y los contenidos de la ciencia, difícilmente penetrará ésta realmente en las mentes y espíritus de las personas. Sabrán algo de ella, pero para los que no la viven diariamente continuará siendo un cuerpo extraño. ¿Por qué? Porque le faltará vida. Los humanos, nunca es ocioso recordarlo, no somos sólo cerebro racional, lógico, cognitivo, sino también sentimientos, emociones, y por ello nunca podrá darse un hermanamiento completo, una comprensión profunda, entre la ciencia y la "humanidad", si no sabemos llevar la ciencia al corazón de las personas. Es necesario educar en la ciencia, sí, pero también conmover con la ciencia.

No son muchos los científicos que son capaces de educar y conmover. Hay que penetrar en los ricos y alambicados dominios en los que se funden el ensayo, la divulgación y la literatura. Dos grandes maestros en ese difícil y humanitario arte fueron el astrofísico Carl Sagan (1934-1996) y el paleontólogo y biólogo evolutivo Stephen Jay Gould (1941-2002).

Ambos fueron, sin duda, magníficos científicos, pero no del calibre de aquéllos cuyos nombres recordarán generaciones y generaciones futuras. Sin embargo, alcanzaron la fama y recibieron nuestra admiración, y ello porque supieron utilizar sus conocimientos profesionales para escribir libros maravillosos que no sólo nos educaron en la ciencia, sino que también conmovieron nuestras almas. En sus libros supieron engranar de mil maneras la ciencia con todo aquello más primitivo y sinceramente humano, con eso que hace que a veces hablemos de "la condición humana". Fueron maestros en el arte de tratarnos en sus escritos como iguales, sin establecer fronteras entre el científico y el lego. La ciencia no tiene por qué ser compasiva; por encima de cualquier otra consideración lo que debe es suministrar resultados ciertos (dentro de los límites de apreciación válidos en un momento determinado). Pero a veces, acaso con mayor frecuencia de lo buscado, puede y debe ser también compasiva. Así, por ejemplo, en *The Mismeasure of Man (La falsa medida del hombre*; 1981, segunda edición, ampliada, de 1996) Jay Gould fue, probablemente más que en cualquier otro de sus libros, compasivo. Para los humanos de bien resonarán durante mucho tiempo unas frases memorables que escribió en aquella obra, que tanta ciencia nos enseñó:[189] "Pasamos una sola vez por este mundo. Pocas tragedias pueden ser más vastas que la atrofia de la vida; pocas injusticias más profundas que la de negar una oportunidad de competir, o incluso esperar, mediante la imposición de un límite externo, que se intenta hacer pasar por interno". Fue Gould un maestro en mostrar lo universal jugando con lo particular, en revelar las leyes implacables que se esconden en lo aparentemente más cotidiano y contingente, como se puede comprobar sin más que leer muchos de sus relatos sobre temas aparentemente, sólo aparentemente, menores, como, por ejemplo, el pulgar del panda, la relación entre la nalga (izquierda) de George Canning (secretario

[189] Stephen Jay Gould, *La falsa medida del hombre* (Crítica, Barcelona 2007), p. 68.

de Exteriores del Gobierno británico) y el origen de las especies, la cuestión de si cinco es un número apropiado de dedos, el interés de Darwin por los gusanos, la historia del arzobispo inglés James Ussher, que en el siglo XVII dio no sólo el año de la creación (el 4004 a. C.), sino también la fecha exacta (el 23 de octubre), o el golpe relámpago, en béisbol, de Joe DiMaggio, su gran héroe. ¿No es esto también interdisciplinariedad, aunque sea de otro tipo?

Necesitamos más científicos-escritores como éstos. Los necesitamos porque, no nos engañemos, la ciencia, su espíritu, al igual que su letra, es todavía un ser extraño para la mayoría de las personas, independientemente de que la mayoría de la humanidad se relacione desde hace tiempo cada vez con mayor frecuencia e intensidad con la ciencia; no importa que vayan introduciéndose, subrepticia o violentamente, nuevos términos de índole científica o tecnológica en los idiomas que esas mismas personas hablan. Refiriéndose a los pueblos de Iberoamérica, donde las limitaciones de la educación están más extendidas, en el discurso que pronunció durante la inauguración del II Encuentro de Intelectuales por la Soberanía de los Pueblos de Nuestra América, Gabriel García Márquez (n. 1927) clamó contra la falta de una educación en la ciencia que lastraba el futuro de Iberoamérica. Y lo hizo en el espíritu que estoy reclamando ahora, en su caso el de un excelso escritor que entendía bien la necesidad de que los sentimientos, nuestras inteligencias sintientes, no estuviesen al margen de la ciencia:[190]

> "Me atrevo a recordarles, en primer término, algo que quizás recuerden de sobra: que cualquier decisión a mediano plazo que se tome en estos tiempos de postrimerías es ya una decisión para el siglo XXI. Sin embargo, latinoamericanos y caribes nos acercamos a él

[190] G. García Márquez, *Yo no vengo a decir un discurso*, óp. cit., pp. 39-40.

con la sensación desoladora de habernos saltado el siglo XX: lo hemos padecido sin vivirlo. Medio mundo celebrará el amanecer del año 2001 como una culminación milenaria, mientras nosotros empezamos apenas a vislumbrar los beneficios de la revolución industrial. Los niños que hoy están en la escuela primaria preparándose para regir nuestros destinos en la centuria venidera, siguen condenados a contar con los dedos de la mano, como los contabilistas de la más remota antigüedad, mientras ya existen computadoras capaces de hacer cien mil operaciones aritméticas por segundo. En cambio hemos perdido en cien años las mejores virtudes humanas del siglo XIX: el idealismo febril y la prioridad de los sentimientos: el susto del amor.

En algún momento del próximo milenio la genética vislumbrará la eternidad de la vida humana como una realidad posible, la inteligencia electrónica soñará con la aventura quimérica de escribir una nueva *Iliada*, y en su casa de la Luna habrá una pareja de enamorados de Ohio o de Ucrania, abrumados por la nostalgia, que se amarán en jardines de vidrio a la luz de la Tierra. La América Latina y el Caribe, en cambio, perecen condenados a la servidumbre del presente: los desmanes telúricos, los cataclismos políticos y sociales, las urgencias inmediatas de la vida diaria, de las dependencias de toda índole, de la pobreza y la injusticia no nos han dejado mucho tiempo para asimilar las lecciones del pasado ni pensar en el futuro".

Si ciencia y literatura, si ciencia y lenguaje se hermanan, la causa de la interdisciplinariedad se verá favorecida. Y así, podremos contemplar el mundo, la naturaleza y todo lo que ella alberga, como un conjunto de partes entrelazadas, como un mismo todo. Sólo entonces podremos decir que verdaderamente vivimos en una Nueva Ilustración.

Epílogo

En las páginas precedentes he intentado transmitir mi convicción de que ha llegado el momento de desarrollar plenamente los estudios interdisciplinares, de avanzar en ellos mucho más de lo que hemos hecho hasta ahora; avanzar en su enseñanza, en su práctica y en la consideración cultural que les adjudicamos. Ello exigirá cambios significativos en nuestras maneras de trabajar y de enseñar, al igual que en los programas curriculares de escuelas y universidades. Pero ¡son tantas las ganancias! No sólo lograremos nuevos resultados en nuestras investigaciones científicas, sino que también obtendremos una manera de entender el mundo que es indispensable para ayudar a resolver los graves problemas que hoy tienen planteados nuestro planeta y nuestras sociedades; problemas que son globales y que únicamente se podrán resolver si los comprendemos en su conjunto e interrelaciones; esto es, desde la interdisciplinariedad.

Índice